CADERNOS DE DIREITO DA CRIANÇA E DO ADOLESCENTE

1

ASSOCIAÇÃO BRASILEIRA DE MAGISTRADOS E PROMOTORES DE JUSTIÇA DA INFÂNCIA E DA JUVENTUDE

CADERNOS DE DIREITO DA CRIANÇA E DO ADOLESCENTE - 1

Publicação da
Associação Brasileira de Magistrados e Promotores de Justiça da Infância e da Juventude
Rua Tabatinguera, 140, cj. 1.615 — CEP 01020-901 — Tel./Fax: (011) 606-4901

Diretoria da Associação (Biênio 1994/1995)

PRESIDENTE: Paulo Afonso Garrido de Paula/Procurador de Justiça/SP
1º VICE-PRESIDENTE: Luiz Carlos de Barros Figueirêdo/Juiz de Direito/PE
2º VICE-PRESIDENTE: Ida Maria Alledi/Promotora de Justiça/RJ
1º SECRETÁRIO: Samuel Alves de Melo Júnior/Juiz do TACrim/SP
2º SECRETÁRIO: Públio Caio Bessa Cyrino/Promotor de Justiça/AM
TESOUREIRO: Francisco Suenon Bastos Mota/Juiz de Direito/CE

Conselho Técnico-Científico

Olímpio de Sá Souto Maior Neto/Procurador Geral de Justiça/PR
James Magalhães de Medeiros/Juiz de Direito/AL
José Francisco Hoepers/Promotor de Justiça/SC
Manoel Santino Nascimento/Procurador de Justiça/PA
Maria José Perrillo Fleury/Promotora de Justiça/GO

Conselho Fiscal

Lorni Zaniolo/Juiz de Direito/PR
Mário Romera/Procurador de Justiça/RS
Wilson Donizeti Liberati/Promotor de Justiça/RO

Apoio  UNICEF

Direitos reservados desta edição por *Malheiros Editores Ltda.*
Rua Paes de Araújo, 29, cj. 171 — São Paulo — SP — CEP 04531-940
Tel.: (011) 822-9205 — Fax: (011) 829-2495

Composição Helvética Editorial

Capa Vânia Lucia Amato

Impresso no Brasil/*Printed in Brazil* 10-1995

APRESENTAÇÃO

Depois de um longo caminho conseguimos, finalmente, preparar a edição do primeiro número dos **Cadernos de Direito da Criança e do Adolescente.** *Entendemos que se trata apenas do primeiro passo em direção a um acervo que sirva como contributo para o estudo, aplicação e difusão deste nosso ramo do direito. Obra de construção coletiva, resultado do esforço dos colegas, tem a marca do compromisso com a causa e implementa alguns de nossos objetivos estatutários, como a proclamação dos direitos das crianças e adolescentes, a difusão de estudos jurídicos e sociais e a promoção da cultura jurídica crítica e democrática como base da formação de magistrados e promotores de justiça da infância e da juventude.*

PAULO AFONSO GARRIDO DE PAULA
PRESIDENTE - BIÊNIO 9

SUMÁRIO

DOUTRINA

Promoção da convivência familiar e comunitária
Luiz Carlos de Barros Figueirêdo..7
Colocação em família substituta: aspectos controvertidos
Ana Maria Moreira Marchesan...12
Adoção internacional: verdades e mitos
Wilson Donizeti Liberati...17
O instituto da guarda no Estatuto da Criança e do Adolescente
Mário Romera..30
O instituto da guarda no Estatuto da Criança e do Adolescente. Questões controvertidas. Guarda satisfativa e previdenciária
Luiz Carlos de Barros Figueirêdo..35
Fiscalização em entidades de atendimento à luz da Lei 8.069/90
Maria Regina Fay de Azambuja...49
A organização dos programas sócio-educativos intermediários
José Francisco Hoepers..53
Do cabimento de verba honorária em ação civil pública proposta pelo Ministério Público
Motauri Ciocchetti de Souza...67
A representação ao Ministério Público no Estatuto da Criança e do Adolescente
José dos Santos Carvalho Filho...84
Educação. Direito e Cidadania
Paulo Afonso Garrido de Paula...91

JURISPRUDÊNCIA..105

COLABORAM NESTE VOLUME

ANA MARIA MOREIRA MARCHESAN
  É Promotora de Justiça no Rio Grande do Sul

JOSÉ DOS SANTOS CARVALHO FILHO
  É Procurador de Justiça no Estado do Rio de Janeiro; Professor de Direito Administrativo da Fundação Escola do Ministério Público do Estado do Rio de Janeiro (FEMPERJ); Professor de Direito Administrativo da Faculdade de Direito Cândido Mendes - Ipanema; Professor da Escola da Magistratura do Estado do Rio de Janeiro; Membro do Instituto dos Advogados Brasileiros

JOSÉ FRANCISCO HOEPERS
  É Membro do Ministério Público, Procuradoria-Geral da Justiça de Santa Catarina, do Centro das Promotorias da Infância

LUIZ CARLOS DE BARROS FIGUEIRÊDO
  É Juiz da 2ª Vara da Infância e da Juventude Recife-PE; 1º Vice-Presidente da ABMP; Professor das Cadeiras de Direito da Criança e do Adolescente e Processo Civil da Escola Superior da Magistratura de Pernambuco; Secretário Executivo da Comissão Estadual Judiciária de Adoção — CEJA -PE; Ex-Vice Presidente do Conselho Estadual de Defesa dos Direitos da Criança e do Adolescente de Pernambuco

MARIA REGINA FAY DE AZAMBUJA
  É Promotora de Justiça no Rio Grande do Sul

MÁRIO ROMERA
  É Procurador de Justiça no Rio Grande do Sul

MOTAURI CIOCCHETTI DE SOUZA
  É Promotor de Justiça em São Paulo

PAULO AFONSO GARRIDO DE PAULA
  É Procurador de Justiça em São Paulo e Professor de Direito da Criança e do Adolescente na Pontifícia Universidade Católica de São Paulo

WILSON DONIZETI LIBERATI
  É Promotor de Justiça da Infância e da Juventude de Porto Velho/RO

DOUTRINA

PROMOÇÃO DA CONVIVÊNCIA FAMILIAR E COMUNITÁRIA

Luiz Carlos de Barros Figueirêdo

A priorização da convivência familiar e comunitária é uma das pedras basilares da chamada Doutrina da Proteção Integral, incorporada à Convenção Internacional dos direitos das crianças, da qual o Brasil é signatário juntamente com os mais importantes países do mundo.

O legislador constituinte brasileiro trouxe para a nossa Carta Magna os seus conceitos fundamentais, os quais foram completamente detalhados no Estatuto da Criança e do Adolescente (Lei 8.069/90).

Infelizmente, como tantas outras coisas no Brasil, o que se observa é um profundo hiato entre a vontade da Lei e a realidade. Qualquer pessoa que circule nas grandes cidades brasileiras, ou mesmo nas de médio porte, sem precisar do apoio de pesquisa científica, observará um sem número de crianças e adolescentes perambulando sem qualquer perspectiva de um futuro digno. Muitos deles, eufemisticamente chamados de "meninos de rua", já não têm qualquer referência familiar; outros tantos conhecidos como "meninos de rua" quase não têm mais laços familiares, que paulatinamente vão se afrouxando até resultar na primeira situação.

A indisponibilidade de educação, saúde, profissionalização e emprego, alimentação adequada, transporte, lazer, moradia, etc., e de todos os direitos mínimos da cidadania, por si só, consubtancia situação de marginalidade (no sentido de que estão à margem do patamar mínimo de sobrevência com dignidade), e, como tal, inegavelmente, induz à prática da delinqüência e de atos anti-sociais (marginal no sentido penal do termo).

Não é preciso lembrar as causas primárias deste quadro, como o modelo econômico centralizador e inadequado, a falta de uma política rural e urbana que gera incentivo ao êxodo rural, distorções regionais, falta de políticas básicas e de geração de emprego e renda etc. Não basta denunciar esta situação grotesca. É preciso conjugar o "verbo" com a "ação", mesmo que consciente se esteja de que a situação se dará muito mais nos efeitos que nas causas (a propósito, veja-se o magnífico exemplo que o gigante Betinho vem dando à sociedade brasileira em sua campanha contra a fome e pela cidadania).

Dentro deste contexto, se propõe um programa amplo envolvendo os poderes constituídos, em diferentes níveis e esferas, e a sociedade civil organizada, de modo a se garantir que a promoção da convivência familiar e comunitária não seja "letra morta da Lei", mas uma realidade em nosso País. Como se observará em alguns pontos da proposta, em

Pernambuco, aquelas de responsabilidade direta do Judiciário já estão sendo implantadas ou em vias de implantação.

O primeiro e fundamental passo diz respeito à instalação e funcionamento de um serviço de busca à família. Como é óbvio, implica em discernir casuisticamente a situação de cada uma das crianças/adolescentes encontradas nas ruas (existência ou não de parentes próximos; prática ou não de atos infracionais; uso ou não de drogas; escolaridade; experiência anterior de trabalho, etc.). Existindo a família, o passo seguinte será a sua localização, gerando um trabalho de aproximação e convencimento de retorno ao lar e fortalecimento dos vínculos familiares. Disso decorrerá, por certo, a necessidade do uso de equipamentos comunitários básicos para suprir as necessidades detectadas, tanto as emergenciais quanto as mais perenes (postos de saúde para tratamento de doenças; escola para ensino regular; cursos profissionalizantes; tratamento de drogadictos; identificação de meios geradores de empregos e renda, ou, até mesmo, em ações que não constituem medidas protetivas específicas, como regularização da posse de terra, de documentação pessoal, etc.).

Sendo preponderante a causa econômica, e nem sempre sendo possível a colocação em emprego do adolescente ou seus familiares (mercado retraído e/ou baixa qualificação), far-se-á indispensável a inclusão em programa comunitário ou oficial de auxílio (vide arts. 23 e 101, IV, do Estatuto). A inexistência ou insuficiente oferta deste tipo de serviço não deve servir para esmorecer o verdadeiro atuante nessa área. Ao contrário, deve motivá-lo à busca de organizar as comunidades e para cobrar das autoridades constituídas a sua disponibilidade. Pergunta crucial diz respeito a "quem seria o agente executor deste programa, que engloba tanto atividades operacionais como de articulação?".

A título de exemplo, referencio que em Porto Alegre-RS esta tarefa vem sendo executada, com enorme sucesso, pelo Poder Judiciário. Em Curitiba-PR, o denominado programa "SOS-Criança" é gerido pela Justiça, com a participação direta da Prefeitura.

Sem deixar de reconhecer o mérito das ações em ambas as cidades, em especial no caso de Porto Alegre, não acredito que seja essa uma boa alternativa, quando confrontada com a lógica gerencial do sistema macro constante do Estatuto.

A Lei 8.069/90 prevê a criação dos denominados Conselhos Tutelares, "encarregado pela sociedade de zelar pelo cumprimento dos direitos da criança e do adolescente, definidos nesta Lei".

No sistema legal anterior, tal tarefa era de competência da Justiça, embora quase nunca exercida (some-se o poder inerente de julgar + o de executar + o de editar portarias de caráter geral e veja-se que a Justiça de menores queria ser, ao mesmo tempo, Judiciário, Executivo e Legislativo). O fracasso do modelo e a convicção de que problemas sociais devem ser resolvidos na própria sociedade e que o papel do Judiciário é de equilibrar as divergências e decidir as pretensões resistidas levaram o legislador a incluir este novo colegiado no sistema gerencial do modelo.

Ciente das dificuldades de implantação, por contrariar tantos interesses estabelecidos, o legislador previu que enquanto não instalados suas atribuições fossem exercidas pela autoridade Judiciária. Lamentavelmente, na prática, a idéia de uma alternativa provisória pensada na Lei tem servido de mais um obstáculo ao surgimento dos Conselhos Tutelares, pois enseja para alguns a manutenção do "status quo ante" e a conservação do poder controlador. Dois bons exemplos não podem servir de paradigma de contraponto às centenas de casos em que o fracasso é patente.

A implantação dos Conselhos Tutelares, e a assunção por eles de todas as suas atribuições, é marco importante no resgate da cidadania.

Os programas municipais e estaduais com denominação de "SOS-Criança" ou similar, as ações públicas ou não governamentais em medidas protetivas devem continuar, não autônomos e independentes como hoje, mas como linha auxiliar (espécie de Secretaria Executiva dos Conselhos, quando forem instalados, ou do Judiciário enquanto tal não ocorrer). O sucesso das intervenções depende de uma política una e coerente com as necessidades de cada comunidade, que deve brotar do organismo encarregado de sua execução segundo a Lei.

O segundo passo diz respeito a um programa de manutenção de criança em abrigo. Como é óbvio, o esforço do item anterior pode não resultar em êxito. Inexistência de familiares; sua não localização; ambiente familiar inadequado; incompatibilidades insuperáveis entre a criança/adolescente e a família sempre existirão, além daquelas vítimas de negligência, maus-tratos, exploração etc. Para onde encaminhá-los, enquanto não se acha uma solução definitiva para os seus casos, ou mesmo onde ficarão eles caso esta solução não seja encontrada?

A alternativa da Lei é o abrigo.

Entretanto, é preciso se ter a consciência de que os abrigos configurados no Estatuto não podem mais continuar como os antigos "depósitos de menores", governamentais ou não, encontrados em quase todas as cidades brasileiras.

Fazem parte de nova filosofia alguns conceitos básicos, como por exemplo: abrigo deve ter característica de provisoriedade e excepcionalidade, utilizável como forma de transição para colocação em família substituta; não pode funcionar como local de privação de liberdade (isto não quer dizer "porta aberta" e "liberou geral" como pensam alguns, pois, similarmente, os nossos filhos estão abrigados em nossas casas e se submetem às regras de convivência familiar, dentre as quais as de não se ausentar sem prévio acerto ou autorização. Apenas a Lei não permite a contenção forçada e compulsória, sendo tarefa do educador convencer que a permanência é vantajosa para o abrigado); precisa ser previamente cadastrado; assegurar os direitos estabelecidos na Lei e obedecer às regras específicas de funcionamento contidas no Estatuto (além disso, seu dirigente se equipara para todos os efeitos legais ao guardião).

Tudo isso deve ser conjugado com a lógica da municipalização (e não prefeituralização) do atendimento. Dessa forma, no conjunto articulado de ações voltadas para a política de atendimento, deve se buscar paulatinamente o afastamento do Estado federado desta linha de atuação (não abertura de novas unidades para tal fim, por exemplo) e o fortalecimento de atuação do município e da comunidade (abertura de novas unidades; assunção das antigas com aporte financeiro da União e dos Estados, etc.). É importante o registro de que deve ser também abandonada a idéia dos grandes estabelecimentos que só geram promiscuidade e insuficiência da prestação dos serviços, para dizer o mínimo.

O terceiro passo diz respeito à busca de família substituta.

Sendo a convivência familiar um direito assegurado na Lei, e malogrando as tentativas para permanência na família natural, é vital para o sistema a existência de um vigoroso programa de colocação em família substituta, especialmente para os que se encontram abrigados em entidades de atendimento.

Disso decorre, em primeiro plano, o afastamento de conceitos arraigados, mas absolutamente incompatíveis, a saber: adoção não pode ser encarada como ato de caridade; adoção não vai resolver o problema social de pobreza no País.

A adoção nada mais é do que uma fórmula legal para se dar uma família a quem não a tem. Desta forma, a busca deve se dirigir para a melhor família para a melhor criança e vice-versa.

Isto implica na necessidade de um prévio cadastramento das crianças e dos pretendentes e na formulação de critérios objetivos que permitam identificar o melhor adotando para os melhores adotantes. Quanto maior a Comarca, mais aperfeiçoado deve ser este sistema, não sendo aceitável que onde existem muitos candidatos ainda se utilize o injusto sistema da simples ordem de inscrição.

Nem sempre é possível aos juízes disporem de equipes técnicas para fazerem as entrevistas, visitações, análises, acompanhamentos e emissão de pareceres. Neste particular, o apoio voluntário da sociedade civil, ou a participação de técnicos das prefeituras, etc., pode ser a alternativa viável.

No caso de Recife, encontra-se implantado um sistema informatizado, cujo nível de sofisticação é compatível com a realidade local. A Portaria conjunta n. 1/93 dos Juízes de ambas as Varas da Capital define criteriosamente as prioridades. A equipe técnica, embora diminuta, está habilitada para a função — não se concedem adoções para crianças cujos pais não foram previamente destituídos do Pátrio Poder, nem para pessoas que não estejam cadastradas. Mesmo as exceções legais (adoção unilateral de filhos de companheiras/esposas; parentes próximos; guarda de fato de longo tempo, etc.) são submetidas a um cadastramento especial para evitar a burla.

Estas providências, além de assegurarem o critério justo de escolha, inibem a atuação de atravessadores e exploradores — exatamente pela prévia decretação de perda de Pátrio Poder, a presença de advogado é facultativa, à falta de lide (pretensão resistida).

É básico também o entendimento de que se a Lei prevê 3 (três) formas de colocação em família substituta (guarda, tutela e adoção) não parece ser lícito a imposição ao casal de apenas ter acesso à última das formas mencionadas. De um lado é comum que pessoas que apenas obtiveram guarda ou tutela voltem posteriormente para requererem a adoção; de outro, inegavelmente é melhor que a criança fique no seio familiar na condição de guardada ou tutelada, do que permanecer nas ruas ou em um abrigo. Mais uma vez valem aqui a competência e o profissionalismo para convencimento de que a adoção é a solução mais completa.

Seja por razões sociais, culturais, econômicas, climáticas, alimentares, religiosas, etc., é indiscutível que a concessão deva priorizar o residente no município; não sendo possível, no Estado; na região geográfica; no Brasil e, por fim, em última instância, em Adoção Internacional.

Não é demais lembrar que a excepcionalidade de Adoção Internacional é matéria constitucional e legal (Estatuto), também recomendada na normativa internacional (convenção da ONU) e nos Estudos da Associação Internacional dos Juízes de Menores e de Família.

Quanto a este aspecto, apesar de restrição legal, o que sempre se observou foi não a exceção para o estrangeiro, mas, ao contrário, um certo favorecimento, especialmente quando se tratava de crianças de tenra idade.

A utilização desbragada do sistema legal anterior (cumulação do verificatório simples + adoção), sem prévia destituição do Pátrio Poder, em uma interpretação meramente gramatical e apressada do artigo 166, parágrafo único, do Estatuto (se esquecendo — "sic" — dos arts. 169 e 31), manteve as facilidades para os estrangeiros, com as mães se apresentando e dizendo que queriam entregar seus filhos àquele casal de outro país. Como se conheceram? Quais vantagens econômicas receberam as mães e os intermediários?

Fazendo cessar esta aberração, em Pernambuco foi criada em abril de 1993 pelo Provimento n. 3/93 a Comissão Estadual Judiciária de Adoção — CEJA-PE, instalada em 15 de julho de 1993, da qual tenho a honra de ser seu primeiro presidente.

Nenhum estrangeiro pode mais adotar em nosso Estado sem estar munido do Laudo de Habilitação da CEJA-PE. Os brasileiros são cadastrados facultativamente, fato que serve para realmente se aplicar a ordem de prioridade antes aludida (existência de pretendentes em comarca distinta daquela onde a criança encontra-se disponível).

As adoções se fazem apenas em favor dos estrangeiros habilitados, após exaustiva análise, e para crianças/adolescentes cadastradas.

Árduo vem sendo o trabalho, especialmente na primeira fase, pois o Provimento assegurou o direito adquirido aos estrangeiros que já estavam cadastrados nas comarcas, impedindo nova análise pela equipe técnica da CEJA-PE. O grau de exigências colocadas nos novos pedidos é um sinal vigoroso de que estes cadastramentos antigos, no mais das vezes, deixavam a desejar. Entretanto, no início de 1994, praticamente já não mais existiam na lista de espera candidatos que haviam sido cadastrados nas comarcas do interior, e, no caso da capital, desde 1987, a análise para deferimento das inscrições já era criteriosa, de sorte que são mínimos os riscos de falha para estes casos.

As portas para os traficantes de crianças foram fechadas, mas a simples implantação de tais comissões não é, por si só, asseguratória de banimento de irregularidades. É preciso a constante vigilância para se assegurar que não existem "válvulas de escape" para irregularidades. Notícias se tem de que em alguns Estados da Federação a comissão apenas criou uma aparência de legalidade, quando intermediários circulam pelas comarcas munidos de Laudo de Habilitação (o que lhes dá uma força adicional), identificando criança específica para casal certo. Em outro caso, o grau de interferência da CEJA-PE é tão forte, que invade o campo do Juízo natural, eivado, assim, de inconstitucionalidade. De outra parte, cabe o registro de que no Rio Grande do Sul, mesmo não existindo formalmente uma CEJA como preconizada no art. 52 do Estatuto, um colegiado formado por juízes tem cumprido satisfatoriamente este papel.

O sistema informatizado de Pernambuco, fruto de análise dos erros e acertos das outras experiências, tem funcionado a contento, interligado ao sistema de colocação em família substituta da capital, e recebendo informações mensais dos juízes das comarcas do interior.

A CEJA-PE também cadastra as entidades nacionais e internacionais que trabalham com adoção, e a experiência tem demonstrado um maior controle de qualidade nas adoções intermediadas por instituições sérias previamente cadastradas. Cabe referenciar que a pré-convenção da ONU já indica aos países signatários que apenas defiram adoções internacionais para casos intermediados por instituições regularmente inscritas em seus países de origem.

Todo esse esforço no sentido de que a vontade da Lei de priorizar as permanências no Brasil deve ser concomitante a uma campanha de divulgação na mídia para estimular os brasileiros a se inscreverem como pretendentes a adoção (tal foi feito em Olinda-PE, nos anos de 1987/1988, com excelentes resultados).

Além disso, Pernambuco, pelo seu Egrégio Tribunal de Justiça, encaminhou à Assembléia Legislativa um Projeto de Lei criando Varas Regionalizadas da Infância e da Juventude, seguindo os passos do Rio Grande do Sul, que, com certeza, pela especialização dos magistrados, promotores, técnicos e serventuários de justiça, facilitarão a prestação jurisdicional na área da Infância e da Juventude como um todo e na questão específica de colocação em família substituta.

Finalmente, fora do âmbito do Judiciário, é importante o registro de êxito de programas denominados de "casas-lares", nos quais devem prioritariamente ser incluídas crianças/adolescentes em vias de colocação em família substituta, pois a vivência em um ambiente familiar ou com aparência de família serve maravilhosamente como estágio preparatório para o seu futuro estágio de vida.

DOUTRINA

COLOCAÇÃO EM FAMÍLIA SUBSTITUTA: ASPECTOS CONTROVERTIDOS

Ana Maria Moreira Marchesan

1. Competência. 2. Guarda. 3. Tutela. 4. Adoção. 5. Ação de destituição do pátrio poder. 6. Ação de remoção de tutor.

1. COMPETÊNCIA

Ao intentarmos propor qualquer medida judicial, a primeira questão que nos assola é a da competência ou, em seu conceito sintético, medida de jurisdição.

O extinto Código de Menores facilitava a decisão quanto à competência, porque seu art. 2º, de forma exauriente, descrevia as hipóteses de situação irregular. Em não ocorrendo qualquer das situações ali elencadas, a competência para colocação em lar substituto tocaria ao juiz da vara de família (*RJTJSP* 64/247).

O Estatuto da Criança e do Adolescente confere ao Juízo da Infância e da Juventude a competência para apreciar todos os pedidos de adoção de pessoas com idade inferior a 18 anos e, por exceção, também de maiores, desde que já estivessem sob guarda ou tutela dos requerentes à época do pedido (art. 40 do ECA). Não se perquire, como ocorria sob a égide da Lei 6.697/79, da situação do adotando, como fator influenciador na determinação da competência.

Para os pedidos de guarda e tutela, a competência do Juizado especializado restringe-se às hipóteses do art. 98 da Lei 8.069/90. Estando o menor sob a proteção de um dos pais, "v.g.", o pedido de guarda formulado por avós, por tios ou qualquer outro interessado há de ser processado no juízo da vara de família, ainda que o juízo da Infância e Juventude disponha de melhor assessoramento técnico.

A competência recursal também mereceu alteração. Atualmente, no Estado do Rio Grande do Sul, os recursos interpostos contra decisões emanadas do Juízo da Infância e Juventude serão apreciados por uma das Câmaras Cíveis Separadas de nosso Tribunal de Justiça, por força do Assento Regimental n. 5/90, aliviando as inúmeras atribuições do Conselho Superior da Magistratura.

2. GUARDA

Três espécies de guarda são previstas pelo Estatuto: a provisória, a permanente e a peculiar.

A guarda provisória (art. 33, § 1º, do ECA) subdivide-se em duas subespécies: liminar e incidental, nos processos de tutela e adoção, salvo nos de adoção por estrangeiros, onde é juridicamente impossível.

A permanente (art. 33, § 2º, 1ª hipótese) destina-se a atender situações peculiares, onde não se logrou uma adoção ou tutela, que são mais benéficas ao menor. É medida de cunho perene, estimulada pelo art. 34 do ECA. As normas estatutárias permitem inferir que o legislador instituiu, em termos de colocação familiar, a seguinte ordem de preferência: manutenção do vínculo familiar, adoção, tutela, guarda e, somente em último caso, a institucionalização.

Em função do art. 33, § 1º, do Estatuto, há quem sustente não mais existir, em nosso ordenamento, a guarda permanente. Tal posicionamento, com a devida vênia, é incorreto, máxime quando se tem em mente o previsto no art. 227, § 3º, inc. VI, da Constituição Federal, norma inspiradora, diga-se de passagem, do referido art. 34 do ECA.

A nominada guarda peculiar (art. 33, § 2º, 2ª hipótese) traduz uma novidade introduzida pelo Estatuto. Visa ao suprimento de uma falta eventual dos pais, permitindo-se que o guardião represente o guardado em determinada situação (ex. menor de 16 anos, cujos pais estejam em outra localidade, impedidos de se deslocarem, e que necessita ser por eles representado para retirada de FGTS).

Propaga-se seu ineditismo, por outorgar ao guardião direito de representação, antes privativo do tutor ou curador especial.

Segundo o art. 33, § 3º, do ECA, a guarda assegura à criança e adolescente a condição de dependente para fins previdenciários. Não condiciona esse benefício a qualquer tipo de termo ou restringe a determinada espécie de guarda.

O Instituto de Previdência do Estado do Rio Grande do Sul (IPE) vem exigindo que as guardas sejam reexaminadas a cada seis (6) meses para que a carteira social obtenha revalidação. Essa imposição, a nosso juízo, é ilegal, porquanto a decisão judicial de conceder uma guarda de cunho permanente não pode ser questionada pela autarquia, quanto mais fora do Judiciário.

O que se deve evitar é a constituição de guardas somente com vistas à percepção do benefício previdenciário, pois o encargo é muito mais amplo, conferindo a seu detentor a responsabilidade de prestar assistência moral, material e educacional à criança ou adolescente.

É comum os avós postularem a guarda de neto, quando a mãe (ou o pai) com eles reside, trabalha, mas só tem a assistência médica do INSS e quer beneficiar seu filho com o IPE ou outro convênio. Entendemos, respeitando posições em contrário, que tais pedidos devem ser indeferidos, porque a situação fática, nesses casos, estará em discrepância com a jurídica. Em suma, é uma simulação, com a qual o Ministério Público, como "custos legis", e o Juiz competente não podem ser coniventes, sob pena de se fomentar o assistencialismo às custas de entidades não destinadas a esse fim.

3. TUTELA

O cabimento da tutela restringe-se às seguintes hipóteses: pais falecidos, desconhecidos ou previamente destituídos do pátrio poder ou com ele suspenso.

Não raras vezes, os interessados postulam a tutela ao invés da guarda, por ser mais fácil a obtenção dos direitos previdenciários, como dependente, naquela situação.

Entretanto, havendo genitor vivo, ainda que em local incerto e não sabido, não estando desprovido do pátrio poder, tem pertinência a guarda, não a tutela. Em sendo desconhecido o paradeiro dos genitores, é mister que sobrevenha uma sentença declaratória de ausência ou até mesmo de destituição do pátrio poder, tendo por base o abandono.

Importante frisar que, se a situação fática autorizar a propositura da ação de destituição do pátrio poder, deve o Ministério Público fazê-lo, porque para o menor é sempre mais interessante a tutela que a guarda, já que aquela medida envolve plenos poderes de representação.

O art. 409 do Código Civil estabelece uma ordem entre os parentes a quem incumbe assumir a tutela, na falta de tutor testamentário. "A priori", deve-se respeitar essa ordem, com arrimo no art. 36 do ECA. Todavia, como apregoa a jurisprudência, de forma pacífica, tal ordem não é inflexível, devendo prevalecer o interesse do menor (*RT* 566/56; 614/56).

A hipoteca legal é dispensada pelo Estatuto nas seguintes situações: a) tutelado sem bens ou rendas; b) com bens constantes de instrumentos públicos registrados no Registro Imobiliário; c) rendimentos suficientes apenas para mantença do tutelado; d) outro motivo relevante.

Essa previsão legal (art. 37 ECA) vem ao encontro da necessidade de desburocratizar os processos de tutela, nos quais, na maior parte das vezes, o futuro tutor já está assumindo um encargo bastante pesado ao se responsabilizar pelo menor.

4. ADOÇÃO

Acompanhando a evolução legislativa, com raízes nas mudanças de nossos costumes, o Estatuto prevê, expressamente, a adoção por concubinos.

Para tanto, exige que provem a estabilidade de sua união (art. 42, § 2º).

Na prática, essa prova pode ser feita por meio de declarações com firmas reconhecidas; certidões de casamento religioso; credenciamento recíproco em entidade previdenciária, dentre outras formas.

Questiona-se se dois ex-concubinos, que tenham vivido juntos por longo tempo, no qual criaram uma criança como filho, sem qualquer título legal (mera entrega de fato da criança pela mãe), após a dissolução da sociedade de fato, podem, em conjunto, adotar essa criança.

A despeito da necessária prova da estabilidade da sociedade de fato, entendemos possível essa adoção, desde que se prove a estabilidade pretérita e que os adotantes acordem quanto à guarda e regime de visitas. A essa conclusão chegamos por força da equiparação constitucional da união estável à família legalmente constituída, em combinação com o art. 42, § 4º, do Estatuto.

O consentimento dos pais do adotando é indispensável para a medida em foco (art. 45 ECA).

No caso de não-localização dos pais, em primeiro lugar, deve-se destacar a impossibilidade de a adoção ser requerida em cartório, por petição assinada somente pelos interessados, sem a participação de advogado. Tal praxe errônea é comum no meio forense, gerando situações processualmente teratológicas.

"A contrario sensu", para que o pedido seja deduzido sem advogado, deve ocorrer, no tocante ao consentimento dos pais do adotando, uma das seguintes hipóteses: a) concordância dos pais em juízo; b) prévia destituição ou suspensão do pátrio poder; c) pais desconhecidos; d) pais falecidos.

Em havendo necessidade de destituição do pátrio poder, a ação será proposta pelo Ministério Público ou pelo interessado, via advogado.

A menos que o pedido de adoção esteja sendo formulado em conjunto com uma ação de destituição do pátrio poder — na qual haverá uma imputação dentre as previstas no art. 395 do CC ou no art. 24 do ECA — reputa-se incabível a citação-edital dos genitores ilocalizados no processo de adoção.

Freqüentemente deparamo-nos com pedidos de adoção formulados em cartório, sem assinatura de advogado, nos quais, em função de se desconhecer o paradeiro dos genitores (ou de um deles), se faz a citação ficta, com decreto de revelia e nomeação de curador especial.

A citação via edital só pode ocorrer em processo contraditório de suspensão e/ou destituição do pátrio poder, ajuizada cumulada ou isoladamente com o pedido de adoção.

Deve ser assegurado o "due process of law" para que alguém seja destituído do pátrio poder. Inclusive, as hipóteses de destituição são exaustivas ou "numerus clausus" (nesse sentido, Nívio Geraldo Gonçalves aduz que as hipóteses são exaurientes, in *Comentários ao Estatuto da Criança e do Adolescente*, p. 143, Forense).

Assim, a destituição do pátrio poder só pode ocorrer nos seguintes casos: a) castigos imoderados; b) abandono; c) atos contrários à moral e bons costumes; d) descumprimento injustificado dos deveres e obrigações previstos no art. 22 do ECA (sustento, guarda, educação, cumprir e fazer cumprir determinações judiciais).

Sendo os genitores do adotando menores absoluta ou relativamente incapazes, com seus pais (avós do adotando) em local ignorado, sugere-se, aí, sim, a citação por edital desses representantes legais, pois o consentimento nuclear já foi dado pelo genitor, restando a aquiescência do seus pais para perfectibilizarem o ato. Nesse diapasão, aliás, sugere Paulo Afonso Garrido de Paula.

Pode-se dizer, ainda, que o ato de dar um filho em adoção é de cunho personalíssimo, daí dessumindo-se a dispensabilidade da ouvida dos avós.

Considerando-se a irrevogabilidade característica à adoção, o vínculo entre pais biológicos e o adotado pode ser restabelecido por meio de outra adoção.

A seu turno, a revogação do vínculo pode se dar por meio de sentença destitutória do pátrio poder. As sentenças de deserdação e indignidade excluem o filho adotivo da sucessão, mas seus efeitos limitam-se ao aspecto patrimonial, não rompendo o vínculo filial.

5. AÇÃO DE DESTITUIÇÃO DO PÁTRIO PODER

A leitura fria do art. 161 do ECA dá a entender que, não havendo contestação, a ação pode ser julgada independentemente de produção probatória.

Essa exegese simplista e literal não é acolhida a nível doutrinário, de vez que se trata, indubitavelmente, de ação envolvendo direito indisponível (pátrio poder), restando neutralizados os efeitos da revelia, a teor do art. 320, inc. II, do Código de Processo Civil. Não em outro sentido lecionam Wilson Donizeti Liberati (*O Estatuto da Criança e do Adolescente*, p. 110, IBPS) e Nívio Geraldo Gonçalves (ob. cit., p. 150).

6. AÇÃO DE REMOÇÃO DE TUTOR

No processo de remoção de tutor, apregoamos ter aplicação o art. 161 do Estatuto, "ex vi" do art. 164 do mesmo diploma legal. Nesse caso, não está em jogo direito indisponível, permitindo-se o julgamento antecipado, ao contrário do que ocorre na ação de destituição do pátrio poder.

Comunga dessa opinião Samuel Alves de Melo Júnior, in *Comentários ao Estatuto da Criança e do Adolescente*, p. 157, Forense.

Esse mesmo autor (ob. cit., p. 157), acompanhado de Wilson Donizeti Liberati (ob. cit., p. 114), professa que o prazo contestacional na ação de remoção de tutor prevista no Estatuto é de 10 dias, conjugando os arts. 158 e 164.

Paulo Lúcio Nogueira tem posição diversa, apontando o prazo de 5 dias, insculpido no art. 1.195 do CPC, como o cabível *(Estatuto da Criança e do Adolescente Comentado*, p. 233, Saraiva).

Respeitando o ilustrado menorista, sugerimos como aplicável à espécie o decêndio a que alude o art. 158 do ECA, porque essa norma procedimental é perfeitamente ajustável ao processo de remoção de tutor, incidindo, portanto, o precitado art. 164. Não bastasse isso, impende salientar que o Estatuto é lei especial e de igual hierarquia ao CPC.

DOUTRINA

ADOÇÃO INTERNACIONAL: VERDADES E MITOS

Wilson Donizeti Liberati

I — Introdução. II — Abandono e institucionalização. III — Estágio de convivência com casais estrangeiros. IV — Tráfico de crianças — Transplante de órgãos. V — Preferência de interessados na adoção: brasileiros ou estrangeiros? VI — Comissão Estadual Judiciária de Adoção Internacional — CEJAI. VII — Conclusão.

I - INTRODUÇÃO

A humanidade tem passado por constantes transformações nos últimos cinqüenta anos. Com a mudança étnica, geográfica, lingüística e social, surgiram fenômenos humanitários de ajuda recíproca, com a finalidade de diminuir as conseqüências geradas pelas guerras mundiais. A partir deste marco, e no início da década de 70, várias e profundas conseqüências de outros dois importantes conflitos bélicos — as guerras da Biafra e do Vietnã — trouxeram à tona o problema de crianças órfãs. A necessidade de amparar aquelas crianças era premente e, a partir de então, ecoou pelo mundo, com intensidade, a palavra *adoção*.

Mas a adoção não é um instituto jurídico recente. Sua atuação pragmática remonta ao ano 2.050 a.C. com o Código de Urnamu. Outros Códigos trataram da adoção como instrumento de continuação do culto doméstico baseado no sentimento religioso. Assim foram os Códigos de Eshnuma (séc. XIX a.C.), de Lipit-Istar (1875-1865 a.C.) e de Hamurabi (1728-1686 a.C.).

Em todas as épocas, a evocação e a utilização do instituto da adoção sempre tiveram como "motu" principal a preocupação de amparar aquele que é mais desprotegido socialmente. E essa carência social se manifestou por diversas formas, tais como a falta de pais naturais, a falta de alimento, de escola, de seguridade previdenciária, de recursos essenciais para a sobrevivência.

Hoje, a conotação que é dada ao *desprotegido socialmente* é mais acentuada. A miséria financeira e educacional enraizou-se profundamente no seio das famílias que até essas perderam de vista o olhar que tinham no futuro.

A cultura da pobreza e da miséria — aqui entendidas em sentido amplo — alastrou-se tão rapidamente e com tanta potência na mente e na vida das pessoas que os valores sociais e principalmente os *valores morais* foram colocados em segundo plano na história da sobrevivência.

Mas, por trás desse desmoronamento de valores, reside algo de muito perverso que impede o seu restabelecimento: tem alguém, com muito poder, que quer manter esse "status" *subumano*.

Esse alguém pode ser um País estrangeiro que impõe sua economia; uma política econômica interna recessiva que achata salários e não oferece condições razoáveis de vida; governantes inescrupulosos que procuram sempre seu bem-estar e de seus apadrinhados; políticas sociais públicas ineficientes; enfim, são delinqüentes sociais que atuam como um *peso de papel* sobre a vontade e a esperança dessas famílias que não conseguem avistar uma *luz no fim do túnel*.

No meio dessa desordem social e econômica a família encontra-se desprotegida, isolada e sem forças para buscar ajuda (quando existe!). Recorre, então, às *muletas sociais*: creches, orfanatos, ciacs, cieps, febem, abrigos para crianças etc. Quando não as encontra, simplesmente, abandona seu filho na rua ou na porta de uma casa.

Quando essa situação já está consumada, ou seja, quando a família se autodestruiu, surgem as *muletas jurídicas* da colocação da criança ou do adolescente em família substituta, nas modalidades da guarda, tutela ou adoção. Aliás, esse termo *família substituta* é impróprio, porque o conceito de *família*, por si só, sugere uma verdadeira doação interpessoal, de dedicação extrema, enfim, de uma comunidade de amor. Mesmo adjetivando a família como *substituta* ou *alternativa*, a lei não retira de seu sentido original as características da maternidade, da paternidade e de comunidade. Ou seja, a família, seja ela constituída de guardiães, tutores ou pais adotivos, sempre será *núcleo de comunidade com a tarefa de realizar o amor*. Fora disso, a família perde sua essência.

E aqui começa o grande problema! Quantas famílias conhecemos que não praticam o amor! Onde foi que começou sua autodestruição? Foi a bebida, a droga, a prostituição, o jogo, o trabalho, as más companhias, as gangues? Quem sabe não foi um pouco de cada coisa?

Imaginem, agora, como fica a cabeça de uma criança nesse ambiente social! Revolta, angústia, solidão, medo, desespero, tensão, fome, frio. Numa palavra: *o amor não foi apresentado a essa criança*. Como querer que ela seja diferente de seu meio, se ele só lhe oferece coisas negativas? Sua vida começou num ventre drogado, prostituído, viciado; nasceu numa maternidade do INSS (que não deixa de ser um luxo!), o médico e as enfermeiras não tiveram tempo para ela; foi colocada em um orfanato ou abrigo para crianças enjeitadas; permaneceu institucionalizada por não sei quanto tempo; os trabalhadores sociais não lhe dispensaram carinho e afeto; enfim, o Juizado indicou uma família para resgatá-la. Isso, considerando que a criança sobreviveu!

É triste a sina dessa criança? É, mas com certeza existem piores, mais sofridas e mais violentas.

Em nossa vida profissional encontramos dezenas de casos de maus-tratos contra crianças praticados pelos próprios pais. Pais que chegam em casa bêbados, drogados, angustiados pela falta de trabalho, que foram despedidos do emprego, ou por qualquer outro motivo espancam seus filhos indefesos. E, o que mais chama a atenção é que, às vezes, essas crianças voltam a abraçar, a beijar e a desejar o convívio com esses pais algozes. É a dialética da vida que não conseguimos entender direito: o desejo da criança ter um pai ou mãe, embora seja maltratada por eles.

Esse desejo da criança de permanecer numa família decorre da própria natureza humana que impele o homem para o convívio comunitário. O homem não foi criado para permanecer só, mas para, dentro de uma comunidade, seja ela qual for, pequena ou grande, desenvolver sua vocação: viver com e para os outros no amor.

II - ABANDONO E INSTITUCIONALIZAÇÃO

Definir o *abandono* é repugnante! O dicionário Aurélio o define com duas palavras interessantes: algo que é *largado! desprezado!* Adjetivos fortes. Mas não expressam, realmente, a amplitude de seu significado quando se trata de definir uma criança em situação de abandono. As palavras, que são instrumentos de comunicação e expressão, não conseguem atingir sua compreensão. Talvez, o significado de abandonado, como sinônimo de desprezado, esteja mais próximo de sua real condição. Porque *desprezado* significa não querido, não amado, colocado de lado, algo que é repugnante.

A lei não define o abandono. Nem deveria, porque estaria delimitando e condenando centenas de milhares de crianças a uma condição taxativa de subcondição social. Por outro lado, é fácil detectar o abandono. Os trabalhadores sociais que atuam diretamente nessa área não precisam da definição legal do abandono porque a eles basta um simples olhar na situação. A situação de abandono é tão marcante e tão forte que não necessita de definições legais para configurá-la.

Uma criança em situação de abandono é facilmente identificada pelo seu olhar: é triste, melancólico, angustiado, sem esperança, sem brilho, sem vida, sem amor.

Nesse sentido, não estaria sendo ousado se definisse o abandono como a *absoluta falta de amor*. Amor e abandono se repelem: o amor exclui o abandono; o abandono é carência de amor; quem ama não abandona; o abandonado tem sede de amor; o amor é entrega e doação; o abandono é egoísmo.

É o amor que alimenta a vida. Esse amor é representado pela dedicação, pela doação e pela partilha de afeto e carinho dos pais. Quando inexiste a parcela de contribuição de amor dos pais a criança torna-se meia-pessoa, uma subcidadã da relação afetiva parental, um pária dentro de sua própria comunidade familiar.

Além de repugnante, o abandono é perverso. Sua ação é destrutiva; corrói os sentimentos, destrói a fonte que alimenta a esperança. Sua conseqüência é ainda pior: faz com que a criança cresça insensível e indiferente para a ajuda fraterna e comunitária.

O abandono pode se revestir de vários aspectos: o material, o psicológico, o moral, o afetivo. O abandono material é o mais visível; sua manifestação está relacionada com a sobrevivência. É a ausência de alimento, de roupa, de remédio etc. O abandono psicológico é caracterizado pela rejeição, representada por sentimentos de angústia e agressividade. O moral age, sobretudo, nos valores pessoais, ou seja, a criança cresce carente dos sentimentos de justiça, honestidade, fraternidade etc., dando lugar ao isolamento sentimental, caracterizado pelo egoísmo. O abandono afetivo é o mais pernicioso. Sua conseqüência atinge o âmago do ser. Caracteriza-se pela indiferença; resulta da absoluta carência de afeto, carinho e, principalmente, de amor. Sem o amor, uma pessoa não é nada; o amor é o alicerce que embasa as relações afetivas.

Verificado o abandono, a criança desenvolve um sentimento de exclusão da afetividade e de valores: vai tornando-se uma pessoa fria, sem escrúpulos, sem distinção entre o bem e o mal, com sua escala de valores (quando os tem!) invertida. Seu relacionamento familiar é precário e desordenado, não conseguindo fixar diferenças entre a autoridade paterna e a materna; suas necessidades básicas biológicas não são preenchidas pela família; não consegue realizar-se socialmente no âmbito cultural porque, às vezes, a escola lhe é inacessível; não localiza a diferença de seu "status" na hierarquia social, porque sua família, que é o seu parâmetro, também está alijada do engajamento social; enfim, não reúne condições para constituir sua própria comunidade familiar.

Mas é também verdade, e quase científico, que a criança não nasce incapacitada para desenvolver suas qualidades e habilidades no campo do relacionamento afetivo. Necessita de estímulos e de ajuda profissional. Uma criança estimulada para as coisas boas fará florescer em seu íntimo um conjunto de valores que lhe permitirão viver em harmonia com seus semelhantes. Se os estímulos forem negativos, cultivará o derrotismo e abafará a iniciativa do bem.

Se essas condições não lhe são oferecidas, ou se esses estímulos não forem sugestionados à criança, é bem provável que o desenvolvimento de sua escala de valores sofrerá interferências e, com certeza, fixará regras que não são as mesmas impostas pela sociedade, surgindo, aí, um conflito de interesses.

O abandono geralmente está associado à institucionalização. Esta surge após a decretação da falência da família ou quando esta não consegue apontar para seus filhos uma direção no caminho da realização pessoal. Institucionalização e abandono são frutos da mesma árvore. Ambos originam-se da mesma causa: a destruição da família. Na instituição as relações são frias, impessoais, inconseqüentes, sem vínculo afetivo. As instituições não se preocupam em resgatar o elo partido e perdido da família, apesar de muitos pensarem que elas conseguem restaurar a comunidade familiar desfeita.

As crianças e adolescentes que são encaminhados para uma instituição, pelos diversos motivos que conhecemos, nunca identificam-na como a salvação para seus problemas, mas sempre como um castigo inevitável.

A metodologia empregada nas instituições transforma o comportamento da criança e não permite que ela desenvolva integralmente sua personalidade. Como é possível uma criança cultivar e manifestar sua individualidade, seus valores e suas preferências pessoais numa instituição que abriga dezenas ou centenas de crianças, com os mais diversos tipos de problemas de comportamento, todas elas numa feroz disputa pelo mesmo espaço, pelos mesmos monitores e diretores?

Não resta a menor dúvida de que a institucionalização reduz a capacidade individual e subjetiva da criança; torna-a escrava de regras de comportamento coletivo, dificultando o desenvolvimento de sua realidade individual e afetiva. A instituição é uma mãe de pedra, fria e insensível.

É dolorido imaginar uma criança com poucos dias de vida e com problemas de saúde, que foi levada para uma instituição; não se sabe quem são seus pais, nem de onde veio, talvez abandonada na maternidade ou encontrada no jardim da praça. A verdade é que ela está viva e necessita continuar viva para poder realizar sua vocação. A burocracia inicia seu trabalho perverso. Sua habilidade é a demora; tudo leva muito tempo na burocracia da instituição. E a criança conseguiu melhorar a saúde e vai crescendo, mas continua institucionalizada. Ela sempre pede para a tia arrumar um pai e uma mãe para ela, mas a tia não tem tempo ou não sabe explicar-lhe por que é tão difícil encontrar uma família. O processo burocrático vai cumprindo seu papel, com muita demora e muitos carimbos. Chega um dia em que a criança cresceu tanto que se tornou um adolescente. Ninguém percebeu a mudança. Conclusão: aquela criança poderia ter sido colocada numa família e ser criada num ambiente menos frio e menos insensível. Perdeu a oportunidade de ser adotada. Agora, as famílias já não a querem mais porque é muito grande, de difícil adaptação, cheia de problemas, não respeita ninguém. Por ter crescido e atingido a idade-limite deve deixar a instituição e procurar casa e trabalho; deve cuidar da sua vida como se tivesse experiência em viver.

Comprovadamente, a institucionalização não é a melhor saída para o amparo de crianças e adolescentes em situação de risco.

Entretanto, deve-se, também, analisar a instituição por um outro aspecto: aquele que proporciona abrigo a crianças vítimas de maus-tratos, principalmente dos próprios pais.

Para onde seriam levadas essas crianças a não ser para um abrigo? Nessa situação, a criança não ficaria mais protegida numa instituição? Nesse caso, a instituição não cumpriria seu papel social de maneira satisfatória?

As respostas não são fáceis. Contudo, deve-se enfrentar o problema com olhos no futuro. A institucionalização resolveria, emergencialmente, alguns casos, como por exemplo a situação de uma criança que é espancada ou abusada sexualmente pelos pais deve reclamar uma atitude rápida que impeça a continuação da violência. A partir daí, a tarefa dos técnicos sociais é localizar lares substitutos ou alternativos para que essa criança possa encontrar, nessa nova família, acolhida e carinho. Manter uma criança por tempo indeterminado num abrigo é condená-la a viver só e para si por toda a vida. A instituição deve servir apenas como uma passagem rápida e transitória da criança que se encontra numa situação de abandono ou que foi vítima de violência. Perpetuar a criança na instituição é enterrar-lhe o futuro, é sufocar-lhe o desejo de descortinar horizontes.

III - ESTÁGIO DE CONVIVÊNCIA COM CASAIS ESTRANGEIROS

O Estatuto da Criança e do Adolescente firma, no artigo 46 e parágrafos, a necessidade do estágio de convivência daqueles casais e crianças/adolescentes envolvidos no processo de adoção. Dispõe o citado artigo:

"Art. 46. A adoção será precedida de estágio de convivência com a criança ou adolescente, pelo prazo que a autoridade judiciária fixar, observadas as peculiaridades do caso.

"§ 1º. O estágio de convivência poderá ser dispensado se o adotando não tiver mais de um ano de idade ou se, qualquer que seja a sua idade, já estiver na companhia do adotante durante tempo suficiente para se poder avaliar a conveniência da constituição do vínculo.

"§ 2º. Em caso de adoção por estrangeiro residente ou domiciliado fora do País, o estágio de convivência, cumprido no território nacional, será de no mínimo quinze dias para crianças de até dois anos de idade, e de no mínimo trinta dias quando se tratar de adotando acima de dois anos de idade."

Mais adiante, no artigo 167, o Estatuto confere à autoridade judiciária o poder de decidir sobre a conclusão do estágio de convivência.

É interessante percorrer o caminho feito pelo legislador estatutário ao disciplinar o estágio de convivência entre adotantes e adotados. No "caput" do artigo 46, o legislador afirma, com certa rigidez, que é necessário o cumprimento daquele período de mútuo conhecimento. Entretanto, a necessidade da prática do estágio recebe, no parágrafo primeiro, duas exceções: se a criança não tiver mais de uma ano de idade ou se já estiver na companhia do adotante por tempo suficiente que se possa avaliar o liame afetivo constituído pela convivência. Ou seja, o estágio não será necessário quando se verificarem as hipóteses acima.

Como existe expressa menção, no parágrafo segundo, ao pretendente estrangeiro, supõe-se que as exceções sugeridas no primeiro parágrafo aproveitam somente aos adotantes brasileiros. Os estrangeiros que quiserem adotar crianças ou adolescentes deverão cumprir o estágio de convivência conforme determina o parágrafo segundo do artigo 46.

A questão pode parecer simples, mas, quando o assunto é colocado na prática, reveste-se de uma verdadeira perseguição aos adotantes estrangeiros. O legislador preferiu dar aos estrangeiros condições diferenciadas das dos nacionais quando o assunto é adoção. Nesse particular, a lei tratou desigualmente pessoas com as mesmas intenções, ou seja, considerou o adotante nacional mais confiável, vez que desincumbiu-o da tarefa de cumprir o estágio de convivência quando a criança tiver até um ano de idade. O adotante estrangeiro já não teve a mesma sorte: é obrigado a preencher aquele requisito sob pena de não ver atendido seu pedido.

Muitos magistrados, com o pretexto de impedirem ou dificultarem a adoção de crianças brasileiras por estrangeiros, estabelecem estágios de convivência de 60, 90 ou até mesmo de 120 dias. A lei somente fixa os prazos mínimos do estágio, conferindo ao juiz a conveniência do termo final. A fixação desses prazos acarreta muitos inconvenientes àquelas pessoas que deixaram seu País à procura de uma criança para adotar. Quando aqui chegam, encontram dificuldades de todos os tipos, com a comunicação, com a hospedagem e alimentação, inclusive com a discriminação.

Ora, se o estágio de convivência é importante e tem a mesma função, quer para o casal adotante brasileiro quer para o casal adotante estrangeiro, então, por que não permitir que casais estrangeiros recebam crianças com menos de um ano de idade sem a obrigatoriedade de cumprirem um estágio de no mínimo quinze dias? O direito à adoção é igual para o nacional e para o estrangeiro. A diferença está na quantidade a mais de documentos que o estrangeiro tem que anexar ao pedido de adoção.

Na verdade, esse estágio de convivência de quinze dias, fixado pela lei, ao estrangeiro que recebe uma criança com menos de dois anos de idade, não poderá servir de parâmetro para o juiz saber se aquele relacionamento será bom ou não. A troca de experiências entre um casal e uma criança (de poucos meses de idade) aproveita mais ao casal do que à criança. Quando a criança tem mais de dois anos, época em que já consegue diferenciar as pessoas da família e já se exprime através da comunicação falada, a adaptação é mais demorada e exige maior esforço do casal adotante.

Para que fazer estágio de convivência com uma criança recém nascida? Que transformação de comportamento ou de afetividade terá essa criança com o casal interessado? Qual a possibilidade de não ser possível a adaptação? Uma criança recém nascida somente recebe o alimento, os cuidados com a saúde, o carinho e o afeto dos adotantes e das pessoas que a cercam. Ela não pode dar nada em troca. Qual o critério, seja o psicológico ou o jurídico, para decobrir se a criança está aceitando ou não aquele casal? No mundo da pesquisa científica podem até existir métodos para essa aferição; mas, na prática, não é possível detectar a rejeição nem a aceitação. E o fato de o casal adotante ser nacional ou estrangeiro não tem a menor importância.

Por outro lado, o estágio de crianças mais crescidas, de dois ou três anos acima, representa uma medida salutar e necessária que aproveita ao adotante e à criança. Aqui é fácil de perceber a diferença entre esses dois tipos de estágios: a criança ou adolescente tem mais condições para discernir, julgar, aceitar ou recusar uma situação que lhe pode ser favorável ou não. Neste caso, o estágio servirá como um campo de prova, um exercício de mútuo conhecimento, *um laboratório de família*.

Se a experiência não foi frutífera de um dos lados, é possível reverter a situação e não concretizar a adoção. Por outro lado, se ambas as partes (adotante e adotado) preferirem ampliar o tempo de duração do estágio, tendo em vista a necessidade de mais tempo para o convívio, podem requerer ao juiz.

O que não faz sentido é radicalizar o posicionamento da necessidade absoluta do estágio de convivência para crianças recém-nascidas para interessados estrangeiros.

Se o casal brasileiro goza da prerrogativa de ver dispensado o estágio de convivência quando a criança tem menos de um ano de idade, por que não estender o benefício ao adotante estrangeiro? Qual é o requisito essencial que impede o exercício da igualdade?

Se a opção for a de dificultar a vida do estrangeiro que aqui aporta com a finalidade de adotar uma criança, melhor seria que se impedisse de vez a adoção internacional em nossa Pátria, e não instituir obstáculos que não têm sentido a não ser o protelatório.

IV - TRÁFICO DE CRIANÇAS — TRANSPLANTE DE ÓRGÃOS

Há cerca de dez anos atrás a notícia do tráfico de crianças, com a finalidade de serem retirados seus órgãos, ganhou bastante espaço na imprensa, provocando a ira das autoridades e, ao mesmo tempo, assombrando as famílias temerosas de perderem seus filhos. Na verdade, poucas notícias puderam ser confirmadas e o assunto foi perdendo seu vigor. Vez ou outra, a imprensa noticia a ocorrência do tráfico de bebês e volta-se a ter pânico novamente.

Essas notícias são verdadeiras? Existe, realmente, o tráfico de crianças com a finalidade de extrair e comercializar seus órgãos? Existe o tráfico de crianças com a finalidade de promover adoções ilegais em países estrangeiros?

Em primeiro lugar é necessário distinguir a atividade clandestina e criminosa do tráfico de crianças daquela destinada à adoção por estrangeiros, que é procedimento amparado pela lei.

O envio de crianças brasileiras para o exterior somente é permitido quando a autoridade judiciária autorizar, ou seja, *sem prévia e expressa autorização judicial, nenhuma criança ou adolescente nascido em território nacional poderá sair do País em companhia de estrangeiro residente ou domiciliado no exterior* (art. 85 do ECA). E, ainda: *antes de consumada a adoção não será permitida a saída do adotando do território nacional* (art. 51, § 4º, do ECA).

Percebe-se, então, que qualquer atividade que tenha como objetivo retirar criança ou adolescente do Brasil, em companhia de estrangeiro aqui não residente ou domiciliado, é considerada crime. O próprio Estatuto disciplina o assunto no artigo 239: *promover ou auxiliar a efetivação de ato destinado ao envio de criança ou adolescente para o exterior com inobservância das formalidades legais ou com o fito de obter lucro: Pena — reclusão de quatro a seis anos, e multa.*

A ação criminosa é representada por dois verbos: *promover* e *auxiliar*, cujos significados não oferecem dificuldade de compreensão. Contudo, o tipo subjetivo do ilícito é caracterizado pela vontade de, irregularmente, enviar criança ou adolescente para o exterior. Neste caso, para a configuração do delito, exige-se a incidência do dolo específico, caracterizado pela vontade de agir descumprindo as formalidades legais ou pela vontade de auferir lucro pecuniário.

Vê-se que a atividade acima descrita como criminosa é bem definida na legislação estatutária, que tem por objetivo resguardar os direitos da criança e do adolescente. Qualquer ação que se encaixe no dispositivo legal acima citado deve ser perseguida e punida. Caso exista o banditismo de quadrilhas (nacionais ou internacionais) que se organizam para raptarem (ou comprarem) crianças com a finalidade de serem enviadas para outros países, ele deve ser energicamente combatido.

Especificamente, o tráfico de crianças destinadas a adoções ilegais em países estrangeiros ficou confirmado em vários casos, todos eles noticiados pela imprensa (jornal *O Estado de São Paulo*, de 18.6.86; jornal *O Globo*, de 13.7.86; *Jornal do Brasil*, de 11.8.86; revista *Veja*, de 17.8.88). O sistema de autorização de viagens para crianças saírem do País acompanhadas de estrangeiros, previsto pela Lei 6.697/79 (Código de Menores), escapava da fiscalização judicial. Inclusive, nota-se que todas as reportagens acima referidas foram feitas na vigência da lei antiga. Com a edição da Lei 8.069/90 (Estatuto da Criança e do Adolescente), o envio de crianças para o exterior sem a sentença judicial transformou-se em procedimento clandestino e ilegal. Se realmente o tráfico de crianças existiu em escala comprometedora, agora, isso já não é mais possível.

O crime de tráfico de crianças e a adoção são situações antagônicas e opostas, não guardando entre si qualquer semelhança, vez que o primeiro é ação que contraria a lei e a segunda é procedimento autorizado pelo ordenamento normativo.

Acontece, porém, que pode haver confusão entre um e outro. Quando se fala que está havendo tráfico de bebês por agentes estrangeiros, ou que estão levando nossas crianças para o exterior para lá serem submetidas a cirurgias para retirada de seus órgãos, a população interpreta como sendo aqueles casais que vêm ao Brasil para adotar.

Isso não é verdade. Os casais estrangeiros que procuram o Brasil com a intenção de adotar uma criança enfrentam procedimentos rigorosos de seleção em seus países de origem: são obrigados a fazer cursos de capacitação recebendo orientação profissional sobre a adoção; devem ingressar na Justiça Especializada de seu País requerendo a habilitação para adotar crianças estrangeiras, sendo que esse processo, também chamado de idoneidade, obriga o casal a periódicos encontros com os técnicos sociais do Tribunal; devem preparar uma infinidade de documentos etc.

Antes de vir ao nosso País, esse casal deve, também, habilitar-se perante a Comissão Estadual Judiciária de Adoção Internacional-CEJAI. Essa Comissão, instituída pelo artigo 52 do Estatuto, e que deve estar funcionando em todos os Estados da Federação, preparará o caminho para a adoção. Essa preparação consiste em formar um processo juntando todos os documentos do casal, certificado de habilitação do país de origem com a indicação de sua validade e idade da criança que pode adotar, relatórios sociais dos técnicos do Tribunal de origem, relatórios da equipe interprofissional brasileira etc., sem contar que todos os documentos em língua estrangeira devem estar traduzidos por tradutor oficial e autenticados pelo Consulado Brasileiro do País do interessado.

Somente após a habilitação perante a CEJAI, o casal poderá inscrever-se no cadastro de pessoas interessadas na adoção. Quando surgir uma criança, o casal será consultado; se aceitar, poderá viajar para o Brasil. Somente aqui o casal poderá requerer a adoção ao juiz, vez que o Estatuto proíbe a adoção por procuração. Depois de tudo isso, o casal recebe a criança e inicia o cumprimento do estágio de convivência. Após trinta ou quarenta dias de tramitação do processo, enfim, o casal pode retornar para seu País.

O bandido se submete a toda esta burocracia?

É evidente que não.

Quando alguém quer fazer tráfico de bebês não se submete a esse rigoroso procedimento; nem sequer vai procurar a Justiça para concretizar sua pretensão. Ou, melhor, ninguém fica sabendo de suas intenções, porque essas ações só podem ser feitas na calada da noite, às escondidas, na marginalidade.

Mesmo assim, é difícil acreditar que órgãos de crianças estão sendo retirados em países estrangeiros. A Polícia Federal, que já contabilizou mais de duzentos inquéritos policiais (notícia veiculada no Jornal Nacional de 23.9.94), ainda não conseguiu provas dos autores desses crimes, nem de que os crimes existiram. Por aí se vê que existe muito folclore em torno desse assunto que, por outro lado, prejudica um trabalho sério que se pretende fazer a respeito das adoções de crianças brasileiras por casais estrangeiros.

Ademais, uma cirurgia para a extração ou implante de órgãos requer a especialização do médico, de seus assistentes, da equipe de auxiliares de enfermagem, de um centro hospitalar provido de unidade de tratamento intensivo e estrutura compatível com a importância e gravidade do tratamento etc. Será que toda essa gente é cúmplice dos traficantes? Será que os médicos que fazem esse transplante não conhecem a situação do paciente e de seus pais? Será que um hospital que tem condições de fazer esse tipo de cirurgia emprestaria seu nome, sua reputação e suas instalações para o cometimento de um crime? Será que os bandidos estão tão ousados que não conseguimos identificar sua ação criminosa, preferindo crer que sua atitude é benfeitora ou filantrópica? Ou será que a nossa ingenuidade chega ao ponto de acreditar que essas intervenções cirúrgicas são realizadas numa clínica de fundo de quintal, como naqueles casos (de cirurgias plásticas) que vemos em filmes onde bandidos procuram médicos, na calada da noite, para alterar sua fisionomia, seus traços faciais, porque estão sendo procurados pela polícia?

Para se extrair um fígado, um rim ou um coração é necessário médico competente, compatibilidade entre doador e receptor do órgão, equipe treinada e hospital capacitado. Fora disso, é folclore. Não é possível se extrair um órgão humano clandestinamente, num quartinho nos fundos da casa, sem o comprometimento do órgão e do doador.

Se é verdade que existe o transplante não autorizado de órgãos de crianças, além do crime de tráfico, esse procedimento constitui-se ação delituosa independente. Está tipificada no artigo 129, parágrafo segundo, inciso III, do Código Penal, de forma qualificada, ou seja, a conduta criminosa é considerada gravíssima porque a extração de órgão humano caracteriza a perda ou a inutilização de membro, sentido ou função. Essa ação, que é chamada pelo Código Penal de lesão corporal, é caracterizada pelo dano ocasionado à normalidade funcional do corpo humano, quer do ponto de vista anatômico, quer do ponto de vista fisiológico ou mental.

Por isso, esse assunto deve ser tratado com muita seriedade. Notícias falsas podem gerar temor injustificado, com alardeamento desnecessário. Se há o crime, deve ser apurado, e os autores, processados e condenados. Não podemos cair na tentação de equiparar a adoção feita por um casal estrangeiro com o crime bárbaro do tráfico de crianças e extração de seus órgãos.

V - PREFERÊNCIA DE INTERESSADOS NA ADOÇÃO: BRASILEIROS OU ESTRANGEIROS?

Não se encontram autores que defendam o direito igualitário à adoção entre brasileiros e estrangeiros. A impressão que fica é a de que os nacionais têm mais direito à adoção do que os estrangeiros. A preferência para adotar é do interessado que aqui tem sua residência e domicílio e que seja brasileiro. Na maioria das vezes, defendem a excepcionalidade da adoção internacional com fundamento no artigo 31, que dispõe: *a colocação em família substituta estrangeira constitui medida excepcional, somente admissível na modalidade de adoção.*

O argumento da excepcionalidade da medida é forte, mas não é absoluto. A exceção deriva sempre da regra; a exceção origina-se de um princípio máximo de extensão "erga omnes", ou seja, endereçado a todos e a todos obrigando o cumprimento. A exceção tem seu fundamento na norma geral; somente pode existir exceção se houver um preceito geral destinado a todos. A exceção não subsiste sozinha; a premissa menor não pode ditar a conclusão do raciocínio se não estiver vinculada à premissa maior.

É o que acontece com o instituto jurídico da colocação de crianças e adolescentes em famílias substitutas ou alternativas. Ele é endereçado a todo aquele que revele compatibilidade com a natureza da medida ou ofereça ambiente familiar adequado (art. 29 do ECA) . "A contrario sensu", não se deferirá a colocação de criança ou adolescente àqueles que não oferecerem ambiente familiar favorável ao desenvolvimento da criança, nem demonstrarem perfeita adequação à medida.

Essa é a regra e serve para todas as modalidades de colocação em família substituta, ou seja, a guarda, a tutela e a adoção. No entanto, cada uma dessas modalidades tem sua característica definidora específica que a distingue das demais. Uma não pode substituir as funções da outra, embora possam coexistir, como é o caso do tutor que também detém a guarda. Outras, são mais abrangentes, como a adoção, que extingue o pátrio poder, constituindo uma nova e independente relação jurídica.

Não restam dúvidas de que a adoção é destinada a todos aqueles que preencham os requisitos definidos no artigo 29 do Estatuto. Tanto é verdadeiro o enunciado que o parágrafo segundo do artigo 50 do ECA impede, inclusive, a inscrição no cadastro se o interessado não preencher aqueles requisitos, "verbis": *não será deferida a inscrição se o interessado não satisfizer os requisitos legais, ou verificada qualquer das hipóteses previstas no art. 29.*

Se o estrangeiro atende àquelas condições impostas pela lei, é candidato à adoção, em igualdade de condição com os demais interessados.

Qual seria, então, a razão da excepcionalidade? Essa excepcionalidade significa que os brasileiros têm preferência aos estrangeiros para adotar?

A lei não disciplina essa preferência. O artigo 31 do Estatuto não dispõe que os interessados brasileiros terão prioridade na adoção; nem que os estrangeiros poderão furar a fila. A norma disciplina, apenas, que a colocação em família substituta estrangeira constitui medida excepcional, somente admissível na modalidade de adoção. A lei, ao instituir a excepcionalidade, impõe sua extensão a todas as formas de colocação em lar substituto, exceto à adoção. Entende-se, pelo enunciado legal, que a guarda e a tutela não poderão ser utilizadas pelos estrangeiros, somente a adoção. Ou seja, o estrangeiro poderá usufruir do instituto jurídico da colocação em família substituta somente na modalidade da adoção. Isso não quer dizer, absolutamente, que a lei confere a interessados brasileiros o privilégio de serem chamados a concretizar a adoção antes dos estrangeiros.

Se a lei expressamente não impede a desigualdade de direitos dos interessados nacionais e estrangeiros, o juiz, o promotor de justiça e o técnico social tampouco poderão fazê-lo, sob pena de darem significado e abrangência diversos ao enunciado legal em desrespeito à vontade do legislador. Seria um julgamento "ultra et extra legis".

Quando o artigo 31 excepciona a medida de colocação em família substituta, nada mais está fazendo do que repetir a regra geral disposta no artigo 19, que leciona que *toda criança ou adolescente tem direito a ser criado e educado no seio da sua família e, excepcionalmente, em família substituta...* O mesmo tom é dado pelo parágrafo único do artigo 23: *Não existindo outro motivo que por si só autorize a decretação da medida (perda ou suspensão do pátrio poder), a criança ou o adolescente será mantido em sua família de origem, a qual deverá obrigatoriamente ser incluída em programas oficiais de auxílio.*

Percebe-se, claramente, que qualquer medida de colocação em família substituta é excepcional, inclusive aquela deferida a brasileiros, qualquer que seja a modalidade. Logo, a excepcionalidade é da medida de colocação em família substituta e não da nacionalidade do interessado. Pretender estender seu significado para a origem do interessado é interpretar a lei de modo lato, sem a observância e vinculação com as regras básicas de interpretação da norma.

Ademais, a preferência de nacionais ou de estrangeiros na adoção não é o ponto mais importante, apesar de que existe um policiamento mais intensivo em relação aos estrangeiros. Essas restrições, diga-se de passagem, não guardam qualquer benefício para aqueles que anseiam por uma nova família. Essas crianças não estão interessadas na nacionalidade de sua nova família; elas querem uma família.

VI - COMISSÃO ESTADUAL JUDICIÁRIA DE ADOÇÃO INTERNACIONAL — CEJAI

A CEJAI foi instituída pelo artigo 52 do Estatuto da Criança e do Adolescente, que dispõe: *a adoção internacional poderá ser condicionada a estudo prévio e análise de uma comissão estadual judiciária de adoção, que fornecerá o respectivo laudo de habilitação para instruir o processo competente.* Completa o parágrafo único: *competirá à comissão manter registro centralizado de interessados estrangeiros em adoção.*

A CEJAI não é órgão de existência obrigatória nos Estados. A lei diz que a adoção internacional poderá ser condicionada a estudo prévio e análise da referida Comissão. Portanto, é um órgão que desenvolverá suas atividades no contexto da organização judiciária estadual.

Contudo, é bom lembrar que as CEJAIs têm feito um trabalho excelente em relação à preparação do interessado estrangeiro em adoção. Além do estudo prévio das condições sociais e psicológicas e análise da estabilidade conjugal, a CEJAI imprime autoridade, idoneidade e seriedade no processamento das informações referentes aos interessados na adoção. Além disso, a Comissão acaba de vez com os boatos e fantasias maliciosas sobre a adoção por estrangeiros. Ao impor seriedade no trabalho, a CEJAI autentica o procedimento da adoção internacional, avalizando a idoneidade do interessado estrangeiro. Após a expedição do certificado, o interessado está habilitado, ou seja, está preparado e apto para requerer a adoção.

Essa Comissão, de âmbito estadual, trouxe para o ordenamento jurídico uma novidade: uma pessoa estrangeira interessada em adotar uma criança brasileira deverá habilitar-se perante pessoas da mais alta confiabilidade na comunidade. Essas pessoas, que formam a CEJAI, ocupam cargos de Desembargadores e Juízes, Procuradores e Promotores de Justiça, Advogados, Psicólogos, Assistentes Sociais, e outros. Elas decidirão se o interessado tem condições ou não para adotar; tanto podem expedir um laudo permissivo, quanto impeditivo à adoção.

Na verdade, o ECA instituiu uma condição de procedibilidade, ou seja, criou para o estrangeiro um mecanismo que o habilite a ter legitimidade para ingressar em Juízo pleiteando a adoção. Acontece, porém, que essas condições de procedibilidade e legitimidade são facultativas, como orienta o citado artigo 52.

Mas se a Comissão não é órgão obrigatório para o processamento da adoção, o interessado pode eximir-se de habilitar-se perante seus membros? Ou, de outra forma, pode o interessado estrangeiro em adoção ingressar diretamente no Juízo Especializado, pleiteando a adoção sem ter o certificado de habilitação da CEJAI?

À primeira vista, a resposta não se apresenta com dificuldade: se no Estado onde o estrangeiro quiser pleitear a adoção existir a CEJAI funcionando, ele deverá habilitar-se primeiro para, depois, ingressar com a ação; se no Estado não foi ainda constituída aquela Comissão, o Juiz poderá aceitar o pedido inicial da adoção, tendo, contudo, a cautela de endereçá-lo à equipe interprofissional para o estudo prévio, análise psicológica e social e verificação do estágio de convivência.

Mas, há que se considerar que a lei, não considerando obrigatória a habilitação perante a CEJAI, permitiu que o juiz pudesse chamar o interessado estrangeiro para concretizar a adoção sem ter o certificado de habilitação. Se a lei confere ao juiz a faculdade de exigir (ou não) o certificado de habilitação da Comissão, pode, muito bem, chamar qualquer estrangeiro que esteja sendo preparado pela equipe interprofissional para requerer a adoção, mesmo sem o aval da Comissão.

E se, por acaso, o estrangeiro pretender ingressar com uma ação de adoção sem o certificado de habilitação e for, liminarmente, recusado pelo juiz? Conforme o pensamento acima, o estrangeiro poderá interpor recurso contra o ato denegatório do juiz, e, certamente, aquela decisão será reformada e o estrangeiro poderá pleitear a adoção, mesmo sem a manifestação da Comissão.

Conclui-se que a CEJAI é mais um órgão auxiliar do juiz na distribuição da prestação jurisdicional. Na verdade, a maioria dos Estados Federados tem chegado à conclusão que o trabalho desenvolvido pela Comissão, além de facilitar o trabalho do magistrado, empresta idoneidade aos processos de adoção por estrangeiros. Em outras palavras, se a adoção for processada através da Comissão, com certeza, não haverá fraude nem irregularidade.

VII - CONCLUSÃO

A adoção por estrangeiros é um tema que se reveste de muito mito e muito folclore. As verdades sobre sua ideologia ou o seu procedimento, geralmente, escondem sua grandeza. Uns são a favor, outros contra. Aqueles que tiveram decepções em procedimentos de adoção internacional criticam-na; aqueles bem-sucedidos, elogiam-na. Aqueles que consideram que a adoção por estrangeiros fere a soberania nacional e desconstitui a nacionalidade e a cidadania, certamente, não colocam em primeiro lugar na vida de uma criança a realização de um sonho de ter uma família, um lar.

A adoção, seja ela feita por brasileiros ou por estrangeiros, tem apenas um objetivo: acolher a criança ou o adolescente, que, por algum motivo, viu-se privado de sua família. Oferecer a instituição à criança ou ao adolescente em troca da família é condená-los a um período indeterminado de solidão social. Se a família estiver preparada para receber um novo membro, não importa se ela é brasileira ou estrangeira, deve-se convocá-la para assumir aquela criança. O que não pode acontecer é o esquecimento de nossas crianças que estão institucionalizadas. Deixá-las por conta da burocracia institucional é interromper-lhes o sonho de compor uma família.

A discussão sobre a pertinência da adoção por estrangeiros vai de encontro com as necessidades apresentadas pelas famílias, sua incapacidade de gerir sua própria existência, passando pelas dificuldades financeiras, emprego, estrutura familiar, fixação de valores que devem ser perseguidos etc.

Muitas perguntas ficarão, neste momento, sem respostas. Mas a pesquisa da origem do fenômeno social adoção continuará a partir de algumas indagações, tais como: como os países ricos (principalmente os europeus) resolveram buscar a adoção em países considerados pobres ou em desenvolvimento? Qual o ponto fraco das famílias que permitem sua desestruturação e desintegração social? O que passa pela cabeça daqueles pais (biológicos) que abandonam seus filhos na maternidade, na rua, na praça?

Algumas reflexões podem sugerir que, nos países mais ricos, a esterilidade, a legalização do aborto ou outras leis que permitem a interrupção voluntária da gestação, a aceitação da cultura da monoparentalidade (a delegação unilateral do pátrio poder à mãe), fatores de convivência comunitária etc., podem ter criado essa explosão de demanda pela adoção nos países do chamado terceiro mundo.

Quem sabe não foram esses os motivos determinantes daquelas pessoas desprovidas de fertilidade ou arrependidas de ter interrompido uma gestação, ou ainda, pela morte do único filho da família? Nesses casos, a discussão deve ser mais extensa, porque a adoção não se presta para resolver problema de esterilidade ou de transferência de afetividade de um ente querido que faleceu. A adoção não é remédio para curar as feridas afetivas e emocionais dos adotantes, mas ato de amor voltado, exclusivamente, para o adotado, seja ele recém nascido ou adolescente.

E por ato de amor entende-se a entrega e doação total da vida dos adotantes para o adotado. É por isso que na adoção não pode haver a escolha da criança, desta ou daquela forma, desta ou daquela cor, tamanho, peso, cor de olhos, saúde etc. Criança não é objeto, não é mercadoria que pode ser apalpada e devolvida quando apresenta algum problema ou defeito. Criança é gente como o adotante, que vai construir uma relação familiar e comunitária, compartilhar as alegrias e tristezas, saúde e doença, fracassos e vitórias, enfim, irá compartilhar, ou seja, dividir com o adotante e os demais componentes da família a tarefa de realizar o amor.

É por isso, também, que não se pode falar nem admitir o tráfico de crianças em sede de adoção. Adoção é um ato de amor amparado pela lei; o tráfico é crime, que campeia a marginalidade. Um e outro são opostos e não se encontram jamais; suas finalidades servem a propósitos diferentes.

Para tentar obstruir a atividade clandestina e marginal daqueles que desejam utilizar a adoção como caminho fácil para o envio de crianças e adolescentes para o exterior, a lei criou a CEJAI, órgão comandado e fiscalizado pela Justiça, cujo trabalho imprime seriedade e idoneidade nos procedimentos relacionados com a adoção por estrangeiros. Sua atividade procedimental e fiscalizatória é imprescindível para a adequação da vontade do instituto jurídico da adoção com o desejo dos interessados em amparar uma criança sem família.

A adoção, quer seja feita por brasileiros, quer seja feita por estrangeiros, tem a mesma finalidade. A precedência de um ou outro interessado na adoção não é situação que a lei dirimiu; chamar primeiro os casais brasileiros é tarefa que os Juizados ainda não conseguem cumprir. E sabemos, pela prática, que os casais brasileiros, em geral, preferem as crianças recém-nascidas, do sexo feminino e de cor clara. É mais fácil ver casais estrangeiros adotando crianças com quatro ou cinco anos e de cor negra. A impressão que fica é aquela de que as adoções difíceis (crianças acima de cinco anos, de cor negra, portadoras de deficiência física ou mental etc.) são destinadas aos estrangeiros. Quando surge uma criança sem aquelas características, chama-se um casal brasileiro. Esse costume e mentalidade haverão de mudar um dia!

Essas reflexões não são pontos de vista estáticos, de pessoas que são contra ou a favor da adoção internacional. São realidades que surgem, diariamente, nos Juizados da Infância e da Juventude de todo o Brasil, e é necessário refletir, contestar ou aplaudir as discussões que são feitas sobre esses assuntos.

DOUTRINA

O INSTITUTO DA GUARDA NO ESTATUTO DA CRIANÇA E DO ADOLESCENTE

MÁRIO ROMERA

1. Introdução. 2. Disposições gerais. 3. A guarda como instituto menorista. 4. Objetivos da guarda. 5. Tipos de guarda. 6. Evolução da guarda no Brasil. 7. Algumas considerações sobre o instituto. 8. O procedimento. 9. Considerações finais.

1. INTRODUÇÃO

O Estatuto da Criança e do Adolescente (Lei 8.069) tem por embasamento a proteção integral da criança e do adolescente, segundo o direito fundamental de que cada um deles deve ser criado no seio de sua família e, excepcionalmente, em família substituta.[1]

Assim, são estabelecidas três formas de colocação de criança e adolescente em família substituta: guarda, tutela e adoção.[2]

A guarda é o objeto deste trabalho, sendo regrada, especificamente, nos artigos 33 a 35, e genericamente, nos artigos 28 a 32, todos do ECA.

2. DISPOSIÇÕES GERAIS

Para todas as formas de colocação em família substituta, independe a situação jurídica em que se encontre a criança ou o adolescente. Assim, tanto faz se está numa família ou numa entidade, se tem condições materiais ou não. Aliás, a falta ou a carência de recursos materiais não constitui motivo suficiente para a perda ou a suspensão do pátrio poder, onde se inclui, também, a guarda,[3] segundo jurisprudência, mesmo que para a concessão desta inexista a condição obrigatória de perda ou suspensão de pátrio poder,[4] que é condição indispensável tanto para tutela como para a adoção.[5]

---

1. ECA, art. 19, e CF, art. 227.
2. ECA, art. 28.
3. *RTJ* 48/427; *RT* 406/207.
4. ECA, art. 23.
5. ECA, arts. 36, par. único, 41 e 169.

Como o fim do instituto visa a proteção integral da criança ou do adolescente, o interesse destes deverá ser levado em conta, sempre que possível, através da oitiva deles.[6]

Da mesma maneira, para que a criança ou o adolescente sinta-se como se fosse membro da família, mesmo que substituta, o grau de parentesco e a relação de afinidade ou de afetividade[7] serão levados em conta, a fim de sejam evitadas ou minoradas as conseqüências decorrentes da medida.

Ainda, sob o mesmo princípio doutrinário, a guarda não será deferida a pessoa que demonstre, por qualquer modo, incompatibilidade com a natureza do instituto ou que não ofereça ambiente familiar adequado.[8]

A medida não permite, salvo com autorização judicial, transferência da criança ou do adolescente, ou mesmo para entidades, governamentais ou não.[9]

Não é admitida a guarda para família substituta estrangeira.[10]

E, por fim, estabelece a Lei que o guardião deve prestar o compromisso de bem e fielmente desempenhar o encargo, através de termo nos autos do procedimento.[11] Tal é despiciendo, tendo em vista a proteção devida à criança e ao adolescente.

Estas são condições legais gerais sobre o instituto da guarda, que deverão ser acatadas em qualquer pedido realizado.

3. A GUARDA COMO INSTITUTO MENORISTA

A jurisprudência dominante tem afirmado que "a guarda não é a essência, mas tão-somente da natureza do pátrio-poder".[12] Assim, a guarda é atributo do pátrio poder, mas não se exaure nele, nem com ele se confunde. Daí, se conclui que a guarda pode existir sem o pátrio poder, assim como este pode ser exercido sem a guarda.

São várias as conseqüências, portanto, do instituto da guarda.

Ela não pressupõe a prévia suspensão ou destituição do pátrio poder, pois não é incompatível com este.

Quanto às obrigações do guardião, estão presentes a prestação de assistência material, moral e educacional à criança e ao adolescente,[13] conferindo à criança ou adolescente a condição para todos os fins e efeitos de direito, inclusive previdenciários,[14] o que deve ser entendido como exemplificação, pois nada impede que o guardião, legitimamente, promova ação indenizatória por homicídio.[15]

A guarda, indo mais longe, confere ao seu detentor o direito de opor-se a terceiros, inclusive aos pais.[16]

---

6. ECA, art. 28, § 1º.
7. ECA, art. 28, § 2º.
8. ECA, art. 29.
9. ECA, art. 30.
10. ECA, art. 31.
11. ECA, art. 32.
12. *RT* 554/209, 575/134; *RJTJSP* 109/280, 121/277; *RDTJRJ* 1/79; *RTJ* 56/53.
13. ECA, art. 33, 1ª parte; CC, arts. 384, I e VII, 1.521, I e II.
14. ECA, art. 33, § 3º.
15. CC, art. 1.537.
16. ECA, art. 33, 2ª parte; CC, art. 384, II e VI.

Assim, como na tutela e na adoção, a guarda gera obrigações pessoais, indelegáveis e intransferíveis.[17]

4. OBJETIVOS DA GUARDA

A guarda destina-se a regularizar a posse de fato de criança ou de adolescente,[18] mas já como simples situação de fato, mostra-se hábil a gerar vínculo jurídico que só será destruído por decisão judicial, em benefício do menor — criança ou adolescente. Já, judicialmente deferida, a guarda será uma forma de colocação em família substituta, como se fosse uma família natural, de maneira duradoura,[19] ou será, liminarmente ou incidentalmente, concedida nos procedimentos de tutela ou adoção[20] ou, ainda, atenderá, excepcionalmente e fora dos casos de tutela e adoção, situações peculiares ou suprirá a falta dos pais ou responsável, podendo ser deferido o direito de representação para a prática de certos atos.[21]

5. TIPOS DE GUARDA

Do que consta no Estatuto da Criança e do Adolescente, pode-se classificar a guarda em *permanente* e *temporária* (ou *provisória*).

É *permanente* quando o instituto é visto como um fim em si mesmo, ou seja, o guardião deseja a criança ou adolescente como membro de família substituta, e com as obrigações e direitos daí advindos, sem que o menor seja pupilo ou filho.[22] Nesse sentido são os regramentos para o Poder Público estimular a guarda de órfão e abandonado.[23] Nesse sentido não envolve situação jurídica maior do que assistencial, não gerando direito sucessório, portanto.

Já, é *temporária* (ou *provisória*) quando visa atendimento de situação limitada ou por termo ou por condição, não sendo, assim, um fim em si mesma.[24] Finda quando se realiza o termo ou condição. Pode ser *liminar*, para regularizar situação de posse de fato, ou seja, guarda de fato de criança ou de adolescente pura e simples, com vistas a uma situação jurídica futura. Ou pode ser *incidental*, nos procedimentos de tutela e adoção, também para regularizar posse de fato ou com vistas a uma situação futura. E, ainda, pode ser especial, para atender situações peculiares ou suprir a falta eventual dos pais ou responsável, com o possível deferimento de direito de representação para a prática de atos determinados. Este tipo tem previsão, ainda, no art. 167 do Estatuto da Criança e do Adolescente, quando possibilita ao juiz concedê-la.

A primeira é mais duradoura e se esgota em si mesma, sem que seja decretada para buscar outra situação jurídica, tutela ou adoção, que não quer o guardião e nem lhe pode ser imposta. E o interesse do menor, criança ou adolescente, é satisfeito com a colocação dele em família substituta. Já as demais são de menor duração e se exaurem quando se realiza ou

---

17. ECA, art. 30.
18. ECA, art. 33, § 1º, início.
19. ECA, art. 33, § 1º, início.
20. ECA, art. 33, § 1º, fim.
21. ECA, art. 33, § 2º.
22. ECA, arts. 33, § 1º, início, e 34.
23. CF, art. 227, § 3º, VI; e ECA, art. 34.
24. ECA, art. 167.

se obtém uma situação jurídica nova ou se preenche uma situação peculiar ou se procede a um ato determinado.

6. EVOLUÇÃO DA GUARDA NO BRASIL

Todo abandono transitório ou definitivo do filho menor era fato gerador de guarda, como institutos do Direito de Família ou do Direito do Menor.

O Código de Menores de 1927, no seu art. 27, afirmava que guardião era o *encarregado da guarda do menor, não sendo seu pai, mãe ou tutor, tem por qualquer título a responsabilidade de vigilância, direção ou educação dele, ou voluntariamente o traz em seu poder ou companhia.*

O Código de Menores de 1969, no art. 2º, par. único, asseverava o que era menor em situação irregular e que era *responsável aquele que, não sendo pai ou mãe, exerce, a qualquer título, vigilância, direção ou educação do menor, ou voluntariamente o traz em seu poder ou companhia, independentemente de ato judicial.* A guarda era regrada no seu art. 17, II, como forma de colocação em lar substituto.

O Estatuto da Criança e do Adolescente, no seu art. 19, determina que *toda criança ou adolescente tem direito a ser criado e educado no seio da sua família e, excepcionalmente, em família substituta, assegurada a convivência familiar e comunitária, em ambiente livre da presença de pessoas dependentes de substâncias entorpecentes.* E uma das formas é a da guarda. Tal é previsto na Constituição Federal de 1988, também, com regulamentação no Estatuto.[25]

A guarda, hoje, é a forma mais corriqueira e mais simples de colocação em família substituta. Ela evita as internações de crianças e adolescentes, ou seja, os abrigos em entidades,[26] como medida específica de proteção.

7. ALGUMAS CONSIDERAÇÕES SOBRE O INSTITUTO

A guarda não pode nem deve ser para um só fim, devendo ser para todos os efeitos legais. Assim, a guarda para fins de assistência médica ou para fins de participar de sociedade recreativa ou para fins previdenciários etc. não deve subsistir. A guarda visa a maiores fins que não os simples listados.

A revogabilidade da guarda pode ocorrer por ato judicial fundamentado, ouvido, sempre, o Ministério Público.[27] Assim, inexiste trânsito em julgado da decisão concessiva da guarda, pois pode ser revista a qualquer tempo,[28] em face de sua natureza.[29]

A oposição dos pais gera o procedimento contraditório, com citação deles para que contestem a ação, dentro do princípio do contraditório e da mais ampla defesa.[30]

A guarda por pessoa que está sob o mesmo teto com a criança e a mãe pode ser um ato jurídico simulado, para alguns. Porém, o estudo social do caso, por equipe interdisciplinar, se possível, poderá demonstrar o equívoco da premissa.[31] Muitas vezes será impossível dissociar a guarda do pátrio poder, o que deverá ser verificado pelo estudo de caso.

---

25. CF, art. 227, "caput", e ECA, arts. 19, 33 a 35.
26. ECA, art. 101, VII.
27. ECA, art. 25.
28. ECA, art. 168.
30. ECA, seções II e III, cap. III, tít. VI.
31. ECA, arts. 161, § 1º, e 167.

8. O PROCEDIMENTO

Duas são as formas procedimentais apresentadas pelo Estatuto da Criança e do Adolescente: uma de jurisdição administrativa, sem lide; outra, contraditória, com lide.[32]

A primeira ocorrerá nas situações em que os pais forem falecidos, já tiverem sido destituídos ou suspensos do pátrio poder, ou houverem anuído ao pedido de guarda, podendo ser feito o pedido diretamente em Cartório, pelos requerentes, sem a presença de advogado, portanto.

A segunda surgirá quando houver discordância dos pais ou quando implicar em suspensão ou destituição do pátrio poder, estas como pressupostos lógicos da medida principal de colocação em família substituta, que será contraditória. Tal pode se aplicar à guarda, se esta for pedida e se enquadrar numa dessas condições.

9. CONSIDERAÇÕES FINAIS

Qualquer pessoa, de qualquer estado civil, salvo estrangeiro,[33] poderá pedir a guarda, preenchidos os requisitos gerais[34] e específicos do instituto.[35]

Assim, poderá a criança ou adolescente que não possua mais sua família natural ter uma família. Essa, mesmo substituta, virá preencher a falta de pai, pais ou familiares, onde a afetividade e o atendimento serão supridos por pessoas plenas de sentimentos de solidariedade.

---

32. ECA, arts. 165 a 170.
33. ECA, art. 31.
34. ECA, art. 19 a 24 e 33 a 35.
35. ECA, art. 165.

DOUTRINA

O INSTITUTO DA GUARDA NO ESTATUTO DA CRIANÇA E DO ADOLESCENTE — QUESTÕES CONTROVERTIDAS — GUARDA SATISFATIVA E PREVIDENCIÁRIA

Luiz Carlos de Barros Figueirêdo

I — Ouvida do guardando. II — Obrigatoriedade da audiência do artigo 166, parágrafo único, do ECA. III — Competência jurisdicional para processar os pedidos. IV — Intervenção do advogado. V — Órgão recursal. VI — Limite de idade. VII — Guarda a pessoa jurídica. VIII — Revogação. IX — A guarda satisfativa. X — Guarda previdenciária. XI — Considerações finais.

A Guarda é um dos atributos inerentes ao Pátrio Poder, que se encontra previsto no art. 384, II, do Código Civil. Se possível fosse escalonar em ordem de importância todas as prerrogativas desse "poder/dever" estabelecidas nos diversos incisos do supra-referenciado artigo, provavelmente a Guarda estaria colocada no ápice, posto óbvio que a ela são intrínsecas a companhia e a possibilidade de que aos filhos menores sejam exigidos a prestação de obediência e respeito e a execução de serviços próprios de sua idade e condição, assim como a reclamação contra quem ilegalmente os detenha. Da mesma forma, embora não impossível, difícil de efetivação na prática, a hipótese de "dirigir-lhes a criação e educação", por quem não é o detentor da guarda. Demais atributos, como, por exemplo, conceder ou negar consentimento para casamento; nomeação de tutor por testamento; representação ou assistência e administração de bens, não são típicos a todos os menores, exigindo situações resolutivas específicas, como por exemplo: disponibilidade patrimonial; vontade de contrair núpcias etc.

Em que pese toda esta importância dentro das prerrogativas do Pátrio Poder, óbvio é que, por inúmeras circunstâncias, nem sempre a guarda pode ser exercida pelos genitores biológicos, sendo hipóteses mais comuns a carência de recursos materiais; o falecimento ou doença grave dos pais; o abandono; viagens prolongadas dos genitores; filhos de relações extramatrimoniais, com aquele que ficou com a guarda (normalmente a mãe) contraindo matrimônio ou iniciando união estável com outrem, resultando que muitas vezes, por incompatibilidade da criança com o(a) novo(a) companheiro(a), prefere ela ficar morando com parentes próximos (avós/tios), e, com concordância paterna ou materna, continua sob a guarda fática destes etc.

Nestas circunstâncias, culmina que a assistência material, moral e educacional é exercida, na prática, pelo guardião, de fato ou legal, sem prejuízo da responsabilidade alimentar dos genitores, nas hipóteses em que tal for possível. Sendo de sabença generalizada que "a lei acompanha o fato social", não poderia o legislador deixar de prever a regulação de situações que cotidianamente ocorreram, ocorrem e continuarão ocorrendo.

É importante o registro de que já no Código de Menores de 1927 se encontrava a previsão do instituto da guarda (inclusive mediante "soldada" — pagamento), o mesmo ocorrendo na Lei 6.697/79, como forma de colocação em família substituta.

O presente trabalho visa tecer comentários sobre o instituto da guarda, como a primeira forma de colocação em família substituta prevista na Lei 8.069/90, em seus artigos 33 e ss. Desta forma, não se incluíram no seu objeto de análise questões relativas à família natural, em especial quanto à regulamentação da guarda na própria família do filho disputado, seja em sede de dissolução da sociedade conjugal (Lei 6.515/77); seja em casos de disputa dos pais não casados civilmente pela posse e guarda dos filhos, por não constituírem formas de colocação em família substituta, e *sempre* serem de competência do Juízo de Família.

Sob este enfoque, relevam-se 2 (dois) conceitos básicos, a saber:

I - "A Guarda não implica em prévia suspensão ou destituição do pátrio poder, mas reclama procedimento contraditório sempre que houver discordância de qualquer dos genitores, e transfere ao guardião, a título precário, os atributos constantes do art. 384, I, II, VI e VII, do Código Civil" (Cury, Garrido, Marçura, *Estatuto da Criança e do Adolescente Anotado*, RT, 1991, p. 27).

II - A Constituição e a Lei 8.069/90 priorizam a permanência no seio da família natural, mas não olvidam a necessidade de em casos específicos haver a colocação em família substituta, em qualquer de suas formas, prevendo uma hipótese mais simples — a guarda — na qual ocorre mero desfalque das prerrogativas inerentes ao "Pátrio Poder", como forma de evitar a Institucionalização da criança/adolescente.

Ao legislar sobre a matéria, o Estatuto buscou aprofundar devidamente seus diversos aspectos, não assistindo razão a alguns observadores menos atentos que chegaram a comentar que o instituto manteve-se inalterado em relação ao revogado Código de Menores, afirmando até que a diferença entre o art. 24 da Lei 6.697/79 e o art. 33 da Lei 8.069/90 estaria na simples substituição da expressão "ao menor" por "criança ou adolescente".

Com efeito, embora sendo verdadeira a assertiva supra quando lido apenas o "caput" dos artigos da Lei revogada e da vigente, fato que, aliás, serve de demonstração de que nunca houve "animus" de "poderoso *lobbie*" para "desmontar o Código de Menores", mas sim uma vontade sincera de aperfeiçoar a norma então vigorante, aproveitando-se os seus aspectos positivos e escoimando-se os conceitos ultrapassados nele contidos, o fato é que a situação se apresenta totalmente distinta quando o cotejo se faz entre os parágrafos dos prefalados artigos.

Sendo tão evidentes as distinções, e não tendo este trabalho finalidade de estudo comparado das legislações, os comentários subseqüentes se direcionam em função da norma vigente.

Ao tratar da guarda no seu livro *O Estatuto da Criança e do Adolescente — Comentários*, coleção estudos jurídicos-sociais, p. 10, o exemplar Promotor de Justiça de Porto Velho - RO, Wilson Donizeti Liberati, assim preleciona: "A finalidade de guarda é, sem dúvida, regularizar a posse de fato da criança e do adolescente, podendo ser deferida liminar ou incidentalmente, nos procedimentos de tutela e adoção, exceto no de adoção por estrangeiro (parágrafo 1º). A guarda provisória poderá ser concedida fora dos casos de adoção ou tutela para atender casos urgentes, situações peculiares ou para suprir a eventual falta dos pais (parágrafo 2º). A outorga dos poderes de representação conferida aos detentores da guarda é uma novidade trazida pelo Estatuto, pois, de acordo com o art. 84 do Código Civil, a representação competia exclusivamente aos pais, tutores ou curadores".

Estes aspectos relevantes são também destacados na obra de Cury, Garrido e Marçura já citada e nos "comentários" do Prof. Antônio Chaves, pp. 149/150, distinguindo a guarda provisória (liminar e incidente), a permanente e a peculiar.

Buscando simplificar o entendimento da questão, assim fiz consignar no *Manual de orientação —Justiça da Infância e da Juventude*, obra editada pelo TJ-PE, à p. 6: "A guarda destina-se: a) a regularizar a posse de fato; b)excepcionalmente para atender situação peculiares; c)supressão de falta eventual dos pais. A guarda estatutária é uma situação jurídica suplementar do pátrio poder-dever, estabelecida por decisão judicial em procedimento regular perante o Juiz da Infância e da Juventude ou de família, conforme o caso".

A Guarda define os poderes do guardião, desautoriza interferência malévola até mesmo dos pais, já que limita o Pátrio Poder. Em que pese o legislador haver delimitado com competência a preferência da manutenção no seio da família natural; as situações objetivas nas quais podem ser deferidos os pedidos de guarda; a competência jurisdicional para processar e julgar os pedidos; a matéria recursal; documentos instrutórios, procedimento da guarda, etc., o fato é que a partir da vigência da Lei várias dúvidas e interpretações distintas sobre alguns desses aspectos surgiram, razão pela qual se busca priorizar a análise daqueles tidos como polêmicos.

I - OUVIDA DO GUARDANDO

Retomando como paradigma o art. 45, parágrafo 2º, do Estatuto, alguns Juízes e Promotores apenas estão providenciando a ouvida de adolescentes (12 anos em diante) em audiência.

Tal postura não se coaduna com o art. 28, parágrafo 1º, ECA, que recomenda a ouvida sempre que possível. Ou seja, é da filosofia da Lei que mesmo os pequeninos sujeitos de direito tenham a oportunidade de se expressar, em especial nos aspectos relativos à afinidade e afetividade. Somente nos casos de patente impossibilidade, como por exemplo "surdo-mudo", "deficiente mental", faixa etária sem manifestação da fala, etc., é que se justifica a não ouvida da criança/adolescente.

A propósito, embora não seja objeto de análise deste estudo, registro que entendo equivocada a disposição do referido art. 45, parágrafo 2º, ECA, na medida em que é patente a colisão com a disciplina do Código Civil, sendo juridicamente inimaginável a condição "sine qua non" de *consentimento de alguém absolutamente incapaz* (menor de 16 anos). É lógico que se entende as razões fáticas que levaram o legislador a incluir tal previsão, tomando como parâmetro o início da adolescência, posto que também inimaginável o deferimento de adoção em que o adotando já adolescente resiste à sua efetivação. Melhor seria a obrigação de sua ausculta em audiência para serem sopesadas suas razões, mas não condicionar o processo à sua anuência (a menos que se resolva modificar o Código Civil).

Assim, nos pedidos de guarda impõe-se a designação de audiência para ouvida do guardando, mesmo que tenha ele sido ouvido previamente pela equipe interprofissional, preferencialmente fazendo-se isto na audiência a que alude o parágrafo único do art. 166 do Estatuto, nos casos de guarda consentida, ou na audiência de instrução e julgamento, havendo pretensão resistida que obriga o procedimento contraditório.

II - OBRIGATORIEDADE DA AUDIÊNCIA DO ARTIGO 166, PARÁGRAFO ÚNICO, DO ECA

O revogado Código de Menores não previa a realização de audiência nos casos em que havia adesão expressa dos pais ao pedido de guarda. Exatamente por isso disseminou-se pelo país inteiro a prática de sua não realização. Sob o pretexto dessa realidade anterior, assim como fazendo-se analogia com os procedimentos de jurisdição voluntária, onde a audiência é uma exceção (art. 1.103 e s., CPC), ou argüindo "burocracia desnecessária do Estatuto", falta de espaço na pauta ou ainda que os genitores já foram ouvidos no estudo social ou perícia por equipe interprofissional, alguns teimam em não realizar a audiência nas chamadas guardas consentidas.

Tais argumentos não podem prosperar, primeiro por ser expressa previsão legal a ouvida "pela autoridade Judiciária e pelo Representante do Ministério Público, tomando-se por termo as declarações"; segundo por ser relativamente freqüente o surgimento de casos em que os pais ao serem advertidos na audiência do desfalque em vários atributos do Pátrio Poder passam a discordar do pedido (haviam sido induzidos em erro pelos autores de que o pedido era apenas para assegurar amparo médico e previdenciário); terceiro porque inibe a oportunidade da ouvida da criança/adolescente pelas autoridades competentes; quarto porque o papel precípuo da equipe técnica é de verificar e opinar para evitar o deferimento de colocação em família substituta a pessoa que revele, por qualquer modo, incompatibilidade com a natureza da medida ou não ofereça ambiente familiar adequado (art. 29, ECA), e não exerce funções privativas do órgão ministerial Público ou da autoridade Judiciária; quinto porque problemas práticos como a falta de espaço na pauta podem ser resolvidos com a utilização de fórmulas pré-impressas e a concentração em um mesmo dia de várias audiências da mesma natureza, as quais, feitas as advertências e estando cumpridas todas as formalidades, já poderão contemplar impresso o parecer e a sentença, contribuindo até para agilizar o término do processo.

III - COMPETÊNCIA JURISDICIONAL PARA PROCESSAR OS PEDIDOS

A chamada competência territorial estabelecida no art. 147, I e II, Lei 8.069/90 não tem deixado qualquer margem de dúvidas na aplicação prática. Entretanto, no tocante à definição de no mesmo território ser competente a Justiça da Infância e da Juventude ou a de Família, ainda tem deixado um quadro de perplexidade, com posições diametralmente opostas.

Embora o texto do artigo 148, parágrafo único, do Estatuto seja claríssimo no sentido de que somente são da competência da Justiça da Infância e da Juventude os casos em que a criança/adolescente se encontre em uma das hipóteses do art. 98 da mesma Lei (em contrário senso, todos os demais casos serão das Varas de Família), ainda há dificuldades de entendimento para alguns.

As causas básicas para estas dúvidas podem ser encontradas no fato de não ter havido modificações nas Organizações Judiciárias da maioria dos Estado da Federação após a vigência do Estatuto; poucos foram os Tribunais que editaram normas disciplinando a questão; existência de pessoas que pensam que o artigo 98 do Estatuto é o mesmo art. 2º do Código de Menores revogado, quando na realidade o enfoque da chamada "situação de risco pessoal e social" é exatamente o oposto da "situação irregular" (chego a dizer jocosamente que a nova disciplina representa o art. 2º do Código de Menores de "cabeça para baixo"); em alguns Estados, decisões em recursos, logo após a vigência do Estatuto, que não consideraram as inovações legais e que continuaram a servir como paradigma; em alguns casos porque a linha divisória entre existência ou não de situação de risco (ameaça ou violação de direitos) é tênue, principalmente no tocante às hipóteses de falta ou omissão dos pais.

A nível doutrinário, os especialistas não têm apresentado divergências no sentido de que só havendo a conjugação dos art. 98 e 148, parágrafo único, Estatuto, pode se falar em competência da Justiça da Infância e da Juventude. Pela clareza do texto, transcrevo alguns trechos do ensinamento de Wilson Donizeti Liberati na obra já citada: "O parágrafo único do art. 148 é o marco divisório determinante da competência da Justiça da Infância e da Juventude. Em outras palavras, o Juiz especializado só será competente se a criança ou o adolescente estiveram com seus direitos ameaçados ou violados... deve, pois, haver a efetiva ocorrência de ameaça ou violação dos direitos fundamentais da criança e do adolescente, que determinará, com exclusividade, a competência do Juizado da Infância e da Juventude, nas hipóteses previstas nas letras "a" a "h". A simples confrontação entre o direito da criança e do adolescente e o direito de seus pais não determina ou autoriza a competência do Juiz da Infância e da Juventude para conhecer e julgar o litígio. É necessário que os direitos infanto-juvenis sejam, efetivamente, ameaçados ou violados. Essa é a determinante da competência no *Manual de Orientação*, já mencionado, onde assim me expressei: "o art. 148 delimita o poder jurisdicional das Varas Privativas e exclusivas. Veja-se que todas as matérias do "caput" do art. 148 são exclusivas da Justiça da Infância e da Juventude; já aquelas elencadas no parágrafo único do referido artigo são prioritariamente de outras Varas (Família, Registro Civil, Registro Público, etc.), só competindo à Infância e Juventude quando o seu destinatário (criança ou adolescente) se encontrar em uma das hipóteses do art. 98 do Estatuto".

Dentre os vários Tribunais que editaram normas sobre a matéria, merece destaque a referência à Resolução n. 227/91 da Corte Superior do Tribunal de Justiça de Minas Gerais que estabelece em seu art. 2º: "As ações ou pedidos a que se refere o parágrafo único do art. 148 da Lei Federal 8.069/90, serão da competência dos Juízes do Cível ou Família, onde as houver, salvo quando se tratar de criança ou adolescente enquadrado nas situações previstas no art. 98 da mencionada Lei, quando serão competentes os Juízes de Menores". Antônio Chaves, obra citada, transcreve deliberação unânime da 3ª Câmara Cível do Tribunal de Minas Gerais, em 13.2.92, no conflito de competência 1.031, tendo como relator o Desembargador Hugo Bengtsson, que por certo foi iluminada pela prefalada Resolução n. 227/91, a saber: "Menor — Guarda — Competência. Inteligência do art. 148 da Lei 8.069/90. Serão de competência dos Juízes Cível ou de Família, onde houver, as ações ou pedidos a que se refere o parágrafo único do art. 148 da Lei Federal 8.069/90, salvo quando se tratar de criança ou adolescente enquadrado nas situações previstas no art. 98 da mencionada Lei, quando serão competentes os Juízes de Menores..."

Sabendo-se da existência de decisões de Tribunais de outros Estados, como por exemplo o do Rio de Grande do Norte, que, também no ano de 1992, em conflito de competência entre Juízes de Família e da Infância e da Juventude da Capital, decidiu que todas as Ações de Guarda eram de competência desta última Justiça especializada, em confronto com a norma legal, orientação doutrinária e decisões de outros Tribunais, resta o incentivo para a edição de normas regulamentadoras sobre a matéria (sejam alterações nas respectivas Organizações Judiciárias — CF, art. 96, I, "a" — seja, pelo menos, através de Assentos ou Resoluções) delimitando com precisão a questão da competência.

A disseminação de acórdãos bem postos como o ora transcrito da 3ª Câmara Cível do TJ-MG também pode servir para afastar as interpretações equivocadas. Quanto à hipótese que me parece mais complexa para ser vencida dentre as que citei, respeitante à difícil fixação no caso concreto se a criança/adolescente se encontrar com direitos ameaçados ou violados, especialmente nos casos de pedidos de guarda, que interessa mais de perto a este trabalho, trago à colação uma regra interpretativa utilizada pelo hoje Desembargador do Tribunal de

Justiça de Pernambuco Antônio de Pádua Camarotti Filho, à época Juiz da 2ª Vara de Família e Registro Civil do Recife. Com efeito, aquele Magistrado incorpora ao seu critério de análise um elemento temporal.

Assim, quando se trata de pedidos de guarda onde a situação de fato já está consolidada por longo lapso de tempo, mesmo que formulado por parentes próximos (avós, tios, irmãos, etc.) entende o Des. Camarotti que a competência é da Vara da Infância e da Juventude, pois é palpável a situação de risco da criança/adolescente, por falta ou omissão dos pais. Tal entendimento, ao meu ver, facilita a análise para a busca de identificação se o caso concreto está ou não enquadrado no art. 98 do Estatuto, se coaduna perfeitamente com a regra hermenêutica do art. 6º, ECA, além de ter a vantagem adicional de se evitar uma tendência natural de se dizer que se o pleito for formulado por parente próximo a competência é do Juízo de Família, postura que, dada máxima vênia, não deve corresponder exatamente ao que pretendia o legislador ao definir a competência para uma ou outra Vara.

A propósito, veja-se o que se definiu em Porto Alegre - RS, conforme se transcreve do Livro *O Estatuto passado a limpo*, editado em 1992 pelo Juizado da Infância e da Juventude da capital gaúcha, sob inspiração do Magistrado exemplar Marcel Esquivel Hoppe: "A interpretação dos vários dispositivos do CPC e do COJE que tratam da matéria relativa à competência das Varas de Família e Sucessões em face do Juizado da Infância e da Juventude apresenta muitas dificuldades. Visando a superá-las na Comarca da Capital, os Juízes dessas Varas reuniram-se em 27.5.91, juntamente com a Corregedoria Geral e direção do Foro e discutiram a questão. Concluíram o seguinte:

a) As demandas e/ou pretensões desencadeadas exclusivamente entre pessoas situadas dentro do círculo familiar serão examinadas pelos Juízes competentes em matéria de família nos foros centrais e Regionais (COJE, art. 74, III);

b) As ocorrentes entre pessoas que estiverem fora do mencionado círculo incubirão ao Juiz da Infância e da Juventude (COJE, art. 73, IX).

Por fim, entendo relevante o registro de que em Pernambuco, em Comarca de médio porte — Petrolina — foi implantada Vara de "Família, Infância e Juventude", que, além da semelhança das matérias, é adequada ao porte da cidade e elide de vez a dúvida sobre qual o Juízo competente. (Na Assembléia Legislativa tramita Projeto de Lei para a Criação de Vara análoga para Caruaru).

IV - INTERVENÇÃO DO ADVOGADO

Tratando de pedidos de guarda em que se apresenta oposição dos genitores (pretensão resistida), impõe-se o procedimento contraditório, e, como tal, indispensável a presença de advogados atuando na defesa dos interesses de ambos os pólos da demanda. Disto não há qualquer dúvida!

Por outro lado, questão importante se apresenta quando no caso concreto ocorre a adesão expressa (guarda consentida), bastante comum nos Juizados e Varas de Família, dos genitores biológicos ao pedido de guarda, ou quando os genitores do guardando são falecidos ou tiverem sido destituídos ou suspensos do Pátrio Poder, hipóteses em que, pelo art. 166, ECA, a pretensão pode ser deduzida "em petição assinada pelos próprios requerentes".

Diz Donizeti, obra citada, à p. 116: "em vista do disposto no "caput" do referido artigo, não será necessária a presença de advogado, vez que não existe lide. Em Cury, Garrido e Marçura, *Estatuto Anotado*, p. 87, encontramos: "é desnecessária a representação por advogado tendo em vista a inexistência de lide". Na obra *O Estatuto passado a limpo*, já referenciada, encontramos à p. 20 : "A colocação poderá ser feita decorrentemente de prévia destituição/suspensão do Pátrio Poder, ou ainda em razão de morte ou concordância dos pais. *Neste último caso, os mesmos comparecerão em juízo e serão ouvidos em audiência, reduzindo-se a termo suas declarações*" (grifo do autor).

Samuel Alves de Melo Júnior, in *Comentários ao Estatuto da Criança e do Adolescente*, coord. Liborni Siqueira, Forense, p. 161, também sustenta a mesma posição, lembrando que: "a contrário senso, se não ocorrerem tais situações, haveria a necessidade da intervenção de advogado". O Desembargador Antônio Cezar Peluso - TJ-SP, in *Estatuto - comentários jurídicos e sociais*, Malheiros Editores, pp. 479 e 482, sustenta o mesmo posicionamento.

A pretexto da disposição constitucional no capítulo IV — Das Funções Essenciais à Justiça, no art. 133 da Magna Carta, estabelecendo que "o advogado é indispensável à administração da Justiça..." alguns críticos têm apontado tal previsão estatutária como inconstitucional. É comum serem elas formuladas por defensores do Código de Menores revogado, se esquecendo que o mesmo ocorria no chamado "verificatório simples" daquela legislação que esteve em vigor lado a lado com a nova Constituição por 2 (dois) anos.

Ao meu ver, não assiste razão aos defensores dessa corrente, pois, inexistindo lide, não há que se falar na essencialidade e indispensabilidade da presença do advogado, cuja função precípua é a de defender pretensões resistidas. Trata-se de uma espécie de "reserva de mercado", odiosa principalmente por se saber que no mais das vezes estes pedidos se dirigem para favorecer crianças oriundas das camadas econômicas mais empobrecidas, não se coadunando este tipo de interpretação com a regra hermenêutica do art. 6º do Estatuto.

A propósito, é importante o registro de que no AI 13.7/94 em 6.6.91, tendo com relator o Des. Sylvio do Amaral, por votação unânime, a Câmara Especial do TJ-SP assim decidiu: "Para a colocação de menor em família substituta, tendo havido expressa concordância dos pais, *não há como exigir-se o requerimento por advogado*, bastando petição assinada pelos requerentes de acordo o art. 166 da Lei 8.069/90" (grifo do autor).

V - ÓRGÃO RECURSAL

Em matéria recursal, faz-se importante a lembrança aos neófitos da existência de "Juízo de retratação" mesmo em casos de *apelação*. A salutar providência, que, aliás, registre-se, existia no revogado C.M., se prende à busca pelo legislador de celeridade nas decisões e possibilitar ao Juízo "a quo" que, caso observe haver cometido equívoco, possa de imediato corrigi-lo de forma a não causar nenhum prejuízo ao sujeito de direito destinatário primário da norma, que é a criança ou adolescente, previsão que se coaduna perfeitamente com a lógica da doutrina de proteção integral e a já referenciada regra hermenêutica do art. 6º do Estatuto.

Entretanto, lamentavelmente, continuam existindo dúvidas sobre a competência jurisdicional em 2º grau. O Código de Menores revogado estabelecia em seu art. 84: "... e, em segundo grau, pelo Conselho da Magistratura ou Órgão Judiciário equivalente, conforme dispuser a Lei de Organização Judiciária". Desta forma, quando no seu art. 116 falava em "Órgão Judiciário de Jurisdição Superior" não havia dúvida a respeito da competência recursal.

O fundamento básico para tal previsão era o da *suposta* inexistência de litígio e de não existir processos *contra*, mas sim a favor do menor. Embora falaciosa essa visão, pois sempre existiram pretensões resistidas e privações de liberdade (com qualquer nome que seja) na "Justiça Menorista", a lógica montada era de fácil entendimento e não colidia com o fato dos

Conselhos de Magistratura não serem tecnicamente órgãos jurisdicionais, tendo apenas competências administrativas, orientadoras e de fiscalização no âmbito do próprio Judiciário.

Entretanto, o fato de inexistir uma previsão expressa no Estatuto, e nos incisos VII e VIII do art. 198 dessa Lei apenas se falar em "Superior Instância", tem levado a um quadro de perplexidade em muitos Estados, levando, pela "Lei da inércia", à solução cômoda da manutenção do Conselho da Magistratura como Órgão Recursal. Alguns até invocam que suas respectivas Organizações Judiciárias estão em pleno vigor e estabelecem a competência do Conselho.

Tal postura é inteiramente equivocada, posto o Estatuto admitir expressamente que a Justiça da Infância e da Juventude dirime litígios e que a internação é forma de Privação de Liberdade. Como tal, os recursos de suas decisões necessariamente devem ser apreciados por órgão com competência jurisdicional.

No Rio Grande do Sul, o Assento Regimental n. 3, de 12/1990, dispondo sobre a distribuição de recursos interpostos nos procedimentos afetos à Justiça da Infância e da Juventude, disciplina: "Art. 1º. Serão distribuídos às Câmaras da Seção Cível a quem cabe julgar: a) os "habeas corpus" e mandados de segurança requeridos a favor de menores de dezoito (18) anos, quando a coação partir de autoridade judicial; b) em grau de recurso, as decisões dos Juízes e Pretores, proferidas nos procedimentos afetos à Justiça da Infância e da Juventude e respectivas medidas aplicadas, nos termos da Legislação especial (Lei 8.069/90, arts. 149 e 198), bem como as proferidas em "habeas corpus"; c) outras ações e recursos, na conformidade do disposto no parágrafo único do art. 2º da Lei 8.069/90".

Em Santa Catarina, o ato Regimental n. 9, de 19.12.1990, dispõe:

"Art. 1º. Fica excluído da competência do Conselho Disciplinar da Magistratura o julgamento dos processos de menores a que se refere a alínea "b", do inciso II do art. 6º do Regimento Interno do Conselho Disciplinar da Magistratura. Art. 2º. Serão distribuídos às Câmaras Civis isoladas os recursos de procedimentos afetos à Justiça da Infância e da Juventude referidos no art. 198 da Lei 8.069, de 13 de julho de 1990 (Estatuto da Criança e do Adolescente). Art. 3º. Os processos de que trata o art. 1º deste Ato Regimental e cujo julgamento não tenha se iniciado no Conselho Disciplinar da Magistratura serão redistribuídos às Câmaras isoladas".

Em Minas Gerais também encontramos Resolução no sentido de que "os recursos contra decisões proferidas pelos Juízes de Menores serão interpostos para uma das Câmaras do Tribunal de Justiça". Em São Paulo, a matéria é apreciada em Câmara especial.

Em Pernambuco, em sessão histórica no processo n. 9.139, realizada em 18.2.93, tendo como relator o eminente Desembargador Francisco Sampaio, decidindo sobre competências das 2 (duas) Varas da Infância e da Juventude da Capital, o Egrégio Conselho da Magistratura decidiu unanimemente *regulamentar provisoriamente a matéria*, até que seja aprovado o novo Código de Organização Judiciária, nos seguintes termos:

"Aos Juízes da Infância e da Juventude, por força da Constituição Federal/88 e da Lei Federal 8.069/90, competem exclusivamente as matérias previstas nessa legislação, estando, pelas regras da Lei de Introdução ao Código Civil e pelo princípio da hierarquia das Leis, revogadas todas e quaisquer disposições em contrário" (art. 122, C.O.J.).

Um dos corolários esperados dessa decisão seria que também o Conselho deixasse de apreciar em 2º grau as decisões dos Juízes da Infância e da Juventude, enquanto, na prática, o que se observa é ora decisões tomadas em Câmaras Cíveis, ora no Conselho da Magistratura.

Tendo a firme convicção, pelos argumentos antes expendidos, de que não há mais que se falar em competência recursal para o Conselho da Magistratura, sempre que recebo recursos de minhas decisões e não venho a me retratar, venho remetendo-os para o Colendo TJ-PE, para distribuição a uma de suas Câmaras Cíveis. Nestas ocasiões, cuido de esclarecer a questão da competência, ficando a critério do relator e dos integrantes da Câmara (se for o caso, em preliminar) deliberar a respeito.

É importante, ainda, o registro de que a competência, como visto nas normas dos diversos Estados, será da Câmara Cível (ou especial, onde houver), pois não há que falar em competência para Câmara Criminal, posto que, apesar das semelhanças, nos casos de infração penal, não há crime (o ato praticado pelo adolescente é típico, antijurídico, mas não é culpável), além do quê expressamente o Estatuto adotou o sistema recursal do Código de Processo Civil (com adaptações) para todos os procedimentos afetos à Justiça da Infância e da Juventude.

VI - LIMITE DE IDADE

Em princípio, o Estatuto é aplicável a pessoas de até 18 anos, mas, nos casos expressos em Lei, pode ele ser aplicado excepcionalmente às pessoas entre dezoito e vinte e um anos de idade (art. 2º e parágrafo único, ECA).

Dentro desse conceito, a Lei prevê expressamente a aplicabilidade até 21 anos do instituto da Tutela. No mesmo sentido, no caso de Adoção é possível sua extensão até tal faixa etária se o adotando já estiver sob a guarda ou tutela dos adotantes.

Embora não interessando diretamente a este trabalho, cabe o registro de que, em contrário senso, o parágrafo 5º do art. 121 do Estatuto admite a internação do adolescente autor de ato infracional até os 21 anos de idade.

Entretanto não há previsão legal para que isto ocorra em relação à guarda, fato que, por si só, induz à sua não aplicabilidade neste instituto. A "ratio legis" é que, não havendo com este instituto a suspensão/perda do Pátrio Poder, deixa de se fazer necessária a sua aplicabilidade que tem na sua natureza um caráter protetivo. Caso ultrapassada tal idade e carecendo o "jovem-adulto" de representação, deverá isto ser providenciado dentro das hipóteses da Lei Civil (Emancipação/Tutela/Adoção).

VII - GUARDA A PESSOA JURÍDICA

Embora alguns apontem a possibilidade de tal pretensão, como por exemplo Liborni Siqueira in *Comentários ao Estatuto*, Forense, p. 17; Wilson Donizeti Liberati, obra citada, p. 10; Antônio Luiz Ribeiro Machado, *Código de Menores Comentado*, p. 29; tenho que dizer não se tratar de entendimento correto. Se assim fosse, não trataria o legislador o Instituto dentro da seção *Da família substituta*.

Mais ainda, não teria conferido ao dirigente da entidade a equiparação ao guardião para todos os efeitos de direito (art. 92, parágrafo único, ECA). Se foi equiparado, portanto, pode até se opor aos próprios pais, não há por que se falar em guarda para a Instituição, nem na necessidade do seu dirigente requerer formalmente o seu deferimento.

Sua obrigação é de realizar o abrigamento de acordo com as exigências do Estatuto, cumprindo rigorosamente os deveres estipulados na Lei, com especial atenção à comunicação ao Conselho Tutelar ou à autoridade Judiciária, no segundo dia útil imediato do recebimento em abrigo da criança/adolescente.

VIII - REVOGAÇÃO

A previsão legal da Revogação é explícita (arts. 35 e 169, parágrafo único, Estatuto). Tal ocorre em função da própria natureza do Instituto. Normalmente pode ela ser providenciada nos próprios autos onde foi a Guarda deferida, conforme facultado na Legislação.

Entretanto, cabe refenciar a recomendabilidade de que tal seja providenciado em processo distribuído por dependência (art. 108, CPC) sempre que houver litígio em relação a esta pretensão. Isto ocorre em função de, estando exaurida a Instância, e formando-se uma relação processual distinta (embora com mesmas partes e mesmo pedido, diferente a causa de pedir), deve a pretensão ser processada e julgada segundo seus próprios fundamentos.

IX - A GUARDA SATISFATIVA

O Estatuto reduziu sobremaneira as hipóteses nas quais é permitida a chamada Guarda Satisfativa. Com efeito, fundamentalmente destina-se ela a regularizar a posse de fato, podendo ser deferida, liminar ou incidentalmente, nos procedimentos de Tutela ou Adoção. Em caráter excepcional, fora dos casos de Tutela ou Adoção, para atender a situações peculiares, a Lei continua a admitir que sejam deduzidos pedidos de Guarda com característica satisfativa, ou, em outras palavras, que se bastem em si mesmos, não precisando que o guardião venha, "a posteriori", requerer Tutela ou Adoção.

Alguns autores a chamam de permanente (Ana Maria Moreira Marchesan e Antônio Chaves). Pessoalmente não gosto de tal nomenclatura, até porque contempla em seu conceito o caráter de perenidade inexistente no próprio Instituto, que expressamente prevê a sua revogabilidade (arts. 35 e 169, parágrafo único, ECA), inclusive de forma simplificada, nos próprios autos do procedimento.

Como paradigma tomo os casos, inteiramente acatados na doutrina e na jurisprudência, das chamadas cautelares satisfativas, em que pese à expressa previsão do CPC de que toda Cautelar é preparatória ou incidental. É isto que, ao meu ver, ocorre nestas guardas excepcionais. O autor, por inúmeras razões, apenas quer a guarda, nem de longe pretendendo Tutela ou Adoção, cabendo-lhe apenas provar posse de fato e que sua situação é excepcional. Assim, deferida a Guarda, vai ela se completar em si mesma, tendo, portanto, caráter satisfativo.

O que se observa, lastimavelmente, são 2 (duas) posições antagônicas que não se enquadram com a perspectiva do legislador, segundo o meu entendimento. De um lado os que acham já não existir a chamada guarda satisfativa (permanente). Com muita sapiência, Antônio Chaves (obra já citada) transcreve texto de Ana Maria Moreira Marchesan, que endosso em número, gênero e grau, mostrando que "... tal posicionamento, com a devida vênia, é incorreto, máxime quando se tem em mente o previsto no art. 227, parágrafo 3º, VI, da CF, norma inspiradora, diga-se de passagem, do referido art. 34 do ECA".

De outra parte, há os que pensam que ainda é possível que se possa conceder guardas "a torto e a direito", sem observar o caráter de excepcionalidade estabelecido na Lei. Assim, ao meu pensar, não é possível que se radicalize uma ou outra posição. Cabe ao Promotor de Justiça e ao Juiz da Infância e da Juventude analisar, nas suas respectivas atribuições, se a situação proposta é realmente excepcional, ou se o que se pleiteia é mera "Guarda Previdenciária", que será analisada em seguida.

É irrelevante que seja o pedido formulado por parentes próximos ou por terceiros, não vinculados por laços de parentesco ao guardando. Basta se ver situações contidas em pedidos formulados por avós. Não podem eles requerer Adoção, por expressa vedação legal. Estando os pais vivos e não declarados judicialmente ausentes, nem decaídos do Pátrio Poder, não há que se falar em Tutela. Em muitos casos a posse de fato é inteiramente caracterizada. A única alternativa legal possível é a guarda (não confundir com a hipótese de todos residirem no mesmo imóvel, que será tratada oportunamente).

Da mesma forma, é comum se verificar situações em que legalmente observa-se fatores impeditivos da Tutela e que não há no requerente da guarda, no guardando e nos genitores destes "animus" para quebrar os laços familiares, embora, sem sombra de dúvidas, seja perceptível que a medida consulta aos interesses da criança ou adolescente. Nem é preciso se falar em demasia sobre situações de abandonados, em que os pretendentes à guarda querem ajudá-los, mas não desejam, ainda, a formação de laços permanentes (lembro que situações similares comumente conduzem posteriormente ao degrau perene da Adoção). Para tais circunstâncias (além de outras em que se analise devidamente o fato concreto), o legislador previu excepcionalmente, a guarda satisfativa. Não acatar isto é ofender a C.F. e a possibilidade trazida pela Lei 8.069/90. Estender o conceito é, na prática, se dar guarida à "guarda previdenciária". Desta forma, o que se espera das autoridades competentes é o bom senso e o necessário discernimento para verificar se o caso concreto se enquadra ou não em situação de excepcionalidade como exige a Lei.

X - GUARDA PREVIDENCIÁRIA

O Instituto da Guarda previsto no Estatuto da Criança e do Adolescente, repita-se, é forma de colocação em família substituta. A Constituição Federal e a Lei 8.069/90, em perfeita consonância com a normativa Internacional, privilegiam a permanência da criança no seio da sua família natural, tendo o direito a nela ser criada e educada, e só excepcionalmente em família substituta.

É conceito legal também que "a falta ou a carência de recursos materiais não constitui motivo suficiente para a perda ou suspensão do Pátrio Poder" (art. 23, ECA). Se a questão for unicamente de natureza econômica, a solução legal é a inclusão obrigatória da família em programas oficiais de auxílio.

Como já verificado anteriormente, a guarda não implica em perda ou suspensão do Pátrio Poder, embora desfalque alguns dos seus atributos. Provavelmente pela conjuminação da questão pobreza com o fato de não ensejar perda/suspensão do Pátrio Poder, disseminou-se no País inteiro, há muitos anos, uma prática de se conceder termos de guarda com finalidade exclusivamente previdenciária.

Dentre os pedidos corriqueiramente formulados podem ser destacados: avós e/ou tios residentes em domicílios diversos do guardando; avós e/ou tios residentes no mesmo imóvel do guardando, onde também têm domicilio os genitores (ou um deles) da criança/adolescente. Com essas mesmas características também surgem, eventualmente, pedidos formulados por irmãos mais velhos, "padrinhos" ou "madrinhas".

É claríssimo nestes casos que a verdadeira pretensão é assegurar a assistência médica e, após o falecimento do segurado, transferir a pensão/benefício a favor do menor. É comum inclusive se observar que o requerente não tem dependentes obrigatórios, e, como tal, nos termos da Lei da previdência social, poderia, administrativamente, indicar 1 (um) dependente designado, provando apenas a dependência econômica (pura ignorância da Lei!).

Na 1ª hipótese, obviamente, não existe guarda nenhuma, pois impossível que em domicílios diferentes possa alguém exercer sobre a criança/adolescente os atributos do art.

33 do Estatuto; na 2ª hipótese, embora um pouco mais sutil, o fato é que não existe colocação em família substituta. O requerente pode comprar alimentos, vestuário, pagar colégio, etc., mas, na prática, o pátrio poder é exercido em sua plenitude pelos genitores.

Observei que mesmo se levando tais casos até a audiência a que alude o art. 166, p. único, ECA, e nela se advertindo os genitores de que a título precário serão transferidos atributos do Pátrio Poder, muitos discordam, outros relutam e a maioria concorda constrangidamente (verdadeira coação psicológica), em razão de dependência econômica, pelo desemprego, "subemprego" ou emprego regular com baixa remuneração.

É triste um País onde uma cena dessas possa acontecer. Todos ficam penalizados e tendentes a atender à pretensão. Mais triste ainda é um País onde o seu povo, seus Promotores de Justiça e Juízes de Direito não sabem obedecer à Lei. É bem verdade que do teor dos artigos do revogado Código de Menores, que não tinham a mesma precisão redacional das atuais disposições estatutárias, já se podia perfeitamente inferir que a guarda era forma de "colocação em lar substituto" e que no instituto de guarda não cabia a sua utilização exclusivamente para fins previdenciários.

Ali se conferia ao menor sob guarda a condição de dependente previdenciário. Ou seja, impunham-se todos os requisitos intrínsecos da guarda que, em existindo, gerava um "direito" do guardião incluí-lo como dependente previdenciário. Liborni Siqueira e Jessé Torres Pereira Júnior, citados por Antônio Luiz Ribeiro Machado, in *Código de Menores Comentado*, Saraiva, p. 30, já apontavam: "a condição de dependente para fins previdenciários é inerente a qualquer forma de colocação em lar substituto ... não há dúvida de que o *detentor do menor*, através de decisão judicial, transmite a ele os benefícios a que tenha direito" (grifo do autor).

Hoje a Lei substituiu, com mais precisão, as expressões contidas no CM e antes mencionadas por "colocação em família substituta" e que a "guarda confere à criança ou adolescente a condição de dependente, *para todos os fins e efeitos de direito*, inclusive previdenciário" (grifo do autor). Não por culpa do legislador menorista ou culpa da legislação estatutária, o fato é que restou no cotidiano de muitas Comarcas "herança cultural maldita" de se pleitear (e deferir) guarda com fins puramente previdenciários.

É claro para quem acompanha os meios de comunicação a existência de um enorme "rombo na Previdência Social". Inquestionável também que a causa básica se encontra nos desmandos administrativos, nas facilidades especiais em licitações, aposentadorias precoces e/ou fraudulentas, verbas públicas mal-aplicadas em hospitais conveniados; pagamento de benefícios indevidos, incompetência gerencial etc. Não menos verdade é que a concessão indevida de guardas para fins meramente previdenciários constitui, por assim dizer, um "rombinho" na Previdência, sangria dos cofres públicos chancelada pelo Judiciário.

Urge que seja dado um basta nesta prática. O coração não pode se sobrepor à razão, ainda que assim agindo o Juiz e o Promotor de Justiça sejam incompreendidos por aqueles que buscavam o amparo indevido. O Presidente da ABMP, Paulo Afonso Garrido de Paula, proferindo palestras sobre o tema costuma lembrar em magnífica analogia o adágio popular de que a guarda previdenciária é um meio de "fazer caridade com o chapéu alheio". Com efeito, o requerente, os pais, o técnico do Juizado, o Promotor de Justiça e o Juiz, todos querem ajudar e amparar a criança/adolescente. Só que a conta vai para a Previdência Social.

Na minha opinião, o mais perfeito libelo contra esta prática pode ser encontrado na obra de Antônio Chaves, já referenciada, à p. 150, que merece ser transcrita para reflexão: "O que se deve evitar é a constituição de Guardas somente com vistas à percepção do benefício previdenciário, pois o encargo é muito mais amplo, conferindo a seu detentor a responsabilidade de prestar assistência moral, material e educacional à criança ou adolescente. É comum os avós postularem a guarda de neto, quando a mãe (ou pai) com eles reside, trabalha, mas só tem a assistência médica do ISS e quer beneficiar seu filho com o IPE ou outro convênio. Entendo, respeitando posições em contrário, que tais pedidos devem ser indeferidos, porque a situação fática, nesses casos, estará em discrepância com a jurídica. Em suma, é uma simulação, com a qual o Ministério Público, como "custo legis", e o Juiz competente não podem ser coniventes, sob pena de se fomentar o assistencialismo, às custas de entidades não destinadas a esse fim".

O mesmo autor aponta que "o Instituto da Previdência do Estado do Rio Grande do Sul (IPE) vem exigindo que as guardas sejam reexaminadas a cada 6 meses para que a carteira social obtenha revalidação". Diz ele: "esta imposição, a nosso juízo, é ilegal, porquanto a decisão judicial de se conceder uma guarda de cunho permanente não pode ser questionada pela autarquia, quanto mais fora do Judiciário".

Em Pernambuco, por 2 (duas) oportunidades, tive de lembrar oficialmente o crime de desobediência em casos nos quais o Órgão Previdenciário do Estado tentou emitir carteira de dependente provisório ou se negou a inscrever a criança (no 1º caso, chegou-se ao cúmulo de se questionar no 2º grau a competência da então Vara de Menores abandonados e infratores de Olinda, onde judicava no ano de 1988, argüindo que pelo interesse da autarquia o feito deveria tramitar em Vara de Fazenda Estadual. Registro que o TJPE rejeitou a esdrúxula preliminar e, no mérito, manteve a minha decisão).

Sem procuração para defender os dirigentes do IPE(RS), IPSEP(PE), e mesmo reafirmando o erro do caminho que trilharam, imagino que a única causa de tal postura se encontra nas concessões desmedidas de guardas de cunho meramente previdenciário, onerando excessivamente as despesas dos órgãos que representam. Tivessem eles a certeza de que as guardas somente eram concedidas após rigoroso exame e sem riscos de concessão fora das estritas hipóteses legais, com certeza não teriam tomado as decisões administrativas equivocadas.

XI - CONSIDERAÇÕES FINAIS

Procurei neste trabalho colocar as questões controvertidas a respeito do Instituto da Guarda após a edição da Lei 8.069/90. Busquei incluir meus posicionamentos pessoais, sem olvidar de transcrever ensinamentos de pessoas versadas na matéria. Com certeza dediquei algumas linhas a mais para as questões relativas à Guarda Satisfativa e à chamada Guarda Previdenciária, em razão de convicção de que estes aspectos não podem ser descurados como razão de fortalecimento do Órgão Ministerial Público e do Poder Judiciário, que, como Agentes da Justiça, não podem permitir que seja dada guarida a pretensões onde se observa o hiato entre a situação fática e a previsão legal.

BIBLIOGRAFIA

1 - CHAVES, Antonio. *Comentários ao Estatuto da Criança e do Adolescente*, Forense, 1994.

2 - CURY, Garrido e Marçura. *Estatuto da Criança e do Adolescente Anotado*, Ed. RT, 1991.

3 - DIVERSOS AUTORES. *Comentários ao Estatuto da Criança e do Adolescente*, Forense, 1991.

4 - DIVERSOS AUTORES. *Estatuto da Criança e do Adolescente, Comentários Jurídicos e Sociais*, Malheiros Editores, 1992.

5 - FIGUEIRÊDO, Luiz Carlos, e ARCONSULT. *Justiça da Infância e da Juventude — Manual de Orientação*, TJPE, 1993.

6 - HOPPE, Marcel Esquivel, e equipe técnica. *Juizado da Infância e Juventude de Porto Alegre. O Estatuto Passado a Limpo*, J. I. Juv-PA., 1992.

7 - LIBERATI, Wilson Donizeti. *O Estatuto da Criança e do Adolescente – Comentários*, IBPS, 1991.

8 - MACHADO, Antonio Luiz Ribeiro. *Código de Menores Comentado*, Saraiva, 1986.

9 - NOGUEIRA, Paulo Lúcio. *Comentários ao Código de Menores*, Saraiva, 1987.

DOUTRINA

FISCALIZAÇÃO EM ENTIDADES DE ATENDIMENTO À LUZ DA LEI 8.069/90

Maria Regina Fay de Azambuja

1. Entidades de atendimento: finalidade, classificação e responsabilidade. 2. Fiscalização das entidades de atendimento: competência, formas de fiscalização, procedimento, medidas aplicáveis, recursos. 3. Conclusão.

1. ENTIDADES DE ATENDIMENTO: FINALIDADE, CLASSIFICAÇÃO E RESPONSABILIDADE

As entidades de atendimento, reguladas nos artigos 90 e 94 do Estatuto da Criança e do Adolescente, têm como finalidade a execução das medidas de proteção (art. 101 do ECA) e sócio-educativas (arts. 112 do ECA), destinando-se ao atendimento de crianças e adolescentes em situação de risco pessoal e social em razão da ação ou omissão da sociedade ou do Estado; em razão da falta, omissão ou abuso dos pais ou responsáveis, ou, ainda, em razão de problemas ligados a sua conduta (art. 98 do ECA).

A Lei 8.069, de 13/7/90, ao tratar das entidades de atendimento, classificou-as em governamentais e não-governamentais. Governamentais são as entidades mantidas pelo governo e não-governamentais são as entidades particulares, subvencionadas ou não com verbas públicas[1]. As entidades de atendimento, tanto governamentais como não-governamentais, por disposição legal, têm o compromisso e a responsabilidade de manter as suas unidades, planejar e executar os seus programas, além de levá-los a registro junto ao Conselho Municipal dos Direitos da Criança e do Adolescente, com a especificação dos regimes de atendimento.

O Conselho Municipal dos Direitos da Criança e do Adolescente deverá, além de manter o registro das inscrições e de suas alterações, comunicar tais informações ao Conselho Tutelar e à autoridade judiciária local (art. 90, parágrafo único, do ECA), o que permitirá aos órgãos fiscalizadores, especialmente nos grandes centros urbanos, conhecer das propostas de cada entidade, eis que elas irão compor a rede de serviços de cada município. Embora não haja previsão legal da comunicação ao Ministério Público, tal providência é salutar e tudo

---

1. Wilson Donizeti Liberati, *Estatuto da Criança e do Adolescente* — Comentários, Coleção Estudos Jurídicos-Sociais, Brasília, 1991, p. 35.

recomenda esta iniciativa.[2] O Conselho Municipal dos Direitos da Criança e do Adolescente, além do controle sobre os programas das entidades, exerce, também, sobre as entidades não-governamentais, o controle de sua existência legal, concedendo ou negando a autorização para o seu funcionamento. Prevê a lei a impossibilidade de registro à entidade não-governamental que deixar de oferecer instalações físicas adequadas de habitabilidade, higiene, salubridade e segurança; que não apresentar plano de trabalho compatível com os princípios do Estatuto; que não estiver regularmente constituída (arts. 13 a 30 do Código Civil) e que não tenha em seus quadros pessoas idôneas (art. 91, parágrafo único, do ECA).

É de salientar-se que os programas a serem desenvolvidos pelas entidades de atendimento deverão seguir um dos regimes de atendimento elencados nos incisos de I a VII do art. 90 do Estatuto, a saber: orientação e apoio sócio-familiar, apoio sócio-educativo em meio aberto, colocação familiar, abrigo, liberdade assistida, semiliberdade ou internação. O art. 92 do Estatuto da Criança e do Adolescente traça os princípios a serem seguidos pelas entidades que desenvolvam programa de abrigo, enquanto o art. 94 elenca algumas das obrigações das entidades que optarem pelo programa de internação. Tais requisitos, respeitadas as peculiaridades do regime de atendimento adotado pela entidade fiscalizada, deverão ser observados por ocasião da fiscalização exercida pelo Conselho Tutelar, autoridade judiciária e Ministério Púbico.

2. FISCALIZAÇÃO DAS ENTIDADES DE ATENDIMENTO: COMPETÊNCIA, FORMAS DE FISCALIZAÇÃO, PROCEDIMENTOS, MEDIDAS APLICÁVEIS, RECURSOS

Estabeleceu o legislador infanto-juvenil que as entidades de atendimentos serão fiscalizadas pelo Judiciário, pelo Ministério Público e pelos Conselhos Tutelares (art. 95 do ECA). A fiscalização busca assegurar a proteção integral das crianças e dos adolescentes que se encontram sob os cuidados dos dirigentes das entidades. Para importante missão, quis o legislador que tanto a autoridade judiciária, o Ministério Público como o Conselho Tutelar estivessem atentos, vigilantes e legitimados para a propositura de procedimento para apuração de irregularidade em entidade de atendimento, evitando que crianças e adolescentes encaminhados a tais entidades sejam lá esquecidos, desrespeitados e discriminados, como os registros do passado próximo nos indicam.

Evidencia-se a efetiva preocupação do legislador com o tema ao descrever como crime, punido com detenção de seis meses a dois anos, toda a conduta que busque impedir ou embaraçar a ação da autoridade judiciária, membro do Conselho Tutelar ou órgão do Ministério Público no exercício da função prevista no Estatuto da Criança e do Adolescente, onde se inclui, inclusive, a atividade fiscalizadora lançada no art. 95 do referido diploma legal (art. 236 do ECA).

A fiscalização a ser desempenhada pelos órgãos legitimados deverá ser total, abrangendo tanto os aspectos físicos dos estabelecimentos — como a salubridade e higiene — como a alimentação e oficinas de profissionalização, assim como os critérios pedagógicos adotados pelos dirigentes das entidades e executados pelos técnicos e monitores. Deverá também a fiscalização ser exercida de forma permanente — em caráter preventivo — como de forma excepcional, sempre que formalizada notícia de irregularidade, mesmo que de forma anônima, caso em que se recomenda cautela nas investigações. Entendemos que as impressões e os

---

2. Wilson Donizeti Liberati e Púbio Caio Bessa Cyrino, *Conselhos e Fundos no Estatuto da Criança e do Adolescente*, Malheiros Editores, São Paulo, 1993, p. 98.

dados colhidos em cada inspeção devem ser registrados em prontuário, permitindo que cada órgão fiscalizador mantenha as informações e as repasse aos eventuais sucessores, permitindo a regular continuidade e eficácia do trabalho.

Há que se estar atento, no momento da inspeção, à boa ou má-fé do dirigente da entidade em que for constatada alguma irregularidade. Presente a boa-fé, nos parece recomendável e indicado o caminho do diálogo, do esclarecimento e da possibilidade de se fixar prazo para o atendimento das exigências a fim de que as falhas sejam sanadas no mais curto espaço de tempo possível, advertindo-se, desde logo, o dirigente da necessidade de atender ao combinado. Ausente a boa-fé, impõe-se, de pronto, verificadas as irregularidades, adotar o procedimento estabelecido nos artigos 191 e seguintes do Estatuto da Criança e do Adolescente. Tratando-se de iniciativa da autoridade judiciária, a peça inicial será a portaria. Se a iniciativa for do Ministério Público ou do Conselho Tutelar, cabível será o oferecimento de representação à autoridade judiciária.

O procedimento para apuração de irregularidade em entidade de atendimento será sempre proposto junto à Justiça da Infância e Juventude (art. 148, inciso V, do ECA). No Estado do Rio Grande do Sul, a Lei 9.896, de 9.6.93, que cria os Juizados Regionais da Infância e Juventude e dá outras providências, estabelece que a fiscalização das entidades de atendimento será de competência dos Juizados Regionais, nela compreendendo tanto as entidades localizadas na comarca-sede como nas comarcas abrangidas pelos respectivos Juizados Regionais. É de se esclarecer que a competência fixada pela citada Lei estadual somente se aplica ao Ministério Público e Conselho Tutelar na fase judicial, permanecendo inalterada a competência local desses órgãos para exercer a fiscalização na fase não-judicial.

A representação deverá conter o resumo dos fatos, a qualificação completa da entidade e de seus dirigentes (tanto na unidade como do dirigente geral), a base legal do pedido, a data e assinatura do firmatório. Tratando-se de representação oferecida pelo Conselho Tutelar à autoridade judiciária, é recomendável consulta ao respectivo Regimento Interno para que a peça seja firmada de acordo com os critérios previamente fixados pelo órgão colegiado, hipótese em que ele terá capacidade processual para estar em juízo, sem necessidade de representação através de advogado.

Importante salientar a previsão legal fixada no parágrafo único do art. 191 da Lei 8.069/90, que prevê a possibilidade de afastamento provisório do dirigente de entidade, quando constatado motivo grave. A medida exige decisão judicial fundamentada, de ofício, ou mediante prévio pedido formulado pelo Ministério Público ou Conselho Tutelar por ocasião da representação.

Havendo o afastamento provisório ou definitivo do dirigente de entidade governamental, a autoridade judiciária oficiará à autoridade administrativa imediatamente superior ao afastado, marcando prazo para a substituição. O descumprimento à ordem judicial implicará em crime de desobediência (Código Penal, art. 330), podendo, em tese, justificar também a intervenção do Município ou Estado (Constituição Federal, arts. 34, inciso VI, e 35, inciso IV).[3] Na audiência de que trata art. 193, deve prevalecer o princípio da oralidade e do contraditório.[4] Os atos processuais inseridos no procedimento que ora se analisa estão amparados pelo princípio geral da publicidade (arts. 5º, LX, e 93, IX, parte final, ambos da CF). Entretanto, poderá a autoridade judiciária impor o segredo de justiça, expondo seus fundamentos, em benefício do interesse público.

---

3. Cury, Garrido e Marçura, *Estatuto da Criança e do Adolescente Anotado*, Ed. RT, São Paulo, 1991, p. 102, nota 5.

4. Wilson Donizeti Liberati, ob. cit., p. 133.

O procedimento para apuração de irregularidade em entidade de atendimento prevê a possibilidade, como faculdade da autoridade judiciária, de fixar prazo para a remoção das irregularidades constatadas. Na hipótese de a mesma ser satisfeita no prazo estabelecido, o processo será extinto sem julgamento do mérito (parágrafo terceiro do art. 193).

Ficando comprovada a irregularidade na entidade de atendimento, a autoridade judiciária aplicará às entidades governamentais uma das medidas previstas no art. 97, I, "a", "b", "c" ou "d", e às entidades não-governamentais, uma das medidas referidas no citado artigo, inciso II, letras "a", "b", "c" ou "d". Com relação às medidas aplicadas, ensinam Cury, Garrido e Marçura, in *Estatuto da Criança e do Adolescente Anotado*, 1992, Ed. RT, p. 102, que a referência à multa inserida no parágrafo quarto do art. 193 resulta de erro do legislador, porquanto essa modalidade de sanção foi suprimida do rol constante do art. 97.

As decisões judiciais que aplicarem medidas às entidades de atendimento são passíveis de recursos, na forma disposta nos artigos 198 e seguintes do Estatuto da Criança e do Adolescente.

Previamente ao oferecimento de representação para apuração de irregularidade em entidade de atendimento, será sempre possível o ajuizamento de medida cautelar, na forma prevista na lei processual civil.

3. CONCLUSÃO

Finalizando, deixamos o nosso alerta para a importância do tema, tratado com grande destaque pelo legislador infanto-juvenil de 13.7.90. Aos órgãos fiscalizadores caberá esta árdua missão, caminho para o respeito e para o cumprimento das garantias constitucionais asseguradas às crianças e aos adolescentes, caminho para o engrandecimento de nossa função institucional.

DOUTRINA

A ORGANIZAÇÃO DOS PROGRAMAS SÓCIO-EDUCATIVOS INTERMEDIÁRIOS

José Francisco Hoepers

I – APRESENTAÇÃO. II – CONSIDERAÇÕES INICIAIS: O município e sua infanto-adolescência; Uma visão deturpada; O município e seus jovens infratores; O município e seus programas sócio-educativos; O testemunho de quem já fez. III – PRESTAÇÃO DE SERVIÇOS À COMUNIDADE: A quem aplicar a medida; Como foi implantado; Alguns cuidados; Os resultados; Regulamentando o programa por ato judicial; Regulamentando por lei municipal. IV – LIBERDADE ASSISTIDA COMUNITÁRIA: Por que envolver a comunidade; Como funciona; Como iniciar; Como vencer resistências; Os resultados; Regulamentando o programa; Uma outra experiência. V – CONCLUSÃO

I - APRESENTAÇÃO

Há muito tempo e especialmente após vigorar a Lei Federal 8.069/90 - ECA - assistimos no Brasil a uma discussão cada vez mais acalorada sobre as possíveis fórmulas de enfrentar a criminalidade infanto-juvenil.

O ECA nos aponta estas fórmulas, instrumentos e soluções. Contudo, ao invés de usar estas fórmulas, especialmente as mais simples e baratas, como a prestação de serviços à comunidade e a liberdade assistida, entregam-se muitos meramente a ver defeitos na nova lei, sem jamais ter procurado ler, debater e entender suas normas e propostas.

Ou seja, são contra o ECA, mas sequer sabem o seu conteúdo. Ficamos estarrecidos quando percebemos funcionários públicos encarregados de organizar e manter tais programas, tanto do Estado quanto de municípios, demonstrarem total desconhecimento dos mesmos. Mas o desconforto é ainda maior quando percebemos que às vezes é o próprio Magistrado ou o Promotor da comarca que não conhecem o conteúdo da norma tutelar e especialmente a política de atendimento ali preconizada, limitando-se, em relação aos adolescentes marginalizados e por isso envolvidos em atos infracionais, à tradicional admoestação e/ou ao encarceramento.

É bem verdade que os princípios norteadores da nova lei exigem algum esforço e tempo de leitura e debate para sua assimilação. O presente texto tem, por isso, o intuito de contribuir para o debate e sensibilizar os colegas Magistrados e Promotores de Justiça, além dos técnicos e executores do Estado e Município, para que se empenhem nesta tarefa.

Sem qualquer pretensão de ensinar, procura-se, apenas, lançar idéias para demonstrar que não é difícil implantar os dois programas, desde que haja um pequeno esforço a mais, especialmente do Juiz e do Promotor da Infância de cada comarca.

Não abordaremos aqui os programas de semiliberdade, internação provisória e internação, porque estes efetivamente dependem de maiores recursos do Poder Executivo, principalmente do Estado.

II - CONSIDERAÇÕES INICIAIS

O MUNICÍPIO E SUA INFANTO-ADOLESCÊNCIA

As elevadas cifras de crianças e adolescentes em estado de extrema miséria e risco que a mídia despeja diariamente em nossos lares não devem desestimular nossas iniciativas, porque são cifras do tamanho do Brasil.

Se cada município voltar os olhos apenas para os infantes de sua comuna, ver que são duas dezenas que precisam de um programa, quatro dezenas de outro programa, uma centena de um terceiro programa, enfim, são cifras bem mensuráveis e de soluções possíveis, como aliás inúmeros municípios já demonstraram.

E como a imensa maioria dos municípios brasileiros são pequenos ou médios, se todos estes assim pensarem, planejarem e agirem, a questão poderá ser solucionada a curto prazo pelo menos nestes, deixando também de contribuir para o inchamento das grandes metrópoles.

Nestas é evidente que as soluções só virão a médio prazo e desde que os responsáveis pelos orçamentos e a parcela da cidadania que se importa com isso façam cumprir a determinação constitucional da prioridade absoluta, porque efetivamente nada pode ser mais prioritário que a criança e o adolescente em grave situação de risco.

UMA VISÃO DETURPADA

A classe empresarial convoca, de vez em quando, reunião com órgãos do Executivo, da Segurança e da Justiça para exigir segurança, ocasião em que verberam, fustigam, reprovam e censuram o Estatuto da Criança e do Adolescente, no que são aplaudidos por certos setores do Poder Executivo, da Segurança Pública e da sociedade em geral.

Dizem que o Estatuto é responsável pelo aumento da criminalidade juvenil! Mas como poderia uma lei, em vigor tão pouco tempo, ser responsável pela miséria, ignorância e abandono a que está submetido um terço da infância brasileira?

É sabido que o ECA apenas contém fórmulas e instrumentos jurídicos para o resgate destes à cidadania. Mas tais instrumentos têm que ser empunhados, pois uma lei por si só não opera transformações sociais, salvo se seus ditames forem acatados e praticados.

O que tem jogado cada vez mais crianças e adolescentes na rua, "data venia", é o desemprego dos seus pais, os salários aviltantes, a decadência dos serviços públicos, especialmente de educação e saúde, que transformaram os remediados em pobres e os pobres em miseráveis, principalmente nesta última década.

É cinismo e hipocrisia não querer enxergar que tal quadro de verdadeiro genocídio é o resultado direto de irresponsáveis e egoísticas opções políticas, econômicas e sociais que a elite brasileira tomou nas últimas décadas.

O MUNICÍPIO E SEUS JOVENS INFRATORES

Estamos acostumados, os que lidamos com os adolescentes em conflito com a lei penal, a aplicar basicamente duas espécies de medidas a estes: advertência ou encarceramento, não importando o eufemismo em uso para este último.

Não que desconhecêssemos a necessidade de medidas sócio-educativas intermediárias ou mesmo muitas vezes de medidas de proteção ao jovem infrator. É que na grande maioria das comarcas deste imenso Brasil esses programas nunca foram organizados por quem deveria ter o maior interesse em que se desse um tratamento adequado a esses jovens: a comunidade e os administradores locais da coisa pública.

É preciso que se diga que estes programas, os não privativos da liberdade, são simples de criar e não exigem, como se alega muitas vezes, investimentos elevados. Bastam um pouco de criatividade e boa vontade e uma parcela insignificante de recursos públicos.

E não se culpe a lei, eis que o revogado Código de Menores já previa, pelo menos, as medidas de liberdade assistida e semiliberdade.

Sem falar da apatia da maioria das comunidades, o que ocorre é que os poderes públicos em geral não cumpriam, antes, a regra do Código de Menores segundo a qual "o interesse do menor sobreleva qualquer outro bem ou interesse juridicamente tutelado", e agora não cumprem o princípio da prioridade absoluta destas questões, magistralmente inserto no art. 227 da Carta Magna e minuciosamente explicitado no art. 4º do ECA.

Nenhum argumento, nem sequer a tão carpida falta de recursos, "data venia", exime o poder público municipal e estadual de tomar iniciativas ou de apoiar as iniciativas do Judiciário ou do Ministério Público para criar e fazer funcionar os programas de execução das medidas sócio-educativas.

O MUNICÍPIO E OS SEUS PROGRAMAS SÓCIO-EDUCATIVOS

E para exemplificar como as fórmulas e instrumentos jurídicos contidos no Estatuto não são acatados e praticados, apesar de passados mais de quatro anos de vigência do mesmo, perguntamos: quais os programas sócio-educativos não restritivos da liberdade (mas repressivos em boa medida), previstos no Estatuto, para adolescentes infratores, cada município brasileiro já organizou?

A omissão é quase geral. Infelizmente a grande maioria das autoridades político-administrativas tem uma compreensão muito equivocada e repressiva desta questão, e quando se fala no "problema do menor infrator", que quase sempre é "o problema da infância excluída", não querem raciocinar muito além do cômodo e fracassado binômio "polícia/cadeia", ou seja, repressão.

Para o adolescente infrator cujo comportamento oferece um risco social apenas leve, basta efetivamente adverti-lo (art. 112, I, ECA) ou fazê-lo reparar o dano (art. 112, II, ECA), ao lhe ser concedida a remissão. Isto o Ministério Público e o Judiciário em geral fazem.

Já para o adolescente infrator cuja atividade ilícita constitui um risco social muito grave, aplica-se via de regra a medida de internação, cujo programa, mal ou bem, é mantido pelo Estado.

Contudo, para a maior parte dos adolescentes, aqueles cujo comportamento ilícito representa um risco social médio a cada comunidade, inexistem programas que constituam também uma resposta intermediária à ação infracional.

Tais programas são os de prestação de serviços à comunidade e de liberdade assistida. Estes têm que ser organizados em cada município, ou, pelo menos, nos municípios-sede das comarcas.

Aplicar a estes adolescentes as medidas extremas (mera advertência ou internação), como vem acontecendo, contraria frontalmente os princípios do ECA por serem soluções injustas e antipedagógicas, tanto para o infrator quanto para a sociedade.

Internar (prender) um adolescente cuja liberdade não representa um risco muito alto para a sociedade é um contra-senso, pois equivale quase sempre a "varrer o problema para debaixo do tapete" e dar aos jovens um "curso de pós-graduação no crime", ante a promiscuidade e outros desvalores de nossas casas de internação.

E após três anos, por lei, fatalmente, ele tem que ser liberado, e então saiamos da frente, pois a "especialização" e o ódio estarão decuplicados. As experiências demonstram à saciedade que a privação da liberdade de um jovem deve ser a última medida, depois de esgotadas todas as fórmulas menos radicais, antes enunciadas.

UM TESTEMUNHO DE QUEM JÁ FEZ

Um belo testemunho sobre a organização dos programas de prestação de serviços à comunidade e liberdade assistida colhemos do Dr. Fausto Junqueira de Paula, como Promotor de Justiça da comarca paulista de São José dos Campos. Diz ele:

"Na Promotoria de Justiça testemunhamos o findar de muitos processos de apuração de ato infracional em que nada se tinha para aplicar ao adolescente de modo a efetivamente socializá-lo e educá-lo, fazendo-o entender as conseqüências de sua conduta e a necessidade de mudança comportamental.

"Em vista disso, assistíamos inertes à escalada infracional dos adolescentes, incentivados pela idéia geral de impunidade, mas também pelo fator social da desestruturação familiar e da criminalidade organizada, a qual, devidamente ciente da carência material e afetiva de tais infantes, se apressa em trazê-los à sua colação.

"O ECA possibilita a aplicação de duas espécies de medidas ao adolescente praticante de ato infracional: são as medidas de proteção (art. 101) e as medidas sócio-educativas (art. 112). Acredito piamente que a implementação das referidas medidas constitui ponto decisivo ao real enfrentamento do problema do adolescente infrator.

"Os incisos V e VI do artigo 88 do ECA proclamam a integração operacional entre as instituições e a mobilização da opinião pública no sentido do seu envolvimento com a questão, como fatores básicos da política de atendimento dos direitos das crianças e adolescentes. São estes aspectos que, notadamente nas comarcas interioranas, vão propiciar com ampla viabilidade a implementação não só das medidas acima referidas, mas também de outras importantes atividades e programas previstos em Lei.

"Basicamente, na comarca joseense, pequena porcentagem dos adolescentes infratores fazem parte daqueles praticantes de atos de suma gravidade ensejantes de internação (quatro a cinco por cento), os quais entretanto são atuantes e produzem grande parte das ocorrências. Todavia, o grande contingente infracional situa-se na faixa intermediária infracional, vale dizer, praticam pequenas infrações, mas fatalmente, pela desestruturação familiar aliada à ação perniciosa do crime organizado, vão deixar este patamar e seguir adiante em níveis cada vez maior de desajuste.

"Em São José dos Campos buscamos a implementação de duas medidas sócio-educativas que reputo de maior importância — prestação de serviços à comunidade (artigo 117) e liberdade assistida (artigo 118) — em vista principalmente do grau de eficácia e da amplitude da clientela."

III - PRESTAÇÃO DE SERVIÇOS À COMUNIDADE

Consiste na atribuição ao adolescente de tarefas gratuitas de interesse geral, por período não excedente a seis meses, junto a entidades assistenciais, hospitais, escolas e outros estabelecimentos congêneres, bem como em programas comunitários ou governamentais (art. 117, ECA).

Para demonstrar a imprescindibilidade da iniciativa e participação do Promotor e do Juiz socorremo-nos da experiência prática protagonizada pelo Dr. Fausto Junqueira de Paula, na comarca de S. José dos Campos (SP), que iniciou a implantação deste programa na área das escolas, com pleno apoio das autoridades da Educação e do Magistrado local. Relata ele:

A QUEM APLICAR A MEDIDA

"A faixa de adolescentes atingida pela medida em testilha é normalmente aquela praticante de atos infracionais leves, como dano ao patrimônio público ou alheio (pichações, depredação de escolas, telefone público e veículos), direção inabilitada, acidente de trânsito com vítima, lesão corporal e contravenções penais em geral.

"Importante salientar que, em regra, tais infantes dificilmente iriam atingir níveis maiores de delinqüência, pela própria natureza de sua personalidade e pela estruturação familiar de que geralmente dispõem, sendo que a atitude infracional é originária na maioria das vezes da ausência de senso de responsabilidade e pela certeza da impunidade, emulada por um espírito inconseqüente e imaturo.

"Porém, se o problema desta faixa de infantes não é a escalada a caminho de práticas mais graves, salta aos olhos que a absurda reincidência que sempre caracterizou estas espécies de condutas infracionais é a grande questão posta à baila, sendo comum, por exemplo, após a primeira apreensão do adolescente dirigindo sem habilitação, premiada muitas vezes com uma "inadvertida advertência", a volta normal a novas práticas, não dispondo a autoridade de medida adequada para aplicar."

COMO FOI IMPLANTADO

"O programa estendeu-se inicialmente à área de educação estadual onde já contamos com uma estrutura para atender ao adolescente, e por outra, onde verificamos uma maior carência e necessidade de auxílio comunitário, dado o estado dos prédios e utensílios escolares.

"Essencial foi o contato pessoal com os diretores de escola, pois pretendíamos, ao invés de impor a adesão por ordem superior da autoridade administrativa, trazê-los ao abraço da causa de modo voluntário, notadamente porque de suma importância seria o papel dos mesmos junto ao adolescente na escola.

"Em ligeira palestra a aproximadamente cinqüenta diretores, dos quais pretendíamos um número de dez escolas participantes do programa, logramos, ao final do encontro, já o respectivo número, e ainda mais duas em áreas mais afastadas da sede da comarca.

"Em um momento seguinte, realizamos uma reunião da Promotoria com a delegacia de ensino e os diretores de escola, onde foi detalhadamente abordado o tema em todos seus aspectos, tendo todos oportunidade de questionar os meios e fins, apresentar sugestões práticas, de modo inclusive a desmistificar a figura do "menor infrator", sendo surpreendente a veemência daqueles voluntários no aplauso da medida e na vontade de logo concretizar o projeto."

ALGUNS CUIDADOS

"Importante cuidado que se deve ter é o não encaminhamento do adolescente à escola que freqüenta, pois pode ser criada com isso uma situação constrangedora e vexatória, desvirtuando o sentido e o objetivo da medida.

"Na escola o adolescente fica sob direta responsabilidade do diretor ou de pessoa por ele indicada, devendo o primeiro buscar uma maior aproximação do adolescente de modo a ganhar sua confiança e mostrar-lhe um novo ângulo de visão da escola pública, do ensino público e da função social."

OS RESULTADOS

"Muito positiva foi a gama de efeitos oriunda da implementação desta medida. Refletiu-se beneficamente entre os adolescentes, muitas vezes carentes de um sentido maior em suas vidas; teve excelente aceitação junto aos pais, cientes das incontroláveis reiterações de condutas ilegais dos filhos e da falta de alternativa para controlarem a situação, e principalmente no tocante à comunidade em geral, que passou a acreditar mais nas instituições e crer no refreamento dos atos delinqüenciais que assistiam diariamente de maneira passiva.

"O resultado alcançado somente nos impele à ampliação do programa no sentido de alcançar outros setores, precipuamente as entidades assistenciais, sempre carentes do auxílio comunitário, podendo tal extensão atingir forte conteúdo educativo ao adolescente oriundo de classes sociais abastadas materialmente."

REGULAMENTANDO O PROGRAMA POR ATO JUDICIAL

Experiências assim estão acontecendo hoje cada vez mais em comarcas brasileiras. Também em Santa Catarina diversos Promotores e Juízes estão tomando a iniciativa de implantar este programa. Nas comarcas de Xaxim e Canoinhas, por exemplo, graças à dedicação do Promotor de Justiça, Dr. Alexandre Herculano Abreu, tal programa já é uma realidade.

Houve ali o pleno apoio dos respectivos Magistrados, Dr. Edemar Gruber e Dr. Gilberto Gomes de Oliveira, os quais assinaram portaria, regulando o programa na comarca. Tais portarias ou provimentos, após os considerandos iniciais, tiveram, "mutatis mutandis", o seguinte conteúdo:

Dr. ...., Juiz de Direito da comarca de ...., no uso de suas atribuições legais, e

Considerando... Considerando... Considerando...

Resolve:

1º. Disciplinar, no âmbito da comarca de ... (municípios de ..., de ... e de...), o programa de execução da medida sócio-educativa de Prestação de Serviços à Comunidade — PSC — para adolescentes autores de atos infracionais (arts. 112, III, c/c 117, ECA);

2º. A medida de PSC consiste na atribuição ao adolescente de tarefas gratuitas de interesse geral, por período não excedente a seis meses, junto a entidades assistenciais, hospitais, escolas e outros estabelecimentos congêneres, bem como em programas comunitários ou governamentais (art. 117, "caput", ECA);

3º. As tarefas serão atribuídas conforme as aptidões do adolescente, devendo ser cumpridas durante a jornada máxima de oito horas semanais, aos sábados, domingos e feriados ou em dias úteis, de modo a não prejudicar a freqüência à escola ou à jornada normal de trabalho (p. único, art. 117, ECA);

4º. A PSC é uma medida sócio-educativa (art. 112, III, ECA), cujo descumprimento reiterado e injustificável por parte do adolescente pode levar à aplicação de medida mais grave, até mesmo à internação (art. 122, III, ECA);

5º. Contudo, para aplicar esta medida a um adolescente pressupõe-se, além de ser ele autor de ato infracional, o prévio conhecimento das condições pessoais e aptidões do adolescente, da instituição onde os serviços serão prestados e o controle eficaz do seu cumprimento.

6º. Para o atendimento destes pressupostos, determino:

a) A listagem prévia das entidades que se enquadrem nos parâmetros do art. 117 do ECA;

b) A expedição de convites aos seus diretores para uma reunião conjunta de esclarecimento do programa (no contexto das medidas sócio-educativas aplicáveis a adolescentes autores de atos infracionais) pelo Juiz de Direito, Promotor de Justiça e Técnicos;

c) A distribuição de cópias da presente portaria, do termo de ajuste e do formulário de cadastramento da entidade àqueles que, após os esclarecimentos, manifestarem interesse em participar do programa;

d) A devolução pelas entidades do formulário de cadastramento e do termo de ajuste, devidamente preenchidos e assinados, no prazo de 15 dias a contar da reunião;

e) Após a devolução, pela entidade, do formulário e do termo, não sendo satisfatórias as informações ou sendo a entidade pouco conhecida, deve um dos integrantes da Coordenação do Programa visitar a entidade para conhecê-la e/ou conferir as informações prestadas.

7º. Para a Coordenação do programa PSC fica criada, junto a este Juizado, uma EQUIPE TÉCNICA, formada por dois (ou mais) profissionais qualificados na área de serviço social, orientação educacional ou psicologia (ou então: fica encarregada a equipe técnica existente, ou fica encarregado o técnico X), com as seguintes atribuições, entre outras:

a) Organizar e manter o cadastro de entidades participantes do programa, tomando, para isso, as providências enumeradas no item 6º desta portaria;

b) Levar os cadastros das entidades e os termos de ajuste ao Promotor de Justiça e ao Juiz, sucessivamente, os quais os aprovarão mediante sua assinatura no termo de ajuste;

c) Realizar o estudo da situação pessoal, familiar, escolar e social de cada adolescente a quem seja atribuída a prática de ato infracional, seja através de entrevista com o adolescente, contatos com sua família e com a escola, seja através de outras formas de avaliação da situação, de tudo apresentando sucinto relatório escrito;

d) Comparecer, quando solicitado pelo Ministério Público, à oitiva informal do adolescente (art. 179, ECA), prestando subsídios verbalmente ao senhor Promotor de Justiça para que este possa definir o encaminhamento previsto no art. 180 do ECA;

e) Constatando o senhor Promotor de Justiça a necessidade de obter maiores informações sobre a situação pessoal, familiar, escolar ou social do adolescente para definir o referido encaminhamento, atender a Equipe Técnica o solicitado, no prazo ajustado, fornecendo-lhe os subsídios oralmente na data marcada para a continuação da oitiva do adolescente. Já nesta mesma data poderá a Equipe entregar ao Representante do Ministério Público o seu relatório escrito para ser juntado aos autos;

f) Se das providências iniciais e da transação ou ajuste entre o Ministério Público e o adolescente resultar a concessão da remissão com inclusão da medida de PSC (arts. 180, II; 126, "caput", e 201, I, do ECA), a Equipe Técnica preencherá, de imediato e antes da conclusão dos autos ao Juiz, o formulário Informações para o Programa PSC, bem como o relatório escrito a que alude a letra "b" deste item 7º, entregando-os no Cartório Judicial;

g) Homologada a remissão como forma de exclusão (art. 126), extinção ou suspensão (art. 188) do processo, e determinado pelo Juiz o cumprimento da medida de PSC, a Equipe Técnica fará os entendimentos por telefone ou outro meio rápido com a entidade, encaminhando-lhe o adolescente e uma cópia do formulário Informações para o Programa de PSC, mediante ofício do Juiz, levado em mãos pelo adolescente ou pelo técnico;

h) Contatar a Entidade e/ou visitar pelo menos uma vez por mês o local da prestação do serviço pelo adolescente, para fiscalizar o correto cumprimento da medida;

i) Manter arquivo dos relatórios mensais das entidades integrantes do programa, analisando-os mensalmente, e comunicar ao Juiz eventual incidente, como o não comparecimento do adolescente à entidade, indisciplinas do adolescente, etc., anexando, neste caso, o relatório ou documento enviado pela entidade;

j) Encaminhar relatório final ao Juiz no encerramento do período estabelecido para o cumprimento da medida e juntando todos os relatórios da entidade para que permaneçam nos autos do processo do adolescente.

8º. Considerando que cabe ao Poder Executivo Municipal organizar e manter programas protetivos e sócio-educativos para crianças e adolescentes em situação de risco, entre eles os autores de atos infracionais (art. 204 da CF e arts. 88, 90, 101, 112 e 129 do ECA), e tendo em vista gestões desenvolvidas por este Juízo junto ao(s) Chefe(s) do Poder Executivo do(s) município(s) de ..., aquele Poder contribuirá para o programa PSC com um Assistente Social (e/ou Orientador Educacional ou Psicólogo), com o transporte dos técnicos por veículo da Prefeitura mediante solicitação telefônica sempre que necessário, e ainda...

9º. Além das obrigações de que trata o art. 117 do ECA, cabe à Entidade integrante do programa:

a) Prestar à coordenação do programa PSC todas as informações necessárias através do formulário "CADASTRAMENTO DA ENTIDADE";

b) Assinar o Termo de Ajuste anexo a esta portaria;

c) Orientar o adolescente prestador de serviços, dar-lhe condições de execução das tarefas e fiscalizar sua execução;

d) Encaminhar à Equipe Técnica, mensalmente, até o 5º dia útil após cada mês de serviço prestado, um relatório da execução da medida pelo adolescente;

e) Comunicar, a qualquer tempo, eventuais ausências injustificadas ou faltas disciplinares do adolescente;

f) Somente utilizar os serviços do adolescente pelo número de horas semanais e pelo prazo estabelecido pela Justiça da Infância e da Juventude;

g) Tratando-se de adolescente maior de 14 anos, caso queira a entidade utilizar-se do seu trabalho por período de tempo superior ao estabelecido pela Justiça, dever assinar-lhe a carteira de trabalho e recolher os encargos sociais.

10º. Esta portaria entra em vigor na data da sua publicação.

REGULAMENTANDO POR LEI MUNICIPAL

Temos conhecimento ainda de que na comarca catarinense de Campo Erê este programa foi regulamentado por lei municipal cujo conteúdo, feitas as adaptações, é o mesmo da portaria transcrita.

Em acordo com a Justiça local, através desta lei, a prefeitura assumiu todas as responsabilidades atribuídas à equipe técnica.

IV - LIBERDADE ASSISTIDA COMUNITÁRIA

Consiste no acompanhamento, auxílio e orientação ao adolescente e seus responsáveis, por um período mínimo de 6 meses, por um orientador designado pelo juiz (art. 118, ECA).

O artigo 119 do Estatuto da Criança e do Adolescente relaciona as principais atribuições do orientador:

I - Promover socialmente o adolescente e sua família, fornecendo-lhes orientação e inserindo-os, se necessário, em programa oficial ou comunitário de auxílio e assistência social;

II - Supervisionar a freqüência e o aproveitamento escolar do adolescente, promovendo, inclusive, sua matrícula;

III - Diligenciar no sentido da profissionalização do adolescente e de sua inserção no mercado de trabalho;

IV- Apresentar relatório do caso.

É sem dúvida o mais importante dos programas sócio-educativos e o de melhores resultados, se bem desenvolvido. E também não envolve despesas significativas, especialmente quando se busca a participação e o envolvimento da comunidade.

Sua implantação exige inicialmente um pouco mais do tempo, da atenção e da boa vontade do Juiz e/ou do Promotor. Depois de implantado, em compensação, dá-lhes um grande retorno em termos de satisfação ao perceber que a atividade ministerial-judicial com o adolescente deixou de ser inócua, e que agora há resultados positivos provocados por este programa em relação a um grande percentual dos adolescentes a ele encaminhados.

Existem inúmeras boas experiências deste programa por este grande País afora, citando-se mais uma vez a de São José dos Campos (SP), Blumenau e Criciúma (SC), Curitiba (PR) e tantas outras.

Olympio de Sá Sotto Maior, atual Promotor Geral de Justiça do Paraná, também assevera que "o programa de liberdade assistida... não necessita desde logo de um técnico especializado. É possível fazer o que já vem dando certo em inúmeros municípios (Curitiba, um exemplo), mediante a chamada liberdade assistida comunitária em que, com a orientação de um técnico capacitado, pessoas da própria comunidade, das mais diversas atividades profissionais, acompanham e dão a orientação necessária aos adolescentes a ela submetidos..."

"Bem por isso não justifica o não funcionamento do programa a inexistência ou o número limitado de técnicos na área de serviço social e de psicologia". (Revista Igualdade do MP/PR, n. 2, p. 49).

Está definitivamente claro que, se formos esperar que o Município e/ou Estado contratem técnicos em número suficiente para atuarem como orientadores junto a cada adolescente para quem se recomenda esta medida, jamais teremos este programa na quase totalidade das comarcas. Por isso que o ECA recomenda a participação dos diversos segmentos da comunidade (arts. 88, VI e 90, V).

POR QUE ENVOLVER A COMUNIDADE

Fausto Junqueira de Paula, com a convicção de quem já fez e viu os bons resultados, mais uma vez relata:

"Com a inclusão da comunidade na problemática do adolescente infrator de forma direta, rompe-se a maior das causas deste estado de coisas que é a marginalização. O casal orientador, com suas atribuições insculpidas no ECA, terá a oportunidade e o dever de aproximar-se não só do adolescente, mas também de sua família, realizando-se assim, de maneira informal, a desconcentração da riqueza material (educação, cultura, saúde e etc.) e principalmente da riqueza espiritual, a qual constitui o pressuposto básico para que alguém se preste voluntariamente a este ofício verdadeiramente cristão".

COMO FUNCIONA

"Basicamente a estrutura da liberdade assistida comunitária se forma do seguinte modo: os técnicos especializados (assistentes sociais e psicólogos) formam uma equipe técnica cuja precípua função será dar respaldo às atividades do orientador, deixando de atuar ordinariamente de forma direta com o adolescente. Esta função ficará a cargo do orientador, que trabalhará sempre em dupla, agrupando-se estas duplas em núcleo de oito a doze pessoas.

"Essencial para o desenvolvimento do trabalho é o encontro periódico — mensal — do núcleo com o grupo técnico, na oportunidade em que os casos são discutidos, as experiências são trocadas e os relatórios são elaborados e enviados ao processo, dando conta da evolução do caso.

"Necessário aduzir que o referido orientador será credenciado em juízo como auxiliar voluntário, devendo ser submetido por isso a criterioso, porém desburocratizado, processo de habilitação.

"Muitos outros aspectos existem quanto à execução da medida entelada, notadamente sobre as técnicas de atuação dos orientadores e da equipe técnica, todavia não nos cabe nesta sede proceder maior digressão, já que o respectivo material encontra-se disponível na Promotoria em São José dos Campos.

"... formamos uma equipe de trabalho com encontros centrados no Gabinete da Promotoria, agrupamento esse com poucas pessoas, mas todas ligadas à comunidade e especialmente à causa da criança e do adolescente."

COMO INICIAR

"Inicialmente nos dirigimos à capital paulista... buscando os frutos da experiência... conseguimos apoio técnico e ainda o compromisso de casais voluntários no auxílio com palestras e com o treinamento dos orientadores em São José.

"Buscando a adesão dos religiosos, cujos numerosos movimentos agrupam pessoas naturalmente voltadas a atividades voluntárias em prol dos necessitados, fizemos um contato com o Bispo, o qual prestou imediata adesão ao programa e abriu as portas da igreja a uma divulgação no meio católico.

"Iniciamos, com a participação ativa da Promotoria, uma série de reuniões e encontros com diversos movimentos religiosos, de maneira a difundir o programa e principalmente conscientizar as pessoas da verdadeira ótica do problema.

"Nunca foi o objetivo colecionar grande quantidade de orientadores, pois o elemento primordial para a montagem e implementação da medida é a qualidade e a voluntariedade sincera e dedicada dos orientadores. Entretanto, não se dispensa o apoio logístico de instituições ou da iniciativa privada ao programa, facilitando sobremaneira a abertura de espaço no mercado de trabalho aos adolescentes e inclusive a criação de outros programas para atendimento da família do infante.

"Realizamos, ao final de um processo de conscientização, um encontro entre as pessoas interessadas em compor o programa, reunindo não só voluntários para a função de orientadores mas também outras pessoas ou entidades desejosas de prestarem algum apoio pessoal ou material.

"Neste encontro pudemos contar com a participação de casais e técnicos com longa experiência em liberdade assistida comunitária na Comarca da Capital, que durante algumas horas aludiram emocionantes vivências e presenciaram importantes subsídios aos presentes, que contavam por volta de sessenta pessoas, entre interessados à ocupação da função de orientador, membros de clubes de serviços (Lions e Rotary), Secretário Municipal de Ação Social, o Padre e o Juiz da Infância e Juventude.

"Findo o encontro restou reafirmado entre os presentes o propósito de implementação da medida, já estando agendada reunião na Promotoria entre os representantes das Instituições que se conveniarão para montagem da estrutura administrativa que dará respaldo ao programa, tendo já como consumado um prédio cedido pela Prefeitura e uma escola profissionalizante que, sendo também da municipalidade, dará prioritário atendimento ao adolescente em liberdade assistida comunitária.

"Restou, outrossim, um cadastro provisório na Promotoria das vinte e nove pessoas interessadas em compor os primeiros núcleos de orientadores, já reafirmando também o compromisso dos casais e técnicos paulistas para o essencial treinamento dos voluntários."

COMO VENCER RESISTÊNCIAS

"A abordagem do tema encontra resistência e dificuldade diante da mentalidade distorcida que a sociedade em geral tem do problema do menor infrator, formada muitas vezes por parte da mídia que enfoca os fatos de modo a dar extremo alarde aos seus efeitos, sem a preocupação de informar com profundidade sobre as causas e os verdadeiros responsáveis ou ... irresponsáveis.

"Todavia, em todos os segmentos atingidos, mediante a exposição simples e real do problema, sem posicionamentos apaixonados ou radicais, apenas relatando a vivência prática do dia-a-dia do serviço na Promotoria e os dados mundiais e nacionais sobre a infância e juventude, não foi difícil alertar aos ouvintes para a emergencialidade da questão e a necessidade de uma ação concreta para atacar sem delongas a aberração, apontando ao derradeiro, sem prejuízo das demais iniciativas, a medida sócio-educativa em testilha, como oportunidade presente para o enfrentamento do problema em nosso município."

OS RESULTADOS

"Decorridos alguns meses neste trabalho restou já um saldo positivo irreversível, logrando-se, com o esforço em equipe, despertar em diversos segmentos da sociedade a indignação pelo atual estado de coisas e, o que é mais importante, a iniciativa através desta medida concreta de cunho eminentemente comunitário.

"Por derradeiro, cumpre salientar que muitas são as frentes de batalha na guerra contra o estado de coisas existente no país, as armas nos foram dadas pela legislação vigente, devemos priorizar as ações nos setores emergenciais e agir imediatamente, pois o momento é o presente e quem sabe faz a hora..."

REGULAMENTANDO O PROGRAMA

Para a implantação do programa, alguns Magistrados, como o Dr. João Batista Silvério da Silva, de São José dos Campos, costumam baixar uma portaria que, após os considerandos iniciais, com pequenas variações, tem tido o seguinte conteúdo:

Resolve:

Art. 1º. A medida de Liberdade Assistida para adolescentes autores de atos infracionais, prevista no art. 118, ECA, poderá ser acompanhada por orientadores voluntários, previamente credenciados pelo Juiz da Infância e Juventude.

Parágrafo único. Para cada adolescente será designado um orientador.

Art. 2º. Os interessados em participar do quadro de orientadores voluntários deverão apresentar requerimento endereçado ao Juiz da Infância e Juventude, acompanhado das seguintes informações:

a) Ficha com todos os seus dados pessoais, como qualificação completa, endereços para contato, escolaridade, profissão, ocupações, etc.;

b) Cópia de identificação civil;

c) Certidão de antecedentes criminais.

Parágrafo único. Poderá ser solicitada ainda uma entrevista pessoal por um técnico qualificado do Juizado.

Art. 3º. O pedido será autuado e após o parecer do Ministério Público será apreciado pelo Juiz da Infância e Juventude.

Parágrafo único. O Ministério Público e o Juiz poderão, antes de exarar o seu parecer ou decisão, se acharem conveniente, solicitar o comparecimento do interessado para uma entrevista pessoal.

Art. 4º. Ao orientador incumbirão as atribuições do artigo 119 da Lei 8.069/90, sem prejuízo da atuação dos técnicos do Juízo e de entidades governamentais ou não governamentais que desenvolvam programas em compatibilidade com a medida de liberdade assistida.

§ 1º. Os orientadores acompanharão os adolescentes preferencialmente em dupla, sendo apoiados e supervisionados pelos técnicos do serviço auxiliar do Juízo.

§ 2º. Os orientadores apresentarão em juízo relatórios mensais sobre a evolução do assistido.

Art. 5º. Os orientadores serão agrupados em núcleos de dez a quinze componentes, por bairro, e deverão discutir com a equipe técnica do Juízo a situação dos adolescentes que acompanham, oportunidade em que receberão orientação técnica, inclusive para elaboração dos relatórios.

Art. 6º. Havendo motivo que o justifique, a qualquer tempo, de ofício ou a requerimento do representante do Ministério Público, poderá o Juiz revogar o credenciamento do orientador, com o recolhimento do cartão de identificação.

Parágrafo único. Fica ressalvada ao orientador igualmente a faculdade de exonerar-se do encargo a qualquer momento mediante a prévia comunicação ao Juiz.

Art. 7º. Esta portaria entra em vigor na data de sua publicação.

UMA OUTRA EXPERIÊNCIA

Minha experiência pessoal na comarca de Criciúma (SC) é semelhante à de São José dos Campos. Percebendo que o tempo e as energias despendidas pela Justiça da Infância de minha comarca com os adolescentes em conflito com a lei quase sempre "davam em nada" ante a ausência de adequados programas sócio-educativos, lançamo-nos também, em comum acordo com a Juíza e os técnicos, a organizar, pelo menos, o programa de liberdade assistida comunitária.

Reunimos inicialmente algumas pessoas com bom conhecimento da comunidade, e relacionamos os movimentos religiosos (cursilhistas, emaús, lareira, centros espíritas, etc.), associações de bairro, grupos de educadores e outros, e fizemos um roteiro de palestras aos diversos grupos, explicando a situação destes adolescentes e de suas famílias, a importância de terem durante algum tempo uma pessoa ou um casal como orientadores e apoiadores, na tentativa de lhes resgatar um melhor equilíbrio pessoal, familiar e social.

Relacionamos os voluntários que se ofereceram (em torno de 20), marcamos reunião, presentes um psicólogo e uma assistente social com boa experiência em liberdade assistida, debatemos o programa e as atribuições dos orientadores durante três sessões noturnas, às quais também compareceu a Juíza da comarca. Os habilitados foram então credenciados e, a partir daí, a cada adolescente que recebia a medida, a equipe técnica chama um orientador ou casal, se possível do mesmo bairro do jovem.

Isto aconteceu em 1991 e até hoje o programa vem funcionando. O grupo comunitário que melhor respondeu ao apelo foi um Centro Espírita, sob a liderança de uma mulher de grande carisma e força espiritual.

V - CONCLUSÃO

De todas as experiências relatadas podem ser extraídas algumas conclusões muito importantes, que por isso repetimos:

a) Noventa e nove por cento (99%) do recurso necessário para implantar tais programas responde pelo nome de boa vontade e sensibilidade social. Isto porque a quase totalidade das comarcas dispõe, no fórum, na prefeitura ou nalguma entidade, de pelo menos um técnico ou pessoa de boa vontade para assumir a coordenação destes programas. Uma vez implantados já não exigem maior dispêndio de tempo, seja do Juiz, seja do Promotor, e a despesa é desprezível.

b) Sem a iniciativa do Magistrado e/ou do Promotor, tais programas dificilmente serão implantados, até porque devem funcionar em estreito contato com estas autoridades.

c) Embora haja obrigação legal do Município, especialmente do Prefeito e do Conselho Municipal dos Direitos da Criança e do Adolescente, não só de se envolverem na implantação mas também de oferecer apoio de pessoal e material (art. 204, CF e arts. 88 e 90, ECA), sem a iniciativa do Juiz e/ou do Promotor na articulação deste apoio, os fatos demonstram que os programas raramente acontecem.

DOUTRINA

DO CABIMENTO DE VERBA HONORÁRIA EM AÇÃO CIVIL PÚBLICA PROPOSTA PELO MINISTÉRIO PÚBLICO

MOTAURI CIOCCHETTI DE SOUZA

1. Honorários advocatícios no Código de Processo Civil. Princípio geral da sucumbência (art. 20). Aplicabilidade da norma. 2. O Ministério Público autor de ação civil pública: princípio da obrigatoriedade. 3. Delimitação do problema abordado: visão doutrinária e jurisprudencial no sentido do cabimento da imposição de honorária. 4. Responsabilidade pelo pagamento da honorária: Ministério Público ou Estado? 5. Peculiaridades referentes à atuação do Ministério Público como autor: a "regra" do art. 81 do Código de Processo Civil. 6. Do pedido de improcedência de ação civil pública proposta pelo Ministério Público. Da possibilidade de a instituição desistir de ação civil pública intentada. 7. Interpretação do art. 18 da Lei 7.347/85. Norma excepcional? 8. Breves conclusões. 9. Apêndice: Julgados.

1. HONORÁRIOS ADVOCATÍCIOS NO CÓDIGO DE PROCESSO CIVIL. PRINCÍPIO GERAL DA SUCUMBÊNCIA (ART. 20). APLICABILIDADE DA NORMA

Diversamente do que ocorria na sistemática de 1939, o Código de Processo Civil vigente, em seu art. 20, generalizou a aplicação da verba honorária, impondo ao Juiz o dever de fixá-la na sentença, em desfavor do vencido.

Pela sistemática processual do Código de 1939, a condenação em honorária era conseqüência direta de "ação praticada com dolo ou fraude, contratual ou extracontratual" (art. 64).

A verba honorária possuía nítido caráter sancionatório, não decorrendo, destarte, de mero fator objetivo, consubstanciado na perda da demanda: exigia-se a presença de elemento volitivo por parte do vencido, representado pelo dolo ou fraude.

A sistemática original do revogado Código já havia sido objeto de alteração por intermédio da Lei federal 4.632/65, que, dando nova redação ao art. 64, culminou por retirar o elemento volitivo como imprescindível à imposição de honorária.

Em vista da literalidade do art. 20 do vigente Código de Processo Civil, a sentença — qualquer que seja sua natureza ou o processo em que prolatada — deveria impor ao vencido condenação nas verbas sucumbenciais, dentre as quais se coloca a honorária advocatícia.

Como princípio genérico, o citado art. 20 permite imposição da verba em qualquer ação onde sejam adotados os preceitos comuns do processo civil — ou seja, inexistindo previsão legal específica em sentido diverso (a qual, como decorrência de interpretação das normas jurídicas, afastaria o cabimento do preceito em estudo), o arbitramento da honorária se torna de mister, não sendo facultado ao Juiz analisar a razoabilidade de sua aplicação.

Desta forma, sofre o princípio do art. 20 do Código de Processo Civil mitigações, por força de previsões legais específicas, ou, mesmo, na hipótese de sua inadequação face ao espírito de normas jurídicas que regulamentam ações tratadas por leis esparsas, especialmente aquelas que têm por escopo a tutela de interesses sociais ou que são instituídas como garantidoras de direitos inerentes ao pleno exercício da cidadania, calcados em garantias constitucionais.

Como exemplo de mencionadas exceções, podemos citar a ação popular, regulamentada pela Lei federal 4.717/65, que, em seu art. 13, diz caber condenação em sucumbência ao autor apenas na hipótese de a lide ser julgada "manifestamente temerária".

De igual sorte, no mandado de segurança, tendo em vista seu espírito (remédio constitucional para o resguardo de direito líquido e certo objeto de violação atual ou iminente), o Egrégio Supremo Tribunal Federal culminou por editar a Súmula 512, que, muito embora objeto de deliberação durante a vigência do Código de Processo Civil de 1939, tem sua "ratio" mantida (v., dentre outras, *RTJ* 81/640, 85/68, 108/919, 113/454, 114/1.227, 125/1.323; *RT* 524/280, 535/231, 584/282 e 659/189), no sentido do descabimento de condenação da parte em honorária, a despeito de respeitáveis decisões em sentido contrário, de Tribunais Estaduais (v., dentre outras, *RT* 572/119 e 618/110).

O Código de Defesa do Consumidor (Lei federal 8.078/90), por seu turno, dispõe, de forma expressa, não caber condenação da associação autora de ação coletiva, salvo comprovada má fé (art. 87), dispositivo igualmente inserido na Lei 7.347/85 (que regulamenta a ação civil pública), em seu art. 18.

De mencionados exemplos, podemos verificar que o cabimento do disposto no art. 20, do Código de Processo Civil, sofre exceções, sendo princípio geral passível de não aplicação ante previsão legal específica ou incompatibilidade com o espírito de outras normas jurídicas.

2. O MINISTÉRIO PÚBLICO AUTOR DE AÇÃO CIVIL PÚBLICA: PRINCÍPIO DA OBRIGATORIEDADE

O Ministério Público pode propor medidas judiciais assumindo três posturas diversas: a de autor (art. 81, CPC, como quando move ação de nulidade de casamento prevista no art. 208, do Código Civil), substituto processual (ação civil "ex delicto", ação civil pública etc.) ou representante ou assistente de parte (ação de alimentos, pedidos de alvará etc., decorrentes das funções de assistência judiciária, também afetas à Instituição).

Interessa-nos, no presente trabalho, analisar sua postura na qualidade de legitimado ativo à propositura da ação civil pública.

Muito embora o art. 5º, da Lei federal 7.347/85, estabeleça que o Ministério Público (dentre outros legitimados) poderá provocar o Judiciário para a tutela de interesses difusos e coletivos, de ver que, segundo a melhor doutrina (v. Hugo Nigro Mazzilli, Rodolfo de Camargo Mancuso, Nelson Nery Júnior e Rosa Maria B. de Andrade Nery, dentre outros, em obras citadas no curso do presente trabalho), não há falar-se em faculdade conferida à Instituição, mas sim, em dever de agir, identificada a hipótese para tanto.

Corolário de tal raciocínio, exsurge nítido o fato de que a propositura de ação civil pública pelo Ministério Público não é facultativa, tal qual ocorre em relação aos demais legitimados: a Instituição está adstrita ao princípio da obrigatoriedade em sua atuação, e não apenas em sede de propositura de ação penal pública, face preceito expresso do Código de Processo Penal (art. 24).

A advertência se mostra de fundamental importância, tendo em vista que a ação civil pública intentada pelo Ministério Público não se amolda ao princípio geral que rege o processo civil (e, mesmo, a ação privada), no sentido de prévia análise da conveniência e oportunidade da eleição da via judicial: o juízo crítico prévio conferido à Instituição cessa de imediato frente à constatação de ter havido violação à ordem jurídica.

Corolário de tal raciocínio, temos que a postura do Ministério Público, na qualidade de autor de ação civil pública, diverge de forma significativa daquela assumida pelos ocupantes de pólos ativos de outras relações jurídico-processuais, ou, mesmo, dos demais co-legitimados pelo art. 5º da Lei 7.347/85.

O princípio da obrigatoriedade ganha ainda maior dimensão quando visto o teor do § 3º do art. 5º da Lei federal 7.347/85: deve o Ministério Público assumir a titularidade ativa da relação jurídico-processual quando o autor (e não apenas a associação civil, como faz crer o dispositivo mencionado — v. Hugo Nigro Mazzilli, *Tutela dos Interesses Difusos em Juízo*, pp. 197 e ss., onde é trazido à colação o art. 3º, § 6º, da Lei federal 7.853/89) desistir ou abandonar a causa de forma injustificada.

Neste diapasão, aliás, interessante se faz notar que os demais co-legitimados possuem mera faculdade de assumir o pólo ativo da relação processual.

Proposta a ação civil pública por qualquer dos demais, deve o Ministério Público nela intervir, na qualidade de fiscal da lei. (art. 5º, § 1º), sob pena de nulidade absoluta.

A postura de "custos legis", trazida pelo dispositivo citado, importa, teoricamente, na possibilidade de o Ministério Público portar-se de forma independente dentro da lide, tendo horizonte de atuação amplo ao ponto de poder aditar a inicial (v. Hugo Nigro Mazzilli, ob. cit., pp. 166/168) ou postular pela improcedência da demanda, sempre dentro da liberdade de convicção conferida a seus membros.

3. DELIMITAÇÃO DO PROBLEMA ABORDADO: VISÃO DOUTRINÁRIA E JURISPRUDENCIAL NO SENTIDO DO CABIMENTO DA IMPOSIÇÃO DE HONORÁRIA

Dispõe o Código de Processo Civil que o Ministério Público, atuando como autor, está isento do adiantamento de custas e despesas processuais (art. 27).

O Estatuto processual, no entanto, nada refere acerca do pagamento de honorária, caso, a final, o "parquet", na qualidade de autor, venha a ser vencido.

Corolário de tal entendimento, parte da doutrina pátria (v. Hugo Nigro Mazzilli, ob. cit.; Rodolfo de Camargo Mancuso, *Ação Civil Pública*, RT, 3ª ed.) e alienígena (Pajardi, Carnelutti, Chiovenda, Protetti e Grasso, citados por Yussef Said Cahali, *Honorários Advocatícios*, p. 161) entende aplicar-se o princípio geral da sucumbência quando o Ministério Público é o vencido, alguns dizendo que o encargo deve ser suportado pela própria Instituição e, outros, pela Fazenda Pública, tendo em vista não contar o Ministério Público com personalidade jurídica própria.

Segundo mencionada corrente, mesmo que a ação civil pública venha a ser julgada procedente, cabe condenação do vencido em honorária, sendo que a verba se destinaria ao Ministério Público (e jamais a seus órgãos, tendo em vista a literalidade do art. 128, § 5º, II, "a", da Constituição Federal) ou ao próprio Estado.

Outra parte da doutrina (v. Yussef Said Cahali, ob. cit., pp.162/163, onde também são arrolados autores de fora da terra; Hely Lopes Meirelles, *Mandado de Segurança, Ação Popular e Ação Civil Pública*, 11ª ed., p. 117; Nelson Nery Júnior e Rosa Maria B. de Andrade Nery, *Código de Processo Civil e Legislação Processual Civil Extravagante*, p. 1.047; Édis Milaré, *O Ministério Público e a Ação Ambiental*, publicação interna, p. 46), com maior acerto, segundo pensamos, refere não caber condenação em honorária em ação na qual o Ministério Público, enquanto substituto processual, venha a sucumbir.

Comporta, agora, especial destaque a norma inserta no art. 18, da Lei federal 7.347/85, que traz disposição específica acerca da honorária em ação civil pública, dizendo que a associação autora somente responde por ela em caso de litigância de má-fé, dando à verba, desta forma, caráter sancionatório.

Do princípio trazido pelo art. 18, defluem duas interpretações: a primeira, no sentido de que a honorária não seria imposta à associação-autora vencida, exceto se reconhecida litigância de má-fé, sendo certo que, com relação aos demais legitimados ativos (Ministério Público, União, Estados, Municípios, Autarquias, Empresas Públicas, Fundações e Sociedades de Economia Mista), o princípio que regeria a matéria seria o geral, do Código de Processo Civil, em face do que dispõe o art. 19, da Lei federal 7.347/85.

Já o segundo entendimento destaca que, em sede de ação civil pública, somente caberia condenação em honorária na estreita hipótese do art. 18, não havendo falar-se em aplicação da verba na sentença caso o autor da ação fosse outro que não alguma associação civil.

As legislações que posteriormente vieram a tratar das ações coletivas (em sentido amplo), como o Estatuto da Criança e do Adolescente (Lei federal 8.069/90) e o Código de Defesa do Consumidor (Lei 8.078/90), nada trouxeram de esclarecedor acerca do tema, em que pese ter este último, em seu art. 116, trazido a redação atual do art. 18 da Lei 7.347/85.

Nossos Tribunais, no entanto, vinham mantendo postura uníssona no sentido do descabimento da condenação do Ministério Público em honorária, se vencido a final em ação civil pública (v., dentre outros, apelações cíveis 89.556-1, 194.265-1, 157.725-1 e 107.133-1 — in *RT* 639/73, onde é reproduzido parecer do ilustre Procurador de Justiça José Geraldo Brito Filomeno, *RJTJSP* 118/304 e 135/209 — todos oriundos do Tribunal de Justiça de São Paulo), até que, com grande repercussão (tendo em vista publicações jornalísticas e por parte de Associações de Advogados — v. *Bol. AASP* 1.806/317), acórdão isolado do Tribunal de Justiça do Rio Grande do Sul, tirado nos autos da apelação cível 592.00668-8, culminou por impor ao Estado o dever de arcar com a honorária, deduzindo o valor, posteriormente, da dotação orçamentária do Ministério Público, que teria agido "em desalinho com o interesse público".

Com argumentos a ensejarem a aplicação de verbas decorrentes da sucumbência ao Ministério Público (ainda que o dispêndio da quantia, num primeiro momento, tenha ficado a cargo do Estado), os ilustres Desembargadores do Tribunal de Justiça do Rio Grande do Sul alinhavam:

a) Quando exerce o direito de ação, ao Ministério Público tocam os mesmos poderes e ônus que às partes (art. 81, do Código de Processo Civil);

b) O art. 27, do Código de Processo Civil, estipula que as despesas por atos processuais requeridos pelo Ministério Pública "serão pagas a final pelo vencido"; e

c) A regra especial do art. 18 da Lei Federal 7.347/85 não menciona a hipótese vertente como não passível de aplicação da norma geral da sucumbência, prevista no art. 20, do Código de Processo Civil.

Aos argumentos trazidos pelo v. aresto, podemos somar o opinamento de Hugo Nigro Mazzilli (ob. e loc. cits.) e de Rodolfo de Camargo Mancuso (ob. cit., RT, 3ª ed., pp. 192/

193), no sentido de que cabe aplicação das verbas da sucumbência em qualquer ação civil pública proposta pelo Ministério Público.

Contudo, temos para nós não ser essa a melhor exegese a ser dada à questão, pelo motivos que doravante iremos expor.

4. RESPONSABILIDADE PELO PAGAMENTO DA HONORÁRIA: MINISTÉRIO PÚBLICO OU ESTADO?

A doutrina citada e o v. aresto, que sustentam o cabimento de honorária em sede de ação civil pública movida pelo "parquet", aduzem, em uníssono, que a verba deve ser suportada pelo Estado (ou pela União, conforme o caso) e não pela Instituição Autora.

Sintetizando mencionado ensinamento, cumpre trazermos à colação a sempre abalizada doutrina de Hugo Nigro Mazzilli, no sentido de que, "sendo improcedente o pedido formulado pelo Ministério Público, por certo que, instituição do próprio Estado, cujos órgãos são agentes políticos, responsabilidade haverá para o próprio Estado, nunca para a instituição do Ministério Público, desprovida de personalidade jurídica. O Ministério Público é instituição permanente do Estado, que age por força de lei e estritamente nessa qualidade, responsabilizando, pois, o Estado, como, aliás, ocorreria se o próprio Estado, como pessoa jurídica de direito público interno, por seus procuradores, tivesse proposto a ação civil pública e viesse a sucumbir" (ob. cit., p. 298).

5. PECULIARIDADES REFERENTES À ATUAÇÃO DO MINISTÉRIO PÚBLICO COMO AUTOR: A "REGRA" DO ART. 81 DO CÓDIGO DE PROCESSO CIVIL

Em que pese a distinção doutrinária tradicional entre o Ministério Público como autor e como "custos legis" (abraçada, inclusive, pela sistemática processual civil de 1973, em seus arts. 81 e 82), temos para nós que, face à similitude das situações, o tratamento a elas destinado é de ser equânime.

Modernamente, a doutrina vem oferecendo nuanças à rígida divisão de atribuições tradicional, entendendo alguns figurar o Ministério Público como parte, qualquer que seja o mote de sua atuação no caso concreto, e, outros, no sentido de ser ele sempre fiscal da lei.

Muito embora não tenhamos o escopo de nos alongar em mencionada discussão, posto refugir às finalidades do presente estudo, temos para nós que, sem embargo da doutrina tradicional e daqueles que entendem seja o Ministério Público sempre fiscal da lei, a posição na qual melhor se insere o "parquet", frente à sistemática processual e tendo em vista suas funções institucionais, é a de parte.

Com efeito, ainda quando atue como órgão interveniente obrigatório em mandados de segurança ou ante a presença de menor na relação jurídico-processual (atos típicos de "custos legis", pela divisão tradicional), o Ministério Público o faz postulando, requerendo ao Judiciário determinado tipo de provimento jurisdicional.

Tanto assim é que o próprio Código de Processo Civil prevê a possibilidade de o Ministério Público recorrer (art. 499, § 2º) "assim no processo em que é parte como naqueles em que oficiou como fiscal da lei".

Ora, um dos princípios basilares que regem a sistemática recursal é o da sucumbência, sem a qual carecerá a parte de interesse.

Como é cediço, somente pode sucumbir quem postula, ou seja, quem pratica o ato típico de parte.

Desta forma, se é dado ao Ministério Público recorrer, seja quando assume "a qualidade de parte", seja quando intervenha "como fiscal da lei", obviamente a norma presume possa ele sucumbir em qualquer hipótese dentro do processo.

E, se postula e pode sucumbir, não há como negar-lhe a qualidade de parte.

Feita mencionada consideração, incumbe-nos definir algumas peculiaridades da atuação do Ministério Público no processo civil.

Em que pese à norma geral inserta no art. 81, do Código de Processo Civil, de ver que a igualdade apregoada entre a Instituição do Ministério Público e as demais partes de qualquer relação jurídico-processual constitui, na verdade, quase exceção, não regra.

Com efeito, de início cumpre repetirmos fundamento basilar da atuação ministerial, consubstanciado no resguardo da ordem jurídica e dos interesses sociais e individuais indisponíveis (art. 127, da Constituição da República).

Ante o fundamento constitucional de atuação e a legitimidade para a propositura de ação civil pública para a "tutela de interesses difusos e coletivos" (art. 129, III, da Magna Carta), não há falar-se em possibilidade de ação do Ministério Público, mas sim, em obrigação de agir, sempre que violada a ordem jurídica (cf. item 2 supra, que trata do princípio da obrigatoriedade).

Desta forma, contrariamente ao espírito que rege todo o processo civil (análise da conveniência e oportunidade do uso da ação; equacionamento das vantagens advindas do ajuizamento de processo tendo em vista a situação fática vigente — ex.: montante do prejuízo econômico sofrido frente a provas disponíveis e gastos decorrentes com a propositura da medida judicial), o órgão do Ministério Público deve agir sempre que identificada violação à lei que ofenda algum dos interesses passíveis de sua tutela (meio ambiente, consumidor, patrimônio cultural etc.)

Assim, ao Ministério Público não é dado optar pelo uso da ação: incumbe-lhe ingressar com a medida judicial, sempre que o dano (verificado ou iminente) não puder ser solucionado de outra forma (v., a propósito, art. 5º, § 6º da Lei federal 7.347/85).

Mencionada diferença estrutural de atuação torna menos importantes questões processuais diversas, aventadas, dentre outros, por Theotônio Negrão (*Código de Processo Civil e legislação processual em vigor*, RT, 1991, notas ao art. 81), tais como o não adiantamento de despesas processuais ou de condenação nestas (arts. 19, § 2º, e 27), o prazo em dobro para recorrer (art. 188), a impossibilidade de o órgão do Ministério Público prestar depoimento pessoal, dispor do conteúdo material da demanda, confessar ou receber honorários advocatícios (art. 128, § 5º, II, "a", da Constituição Federal).

Demais disso, cabe aqui novamente advertência já traçada no presente trabalho, no pertinente à obrigação do Ministério Público em assumir o pólo ativo da relação processual em caso de desistência ou abandono injustificado por parte da associação (art. 5º, § 3º, da Lei federal 7.347/85) ou de qualquer outro autor de ação civil pública.

Ante mencionado imperativo legal, a Instituição, verificando que o abandono ou a desistência por parte do autor não tenha motivação, está obrigada a assumir o pólo ativo da relação processual, encaminhando-a até decisão de mérito, sem embargo da eventual existência de inquérito civil arquivado acerca dos mesmíssimos fatos.

Como se observa, a norma do art. 81, do Código de Processo Civil, está longe de constituir regra e, corolário, de servir de paradigma para aqueles que pregam o cabimento da condenação em honorária em ação civil pública proposta pelo "parquet", à luz do preceito genérico do art. 20 do estatuto processual.

6. DO PEDIDO DE IMPROCEDÊNCIA DE AÇÃO CIVIL PÚBLICA PROPOSTA PELO MINISTÉRIO PÚBLICO. DA POSSIBILIDADE DE A INSTITUIÇÃO DESISTIR DE AÇÃO CIVIL PÚBLICA INTENTADA

Como é cediço em matéria processual penal, pode o Ministério Público postular pela improcedência da ação pública por ele intentada, sem que de tal fato resulte vinculação do órgão judicial, que pode prolatar sentença condenatória.

A possibilidade de o Juiz condenar o réu, mesmo ante pedido expresso por parte do Ministério Público em sentido oposto, decorre do princípio da indisponibilidade que rege a ação penal pública (art. 42, do Código de Processo Penal).

Parte da doutrina pretende seja aplicado à ação civil pública o mesmo princípio, tendo em vista hipotética similitude de situações, que resultaria em extensão do princípio processual penal à Lei 7.347/85 via Código de Processo Civil (que possui aplicação subsidiária à ação civil pública, face o teor do art. 19, da Lei 7.347/85).

A atuação do Ministério Público, seja no processo civil, seja no penal, possui norte comum, consistente na defesa do interesse público.

Corolário de tal fato, curial se nos afigura possa o "parquet" postular pela improcedência da ação civil pública por ele proposta.

O problema em foco, no entanto, ganha aspectos controvertidos no pertinente a mencionado pedido, especificamente quanto à atuação do órgão jurisdicional: o pedido de improcedência da ação civil pública permitiria ao Juiz prolatar sentença em sentido diverso, como ocorre no processo penal? Restringiria a atividade do órgão judicante ao acolhimento do postulado pelo autor ou implicaria em autêntica desistência da ação, com sua extinção sem julgamento de mérito se concorde o réu?

Parte da doutrina entende não ser possível haver desistência da ação civil pública por parte do Ministério Público, existindo, inclusive, acórdão neste sentido (cf. *RT* 635/201), tendo em vista a citada analogia com o processo penal.

Assim, frente a pedido de improcedência de ação civil pública por ele proposta ou mesmo face à expressão requerimento de desistência da ação, poderia o Juiz prolatar sentença acolhendo o pedido inicial.

A maior parte da doutrina (v., dentre outros, Hugo Nigro Mazzilli, Rodolfo de Camargo Mancuso e Nelson Nery Júnior — que reviu seu anterior posicionamento — cf. obs. cits.), no entanto, confere ao Ministério Público possibilidade de desistir da ação civil pública que ajuizara.

Segundo pensamos, a corrente sustentada pela maioria dos doutos merece agasalho.

Com efeito, agindo na qualidade de substituto processual, ao desistir da ação o Ministério Público não estará dispondo do direito material pertencente ao substituído, mas, tão-somente, daquela relação jurídico-processual, que, de resto, pode ser reproposta a qualquer tempo, pela própria Instituição ou pelos demais legitimados do art. 5º, da Lei federal 7.347/85.

Assim, inexiste a comentada similitude de situações entre as ações penal e civil públicas: se, inexistente o princípio da indisponibilidade em sede de processo penal, a desistência da ação levaria à absolvição do réu, ou seja, estaria havendo disposição do conteúdo material da demanda, ao revés, em sede de ação civil coletiva (em sentido lato), caso o substituto desista do processo, o direito material por ele tutelado permanecerá íntegro, podendo ser objeto de outra ação a qualquer tempo, enquanto não verificada eventual prescrição.

Demais disso, o espírito do Código de Processo Penal é o resguardo do interesse público, decorrente das normas públicas insertas no Código Penal e na legislação extravagante; já o

Código de Processo Civil se destina, precipuamente, ao resguardo de normas de direito eminentemente privado.

Desta forma, enquanto a ação penal pública incondicionada é a regra do processo penal (tanto assim que as exceções ao princípio são expressas), no processo civil vige como dominante o princípio da disponibilidade da ação e do conteúdo material por ela tratado.

Há, destarte, flagrante dissonância entre os espíritos de nossos Códigos de Processo Civil e Penal, fato que, segundo pensamos, obsta ao uso da analogia no pertinente à aplicação, ao primeiro, do princípio da indisponibilidade tratado pelo segundo.

E, pedida a desistência da ação por parte do Ministério Público na qualidade de substituto processual, ouvido o réu (se o caso — v. CPC, art. 267, § 4º), cremos esteja o Juiz obrigado a homologá-la, extinguindo a ação sem julgamento de mérito nos moldes do art. 267, VIII, do CPC — sem embargo do respeitável opinamento de Nelson Nery Júnior e Rosa Maria B. de Andrade Nery (ob. cit., p. 1.027), no sentido da aplicação analógica do disposto no art. 28, do Código de Processo Penal, em caso de discordância —, pelo só fato de que a desistência não implica em disposição do conteúdo material da demanda, podendo a ação ser posteriormente reproposta, independentemente da existência de novas provas (diversamente do que ocorre com o inquérito policial objeto de arquivamento).

A hipótese que mais interessa ao presente trabalho, no entanto, é a possibilidade de o Ministério Público postular pela improcedência da ação civil pública, em sede de alegações finais, e o fato de estar o Juiz jungido ao acolhimento de tal pleito na sentença.

Não se nega, à evidência, o poder de o Ministério Público postular pela improcedência da ação civil pública por ele proposta, sempre que a realidade advinda das provas produzidas tenha se mostrado diversa daquela existente quando da propositura da ação, pois, segundo antigo brocardo, quem pode o mais (desistir) pode o menos (postular pela improcedência).

A questão, no entanto, ganha colorido diverso tendo em vista situação assaz relevante: caso o Juiz estivesse vinculado ao pedido de improcedência formulado ("ne procedat judex ex officio"), haveria julgamento de mérito da ação, e, corolário, disposição, ainda que de forma indireta, do conteúdo material que gerou o ajuizamento do processo por parte do legitimado extraordinário.

Assim, haveria coisa julgada material, que impediria nova propositura de ação pelo Ministério Público ou por qualquer dos demais legitimados (excetuada a hipótese tratada nos arts. 16 da Lei 7.347/85 e 103, I e II, do Código de Defesa do Consumidor).

O raciocínio, no entanto, não deve adquirir mencionada conotação: ao postular pela improcedência da ação civil pública, o Ministério Público está requerendo ao Judiciário pronunciamento de mérito acerca da demanda, o qual poderá ser positivo ou negativo.

Destarte, não há desistência do conteúdo material defendido naquela ação (posto que inaceitável, tendo em vista a condição do autor, de substituto processual, bem como a indisponibilidade do direito tratado em ação civil pública proposta pelo Ministério Público — v. art. 127, da Constituição Federal), mas, tão-somente, requerimento no sentido de que, apreciando o mérito da causa, o Juiz venha a tê-la por improcedente.

Os fatores elencados, aliás, são hábeis a permitir se infira que o Juiz não está adstrito ao acolhimento do pedido de improcedência da ação formulado por quem a propôs (Ministério Público), fato que em momento algum interferirá no princípio "ne procedat judex ex officio".

Surge, aqui, outra particularidade bastante significativa da atuação do Ministério Público nas ações civis públicas, que o afasta ainda mais dos demais proponentes de ações civis: possui ele possibilidade de postular pela improcedência da medida judicial que propôs, sem que tal requerimento vincule o entendimento do Magistrado, enquanto, nas ações civis ditas "comuns", requerimento neste sentido levaria ao reconhecimento da desistência da ação, ou da renúncia ao direito em que está ela fundada, conforme o caso concreto.

7. INTERPRETAÇÃO DO ART. 18 DA LEI 7.347/85. NORMA EXCEPCIONAL?

Como salientado, o art. 18 da denominada lei da ação civil pública culminou por expressamente isentar a associação autora do pagamento de honorária, excetuada a hipótese de comprovada má-fé.

Do texto citado, defluem duas interpretações, definidas no presente trabalho: a primeira, no sentido de que nas demais hipóteses seria aplicado o princípio geral do art. 20, do Código de Processo Civil; e, a segunda, aduzindo que somente caberia honorária em ação civil pública na estreita hipótese do art. 18 (proposta por associação civil, com "comprovada má-fé").

Os defensores da primeira corrente (v., dentre outros, Hugo Nigro Mazzilli e Rodolfo de Camargo Mancuso, obs. cits.) entendem que a lei especial, quando pretendeu diferenciar a situação ao autor (excluindo-o da aplicação da norma geral do processo civil), o fez, porém, restringindo a exceção apenas à associação.

Ainda de acordo com mencionada corrente, caso o Ministério Público propusesse ação civil pública e viesse a sucumbir, a final, a parte vencedora da demanda teria que arcar com gastos, representados pelos honorários do Patrono que teve que contratar.

Assim, a situação implicaria em patente injustiça, vez que, para demonstrar que tinha razão, o réu teve de valer-se de advogado, arcando com os gastos inerentes à contratação, sem que obtivesse qualquer ressarcimento posterior.

Temos para nós que mencionados argumentos, muito embora de vulto, não são suficientes a permitir se conclua pelo cabimento de imposição de honorária em ação civil pública proposta pelo "parquet".

De início, cumpre consignarmos a posição peculiar da ação civil pública frente ao comum das demais ações.

O espírito norteador da ação civil pública, como é cediço, é a tutela dos interesses difusos e coletivos, ou, em outras palavras, a defesa dos interesses sociais, relativos a grupos, segmentos ou à coletividade por inteiro.

Tendo em vista sua abrangência e finalidade, mereceu a ação civil pública guarida constitucional, constituindo-se em remédio jurídico para a defesa dos interesses da sociedade (art. 129, III, da Carta de Princípios).

Assim sendo, assume a ação civil pública postura semelhante à da ação popular, do mandado de segurança (individual ou coletivo) e do mandado de injunção, ou seja, de remédio jurídico destinado ao resguardo das garantias sociais e individuais trazidas pela Constituição da República.

Com efeito, a similitude existente entre a ação civil pública e (principalmente) a ação popular é de clareza meridiana, sobretudo ante as novas possibilidades conferidas a esta última pelo art. 5º, LXXIII, da Carta Política (tutela não só do patrimônio público, como também, do meio ambiente e do patrimônio cultural).

Em que pese à presença de diferenças estruturais entre ambas as ações tratadas — pertinentes aos legitimados ativos, à esfera de atuação (limitada às matérias elencadas no art. 5º, LXXIII, da CF, no caso da ação popular; ilimitada, no caso da ação civil pública — v. art. 83, do Código de Defesa do Consumidor, c.c. o art. 21, da Lei 7.347/85) e ao pedido (igualmente restrito na primeira) —, as semelhanças surgem quanto à intervenção do autor (sempre substituto processual, sem embargo de entendimento doutrinário em sentido contrário, especialmente quando a ação civil pública é proposta por associação civil — v. Rodolfo de Camargo Mancuso, ob. cit., p. 82), ao objeto perseguido (tutela de interesse social) e à possibilidade, nas matérias comuns, de haver idênticos pedidos e causa de pedir (o que ensejaria, mesmo, litispendência).

Em vista da similitude de espírito que existe entre as medidas judiciais citadas, bem como suas finalidades filosóficas, por certo as normas peculiares a uma delas devem interagir com as próprias da outra através da analogia, sempre que, à evidência, a lei específica não traçar previsão em sentido contrário.

Como é cediço, a Lei 4.717/65 (que regulamenta a ação popular) isenta o autor do pagamento de honorária, excetuada a mesma hipótese tratada no art. 18, da Lei 7.347/85.

O fundamento da isenção do autor popular ao pagamento de honorária é o de estimular a tutela do patrimônio público e das demais matérias elencadas no art. 5º, LXIII, da Magna Carta, posto que, se sujeito ao pagamento da verba final, certamente o legitimado veria óbice a mais, erigido contra si.

Desta forma, defendendo interesse que não lhe é pertinente de forma específica, mas apenas enquanto membro da coletividade como um todo, certamente que o cidadão estaria sendo desestimulado à adoção do remédio constitucional, caso lhe fosse imputado, a final, o pagamento de honorários à parte contrária, na hipótese de ver decretada a improcedência da ação.

A exceção ao princípio geral (cabe honorária em caso de comprovada "má-fé") se justifica tendo em vista ser a ação popular instrumento jurídico bastante poderoso, passível de ser utilizado com finalidades eminentemente políticas, não sociais.

Certo é que a "actio" popular somente pode ser proposta por cidadão, ao revés da ação civil pública, frente aos termos do art. 5º, "caput", da Lei 7.347/85.

Contudo, a similitude de situações, no que respeita ao disposto no art. 18, da Lei da ação civil pública, em confronto com o contido no art. 13, da Lei da ação popular, é de todo evidente.

Com efeito, ao inserir o art. 18 na Lei 7.347/85, certamente não quis o legislador tornar única exceção ao princípio geral do art. 20, do Código de Processo Civil, a ação proposta por associação. Seu escopo, na verdade, foi o de impedir o uso político da medida, desvirtuado de suas finalidades, com o objetivo de atingir pessoas ou instituições de nomeada ou transformar determinada liderança associativa em autêntico baluarte da defesa dos interesses sociais, com ações de repercussão, porém inócuas e desprovidas de fundamento fático ou jurídico.

O princípio geral do citado art. 18 ("associação não arca com honorária") justifica-se, em verdade, frente à exceção, vez que tem por meta prever justamente a possibilidade de condenação dessa legitimada no caso de "comprovada má-fé", ou seja, na hipótese de utilização deturpada da ação civil pública.

O comando legal destina-se tão-somente às associações tendo em vista que, por certo, o Ministério Público e os demais órgãos legitimados à propositura da ação civil pública não agiriam com mencionada má-fé, posto que instituições componentes do Estado, representantes de sua soberania ou a ele vinculadas.

Mencionado raciocínio mais se fortalece ao nos depararmos com o disposto no art. 5º, I, da Lei federal 7.347/85, pelo qual o legislador impõe, à associação civil, pré-constituição há mais de um ano como requisito a legitimá-la à propositura da ação civil pública, facultando ao Juiz, no entanto, dispensá-la da prova de tal exigência no caso concreto, ou seja, após analisar a relevância do objeto jurídico cuja tutela se postula, bem como a seriedade da medida (art. 5º, § 4º).

Ora, por certo que mencionados dispositivos possuem espírito comum, de evitar ações temerárias, de fundo político ou promocional. Caso contrário, como admitir-se a possibilidade de o Juiz dispensar a prova de constituição anterior da associação tendo em vista o caso concreto?

Por outro lado, nem se alegue que a norma possui o escopo tão-somente de facilitar o uso da ação civil pública pela sociedade civil, estimulando-a a agir acenando com o não pagamento de honorária, se vencida.

De fato, não bastassem as exigências legais insertas no art. 5º, I e II, da Lei. 7.347/85, que, por si sós, criam limitações à legitimidade dos entes associativos (impondo a eles a denominada "representatividade adequada"), os arts. 6º e 7º, do texto citado, facultam a qualquer do povo e impõem aos funcionários públicos e aos integrantes do Judiciário o dever de encaminharem ao Ministério Público as notícias de fato que possa ser objeto de ação civil pública.

Demais disso, apenas ao Ministério Público é conferido, pelo art. 8º, § 1º, o poder de requisição, restando às associações, tão-só, a possibilidade de solicitarem aos órgãos públicos certidões ou informações necessários ao ajuizamento da ação civil pública (art. 8º, "caput").

A distinção existente é lógica, pelos motivos suso-expostos: ao contrário do que poderia ocorrer com as associações, não se compreende possa o Ministério Público fazer uso político da medida judicial tratada.

Contudo, não há negar-se que os dispositivos citados trazem prevalência na atuação do "parquet", quando confrontada com a dos demais legitimados, tendo em vista suas finalidades institucionais e o próprio princípio da obrigatoriedade.

Caso contrário, como explicar-se o fato de a lei impor o encaminhamento de documentos que tratam de matéria que pode ser objeto de ação civil pública, nos moldes da Lei 7.347/85, ao Ministério Público, se não a qualquer dos legitimados? Como explicar-se a necessidade de as associações civis atenderem aos requisitos legais, consubstanciados em autênticos pressupostos processuais para a propositura da medida? E, ainda que verificado o cumprimento das exigências legais, por que negar-lhes poder de requisição, ainda que moldado a alguma espécie de controle, pelo Ministério Público ou pelo Judiciário?

Ante os argumentos alinhados, por certo que o espírito do legislador, ao inserir o art. 18 na Lei 7.347/85, não foi o de trazer maiores facilidades ou estímulo aos entes associativos para a propositura da medida. Foi, antes o modo pelo qual se inseriu, na norma jurídica em estudo, a restrição ao princípio geral, visando impedir — corolário — o uso político da ação civil pública, tendo em vista o inesgotável âmbito de sua atuação na tutela dos interesses sociais e a repercussão disso decorrente.

Nem se alegue situação de aparente injustiça que haveria no caso de o Ministério Público sucumbir em ação civil pública, tendo em conta a impossibilidade de o réu vencedor ser ressarcido, ao menos naquele processo, das despesas referentes à contratação de advogado. Partindo-se dessa premissa, a situação não seria igualmente injusta se a ação tivesse sido proposta por associação civil? Ou se fosse em litisconsórcio entre a associação e o Ministério Público, à luz do disposto no art. 23, do Código de Processo Civil? E, "mutatis mutandis", não seria também injusta na hipótese de ação penal julgada improcedente, não estando o réu sob os auspícios da assistência judiciária gratuita?

Por certo que sim.

Demais disso, se situação injusta há, há em ambos os sentidos: da mesma forma que não se sujeita ao pagamento de honorária, se vencido (ainda que pelo Estado, consoante a lição, dentre outros, de Hugo Nigro Mazzilli, ob. e loc. cits.), o Ministério Público não possui direito ao recebimento de dita verba, se vencedor na demanda.

Com efeito, aos órgãos do Ministério Público é vedado o recebimento de honorária (art. 128, § 5º, II, "a", da Magna Carta).

A Instituição, por não contar com personalidade jurídica própria e frente à inexistência de previsão constitucional ou legal que disponha de forma diversa, também não pode receber mencionada verba.

Assim, novamente pedindo vênia para lembrar o raciocínio tecido por Hugo Nigro Mazzilli, a honorária caberia ao Estado.

Problema de ordem prática relevante, no entanto, surge: as quantias recebidas pelo Estado a título de verba honorária, em verdade, não ingressam em seus cofres, destinando-se, antes — como de mister —, a seus representantes judiciais, ou seja, a seus Procuradores, que participação alguma tiveram na lide...

Nem se alegue que o Estado não tenha despesa extraordinária alguma com a propositura de ação civil pública, fato que implicaria na desnecessidade de receber honorária, tendo em vista o delineamento constitucional e legal da Instituição Ministério Público, cujos órgãos recebem seus vencimentos dos cofres públicos, nada significando, nesse diapasão, o número de ações civis públicas por eles proposta e que tenham sido julgadas procedentes.

Com efeito, não contasse o Ministério Público com o grave mister de defensor da ordem jurídica e social, não tivesse a Instituição legitimidade ativa para a propositura de ações civis públicas, por certo o número de seus órgãos de execução seria bastante inferior, ante evidente desnecessidade da existência de cargos especializados nas denominadas áreas de defesa dos interesses difusos e coletivos.

Como a Constituição Federal conferiu mencionada legitimidade ao Ministério Público, a Instituição teve que se aparelhar para poder atender aos reclamos sociais, o que implicou no aumento de seus quadros, bem como de sua estrutura material e humana.

Diante do exposto, o Estado também possui encargos maiores em decorrência da legitimidade conferida ao Ministério Público para a propositura da ação prevista na Lei 7.347/85, conquanto não possa receber honorária, caso julgada procedente a medida.

Destarte, ante o teor do art. 18, da Lei 7.347/85, frente à ausência de previsão legal específica, pelo óbice de ordem prática erigido e face ao princípio da igualdade de partes que rege todo e qualquer processo, por certo que o Estado não faz jus ao recebimento de honorária nessa hipótese, sem embargo de respeitável entendimento em contrário (no sentido da aplicabilidade do art. 20, do Código de Processo Civil, — v., dentre outros, Yussef Said Cahaly, ob. cit., p. 746; apelação cível 185.434-1/5, Tribunal de Justiça de São Paulo, rel. Des. Matheus Fontes, j. 11 de março de 1993).

Desta forma, com a devida vênia, entendemos não ser a melhor exegese do artigo 18 da Lei 7.347/885 aquela que considera não caber condenação em honorária somente na estreita hipótese por ela definida, com a aplicação, no mais, do princípio geral do art. 20, do Código de Processo Civil.

Filiamo-nos, pois, à corrente que entende ser cabível a condenação na verba honorária em ação civil pública exclusivamente na hipótese de o autor ser ente associativo que tenha litigado com má-fé.

Cumpre asseverar, por derradeiro, que, em recente decisão (Apelação Cível 593.08322-3, j. 30 de novembro de 1993), o Tribunal de Justiça do Rio Grande do Sul, pela mesma 1ª

Câmara que havia julgado a Apelação Cível 592.00668-8, citada no item 3, supra, filiou-se a esta corrente, inclusive com voto do eminente Desembargador José Vellinho de Lacerda, que expressamente reviu seu anterior posicionamento (v., a propósito, apêndice do presente trabalho).

8. BREVES CONCLUSÕES

1. O art. 20, do Código de Processo Civil, é princípio genérico, aplicável frente à ausência de norma específica e desde que não seja incompatível com o espírito de leis especiais.

2. A Lei federal 7.347/85 possui espírito público, de remédio constitucional, como ocorre com a ação popular e o mandado de segurança, sendo verdadeiro instrumento de defesa dos interesses sociais, o que a diferencia das demais ações civis, impondo tratamento peculiar.

3. O Ministério Público é sempre substituto processual quando promove a ação civil pública, agindo por dever de ofício, moldado ao princípio da obrigatoriedade (v. Lei 7.347/85, arts. 5º, §§ 1º e 3º, e 15), não lhe sendo dado analisar conveniência e oportunidade do ajuizamento da medida, como ocorre com os demais proponentes de ações civis.

4. Ainda quando integre a lide em decorrência da obrigação imposta pelo art. 5º, § 1º, da Lei 7.347/85 (como órgão interveniente), pode o Ministério Público aditar a inicial.

5. O Ministério Público pode desistir da ação civil pública por ele proposta, não se aplicando o princípio processual penal da indisponibilidade, vez que o conteúdo material da demanda está sendo preservado, podendo a ação ser reproposta a qualquer tempo (enquanto não verificada a prescrição) por si ou por outro legitimado.

6. Havendo desistência ou abandono injustificado da ação por parte de seu autor, ente associativo ou órgão público, deve o Ministério Público assumir sua titularidade ativa.

7. Podendo desistir da ação civil pública, pode o Ministério Público, igualmente, pugnar por sua improcedência, ainda que a tenha proposto, sem que tal postura acarrete vinculação do Judiciário, pois, se assim fosse, haveria disposição do conteúdo material da demanda, o que é vedado.

8. Intervindo na ação, postulando perante o Judiciário e podendo recorrer caso venha a sucumbir, o Ministério Público é sempre parte da relação jurídico-processual, não se justificando nesta seara a distinção entre órgão agente e fiscal da lei.

9. O Ministério Público é o guardião dos interesses sociais e individuais indisponíveis (art. 127, da Constituição Federal).

10. Como órgão agente em sede de ação civil pública, a postura do Ministério Público difere em muito daquela assumida por outros ocupantes do pólo ativo de relações processuais, de sorte que a regra do art. 81, do Código de Processo Civil, é, antes, uma exceção.

11. O art. 18 da Lei 7.347/85 não implica no reconhecimento de que apenas a associação civil autora está isenta do pagamento de honorária.

12. O disposto no citado art. 18 se justifica tendo em vista obstar ao uso político da ação por parte do ente associativo, fixando a honorária como sanção, tal qual ocorria na sistemática original do Código de Processo Civil de 1939, o que afasta seu espírito daquele que norteia o "codex" atual, impedindo o uso da analogia no pertinente à aplicação das verbas sucumbenciais, face a patente incompatibilidade.

13. O art. 18 não possui o condão de incentivar o uso da ação civil pública por ente associativo, pois o espírito da Lei 7.347/85 não caminha neste sentido (v. arts. 5º, I e II, 6º, 7º e 8º).

14. O órgão do Ministério Público não pode receber honorária, face a expressa previsão constitucional (art. 128, § 5º, II, "a").

15. A Instituição Ministério Público também não pode receber a verba, vez não contar com personalidade jurídica própria, nem existir previsão constitucional ou legal para tanto.

16. O Estado não pode receber honorária na hipótese de ser julgada procedente ação civil pública proposta pelo Ministério Público, tendo em vista ausência de previsão constitucional ou legal para tanto; considerando a postura da Instituição traçada pela Magna Carta em seu art. 127, "caput", que não permite se infira possua ela qualidade de representante judicial do Ente Político; frente ao fato de o próprio Poder Público, por vezes, figurar no pólo passivo da demanda (o que ensejaria o instituto civil da confusão); ressaltando o princípio da igualdade de partes que rege o processo; sublinhando a situação fática de que qualquer honorária destinada ao Ente Político deve ser encaminhada a seus Procuradores, que não promoveram a ação.

17. Tendo em vista os argumentos elencados no tópico anterior (n. 16), não pode igualmente o Estado responder por verba honorária em caso de improcedência de ação civil pública promovida pelo Ministério Público.

9. APÊNDICE: JULGADOS

1. "Havendo lei especial, que trata inclusive de aspectos da sucumbência, as regras estabelecidas na lei geral, isto é, o Código de Processo Civil, somente têm incidência nas ações da espécie naquilo em que não contrataria a lei particular. É, aliás, o que está expresso no artigo 19, da Lei 7.347/85"...

"A sucumbência implica, pois, no pagamento de honorários de advogado, o que faz supor que existe parte no processo que age em causa própria ou contratou advogado. Inexistindo advogado, difícil compreender a possibilidade de sua remuneração tão-só porque o Código de Processo Civil afirma que o vencido pagará as despesas com o advogado do vencedor.

No caso de ação civil pública proposta por representante do Ministério Público não existe advogado contratado. Antes, o Ministério Público é legitimado para a propositura da ação, segundo artigo 5º da Lei da ação civil pública. Mais importante, dispõe a atual Constituição da República no seu artigo 129, III, a função Institucional do Ministério Público na propositura da ação civil pública. Impossível confundir sua atuação como se fora a de um advogado contratado para funcionar em determinado feito.

Os membros do Ministério Público recebem seus vencimentos através da Fazenda Pública, independentemente de exercerem atividade na ação civil pública. Não executam nenhum trabalho extraordinário que ocasione à Fazenda Pública despesas incomuns ou fora da regular retribuição que lhes é devida.

Ao contrário, nada mais fazem do que exercer função da própria instituição, dever imposto via do legislador constitucional.

Aparece, pois, sem maior fundamento entender deva o vencido pagar honorários de advogado nos casos de ação civil pública proposta pelo representante do Ministério Público, que age em razão de dever acometido à própria Instituição, e sem que isso possa representar gastos a serem ressarcidos pela aplicação do princípio geral da sucumbência (no campo dos honorários do advogado).".

"Reforça o argumento agora defendido a circunstância inicialmente apontada, ou seja, que no caso de improcedência da ação civil pública proposta pelo representante do Ministério Público os honorários de advogado são indevidos à parte vencedora. É preciso haver igualdade de tratamento. Se a função institucional do Ministério Público o resguarda do pagamento dos honorários de advogado no caso de improcedência de ação civil pública proposta por seu representante, a recíproca se impõe, ou seja, a parte vencida na ação civil pública proposta pelo Ministério Público fica livre de resgatar honorários de advogado." (TJSP, Apelação Cível 157.725-1/3, j. em 20 de fevereiro de 1992, rel. o Desembargador Marco César, que cita precedente da mesma 5ª Câmara, transcrevendo voto do Des. Silveira Netto, in *RJTJSP* 118/304).

2. "Trata-se de ação civil pública ajuizada pelo Ministério Público, parte legítima por disposição legal, de modo que incabível a aplicação das regras da sucumbência previstas no art. 20 do CPC.

Dispõe o mesmo CPC no art. 81 que o Ministério Público exercerá o direito de ação nos casos previstos em lei, cabendo-lhe no processo os mesmos poderes e ônus que às partes.

Entretanto, como assinala Theotônio Negrão, não está sujeito ao adiantamento das despesas processuais, nem a condenação nestas ou em honorários de advogados.

Isso pela óbvia razão de que defende, nesses casos, o interesse do Estado ou da coletividade, como espécie." (Tribunal de Justiça de São Paulo, Apelação Cível 89.556-1, j. em 27 de agosto de 1987, rel. o Des. J. L. Oliveira).

3. "A sentença recorrida merece apenas pequeno reparo. A Lei 7.347/85, em seus artigos 17 e 18, estabelece restritivamente que apenas associação, quando autora e vencida em pretensão manifestante infundada, responde pelas despesas processuais. O Ministério Público não pode ser equiparado a associação civil, sobretudo ao atuar em nome e em defesa da sociedade, como no caso dos autos. Além disso, a pretensão deduzida é razoável, jamais infundada, como exige a lei." (Tribunal de Justiça de São Paulo, Apelação Cível 194.265-1/4, rel. o Des. José Malerbi).

4. "O Ministério Público deve agir, obrigatoriamente, "nas ações de responsabilidade por danos causados ao meio ambiente, ao consumidor, a bens e direitos de valor artístico, estético, histórico, turístico e paisagístico, e a qualquer outro interesse difuso ou coletivo", como autor ou fiscal da lei (Lei 7.347/85, de 24.7.1985, arts. 1º e 5º, e § 1º; CF, art. 129, III, e § 1º).

Conseqüentemente, é obrigação constitucional e legal de o Ministério Público promover, através de ação própria ou de nela intervir, sempre que verificar efetiva ou eventual lesão ao patrimônio público, "lato sensu", como representante da própria sociedade.

Não me parece, assim, justo se condene o Ministério Público a arcar com o ônus da sucumbência, quando a ação civil pública por ele interposta não for exitosa. Além disso, haveria tratamento diferenciado em relação ao "Parquet", pois a associação e os seus diretores responsáveis pela propositura da ação civil pública, bem como os autores da ação civil pública, que, em última análise, tutela o patrimônio público, serão condenados em honorários advocatícios, apenas em caso de litigância de má-fé, (Lei 7.347/85, de 24.7.1985, art. 17, com a redação que lhe deu o art. 115 do CDC (Lei 8.078/90, de 11.9.1990) e CF, art. 5º, LXXIII).

Não vejo, assim, por quê o Ministério Público, como instituição essencial à função jurisdicional do Estado (CF, art. 127), possa suportar as despesas de processo em ações que o próprio Estado lhe impõe ajuizar, além de estar defendendo bens pertencentes a toda a sociedade, a quem, em suma, cabe suportar os gastos processuais através dos tributos.

Procede, por isso, a inconformidade do Ministério Público, que, através de um dos seus mais ilustres membros, o Dr. Sérgio Guimarães Brito, digno Procurador de Justiça junto a esta Câmara, assim se manifestou em torno da questão:

'A partir da notícia publicada no *Jornal do Comércio* e no *Correio do Povo* dando conta de que o Ministério Público, em aresto dessa 1ª Câmara Cível, havia sido condenado a pagar custas e honorários por ter perdido uma ação civil pública, começaram a surgir aqui e ali, em todo o Estado, decisões no mesmo sentido.

Como nesse país de terceiro mundo mais importante do que o fato é a versão do fato, não adiantou a Procuradoria-Geral de Justiça ter explicado, em edições posteriores dos referidos periódicos, a inveracidade daquela informação, ou porque não a leram ou porque, se a leram, não lhe deram crédito...

Com efeito, na Apelação Cível 592.006.688 o eminente relator, Des. Araken de Assis disse, com todas as letras, que o Ministério Público não podia 'ser condenado em nome próprio como responsável pelas despesas do processo, notadamente pelos honorários periciais'. E explicou: 'tocará ao Estado indenizar o particular' e, oportunamente, 'da verba destinada ao Ministério Público será descontado o valor da condenação'. Assim, a apelação do Estado — que queria imputar tal responsabilidade para o 'parquet' — foi desprovida à unanimidade.

Não há dúvida, portanto, que inexista precedente judiciário que conforte a decisão recorrida.

Contudo, mesmo que existisse outro acórdão no sentido da presente decisão recorrida, ainda assim, no meu sentir, tal determinação estaria deslocada da doutrina e da jurisprudência. Com a devida vênia, iria até mais longe, pois até o aresto já comentado, embora tenha eximido o Ministério Público do pagamento dos ônus sucumbenciais para onerar a Fazenda Pública, também foge da interpretação unânime que se tem da matéria' ...

"De outro lado, se o particular, que propõe sem malícia ação civil pública ou ação popular, não arca com despesas de processo, há de fazê-lo o Estado, que, através do Ministério Público, não age como entidade abstrata, mas como representante da sociedade, como haveria de suportar os ônus da sucumbência?

A lei, se assim determinasse, consagraria incongruência injustificável.

Dessarte, não havendo malícia no aforamento da ação, seja civil pública, seja popular, tanto pelo Ministério Público, ou por entidade pública ou privada ou por cidadão legitimado, não há obrigação de parte do proponente da ação de suportar qualquer ônus de sucumbência, por se tratar de ação ligada diretamente à cidadania ou direito individual, tutelados pela própria Carta Maior.

Por todos esses motivos, provejo o recurso, a fim de isentar o Ministério Público e, por via de conseqüência, o próprio Estado de arcar com os ônus da sucumbência, por se não configurar malícia alguma de parte do proponente da ação." (Tribunal de Justiça do Rio Grande do Sul, Apelação Cível 593.08322-3, 1ª Câmara, j. 30 de novembro de 1993, rel. o Des. Celeste Vicente Rovani, com declarações de votos, no mesmo sentido, dos Des. Tupinambá Miguel Castro do Nascimento e José Vellinho de Lacerda).

5. "A legitimação do Ministério Público para agir como autor da ação civil pública é ponto luminoso no cenáculo constitucional das suas atividades, com expressa previsão (arts. 127 e 129, III, CF e art. 5º, da Lei 7.347/85).

Existente fundamentação razoável, vivificados os objetivos e funções do órgão ministerial, cuja participação é reputada de excepcional significância, tanto que, se não aparecer como autor, obrigatoriamente deverá intervir como 'custos legis' (§ 1º, art. 5º, ref.), não se compatibiliza com o espírito da lei de regência, no caso de improcedência da ação civil pública, atribuir-lhe a litigância de má-fé (art. 17, Lei ant., c.c. o art. 115, Lei 8.078/90), com a condenação em honorários advocatícios." (Superior Tribunal de Justiça, Recurso Especial 28.715-0, j. em 31 de agosto de 1994, in *DJU* n. 179, 19 de setembro de 1994, rel. o ministro Milton Luiz Pereira).

6. Abordando o tema com profundidade, inclusive transcrevendo parecer do Procurador de Justiça de São Paulo José Geraldo Brito Filomeno, confira-se, ainda, *RT* 639/73, reproduzida in *RTJSP* 118/304, cuja transcrição deixa de ser feita, tendo em vista a extensão e o conteúdo do v. acórdão, que não permite mera citação de passagens.

DOUTRINA

A REPRESENTAÇÃO AO MINISTÉRIO PÚBLICO NO ESTATUTO DA CRIANÇA E DO ADOLESCENTE

José dos Santos Carvalho Filho

> 1. O direito de petição e de representação. 2. O sentido moderno de representação. 3. Os instrumentos do Estatuto da Criança e do Adolescente. 4. A atuação do Ministério Público. 5. A representação ao Ministério Público. 6. Elementos subjetivo passivo e objetivo. 7. Elementos subjetivos ativos. 8. A representação no exercício de direito fundamental. 9. A representação no exercício da função administrativa. 10. A representação no exercício da função jurisdicional. 11. A formalização da representação.

1. O DIREITO DE PETIÇÃO E DE REPRESENTAÇÃO

A Constituição de 1967, com a Emenda nº 1/69, dispunha expressamente, no capítulo destinado aos direitos e garantias individuais, ser assegurado a qualquer pessoa o direito de representação e de petição aos Poderes Públicos, em defesa de direito ou contra abusos de autoridade.[1]

O uso dos termos representação e petição causou alguma perplexidade quanto ao sentido que lhes teria emprestado a Constituição então vigente. A perplexidade atingiu, inclusive, Pontes de Miranda, que chegou a anotar: "Na Constituição de 1967, fala-se de direito de representação e de petição. Ou se há de entender que só existe um direito, que é de representação e de petição, ou que existem dois: o direito de representação e o direito de petição".[2] O grande jurista invocava ensinamento da doutrina francesa, especialmente de Chapelier, que na Assembléia Constituinte francesa chamava atenção para a dicotomia "plainte", de um lado, e "droit de pétition", de outro, salientado que o primeiro seria o direito natural, inviolável e absoluto, ao passo que o segundo se caracterizaria como direito político, só atribuído a cidadãos ativos.[3] A melhor interpretação, porém, não levava em consideração o aspecto de direito natural ou político. Na verdade, considerava-se que o direito de petição constituía o gênero, enquanto o direito de representação refletia uma de suas espécies. Naquele se incluía toda e qualquer forma de postulação aos Poderes Públicos,

---

1. Art. 153, § 30.
2. *Comentários à Constituição de 1967*, tomo V, 1987, p. 631.
3. Ob. e v. cits., p. 629.

alcançando até mesmo os pedidos cujo atendimento se situasse na esfera discricionária da Administração Pública.[4] O direito de representação acabou por assumir a conotação de sanear irregularidades, conferindo ao indivíduo o poder de apontá-las e de requerer o restabelecimento da legalidade.

A vigente Constituição teve o mérito de acabar com a dicotomia, consignando, como fundamental, "o direito de petição aos Poderes Públicos em defesa de direitos ou contra ilegalidade ou abuso de poder".[5] Como o direito visa a atacar a ilegalidade ou o abuso de poder, pode-se continuar empregando o termo representação, nesse contexto, como faceta do direito de petição que alvitra objetivo próprio, qual seja, o de denunciar irregularidades praticadas por órgãos públicos ou privados.

E o direito de petição, com maior amplitude, indica o poder que tem o indivíduo de formular pedidos ao Poder Público.[6] É exercitável por qualquer pessoa e pode espelhar um interesse pessoal ou coletivo, tendo, assim, caráter bifrontal.[7]

2. O SENTIDO MODERNO DE REPRESENTAÇÃO

Modernamente, então, tem-se a representação como o direito do indivíduo de denunciar situações de ilegalidade ao Poder Público. Pinto Ferreira assim o define: "O direito de representação é o instrumento pelo qual se manifesta o protesto contra abusos praticados por autoridades, requerendo-se a sua punição".[8]

O saudoso Hely Lopes Meirelles, embora incluindo a representação como modalidade de recurso administrativo, dá ao instituto o correto contorno: "Representação administrativa é a denúncia formal e assinada, de irregularidades internas ou de abusos de poder na prática de atos da Administração, feita por quem quer que seja, à autoridade competente para conhecer e coibir a ilegalidade apontada".[9]

Parece-nos, por conseguinte, que o administrado, tendo conhecimento de ilegalidade que atinja a si mesmo, ou à coletividade, e desejando o restabelecimento da situação de legitimidade, tem aptidão jurídica para dirigir-se à autoridade competente no sentido de exortá-la a adotar as providências necessárias ao cumprimento da lei e à repressão dos atos abusivos. Dir-se-á, na hipótese, estar ele exercendo seu direito de representação, garantido constitucionalmente como um dos direitos fundamentais.

3. OS INSTRUMENTOS DO ESTATUTO DA CRIANÇA E DO ADOLESCENTE

O Estatuto da Criança e do Adolescente — Lei 8.069, de 13.7.90 — visou a regular toda a matéria da qual se pudesse originar a proteção integral à criança e ao adolescente,[10]

---

4. Nada impede que o administrado requeira à Administração, por exemplo, sejam apressadas as providências para o asfaltamento de certa rua, ou o conserto de algum buraco na via pública.
5. Art. 5º, XXXVI, "a".
6. Não se perca de vista que o direito de petição se originou do "Bill of Rights" de 1689, sendo exercido através de pedidos formulados ao rei. Constou também da Constituição francesa de 1791, e da primeira emenda à Constituição dos Estados Unidos.
7. Cf. Celso Ribeiro Bastos, em *Comentários à Constituição do Brasil*, 2º v., 1989, p. 166.
8. *Comentários à Constituição Brasileira*, 1º v., 1989, p. 138. O autor, ressalte-se, fixa com precisão a distinção entre direitos de petição e de representação.
9. *Direito Administrativo Brasileiro*, 1989, p. 574.
10. Art. 1º.

realçando que estes não poderão sofrer qualquer forma de negligência, discriminação, exploração, violência, crueldade e opressão, sendo-lhes conferidos todos os direitos fundamentais inerentes à pessoa humana.[11] Regulamentou, assim, nessa parte protetiva, mandamento constitucional cuja força cogente não encontra dissonância na coletividade, e que precisa, por isso mesmo, ser implementado por legislação infraconstitucional e por programas específicos na administração pública.[12]

É evidente que a lei teria que oferecer os instrumentos necessários à observância de suas normas. E o fez, realmente, através de políticas de atendimento (arts. 90 e ss.); de medidas protetivas (arts. 98 e ss.); de medidas sócio-educativas (arts. 112 e ss.); da Justiça da Infância e da Juventude (arts. 145 e ss.); de condutas timbradas como crimes (arts. 228 a 224), e muitas outras com o mesmo desiderato.

4. A ATUAÇÃO DO MINISTÉRIO PÚBLICO

Um dos mais poderosos instrumentos protetivos declarados no Estatuto foi, sem dúvida, o quadro de atuação traçado para o Ministério Público.

De fato, ampla foi a competência atribuída ao Ministério Público na matéria,[13] difundida na via judicial através das ações pertinentes, ou na via administrativa, através do poder fiscalizatório de entidade e outras atividades, todas, enfim, refletindo a tutela específica contemplada na lei menorista.

Há, inclusive, atribuições que se inserem perfeitamente na democrática figura do "Ombudsmam", como, por exemplo, aquela através da qual pode o Ministério Público "efetuar recomendações visando à melhoria dos serviços públicos e de relevância pública afetos à criança e ao adolescente, fixando prazo razoável para sua perfeita adequação".[14]

5. A REPRESENTAÇÃO AO MINISTÉRIO PÚBLICO

Como a deflagração de várias medidas foi outorgada à instituição, não poderia a lei deixar de contemplar instrumento que espelhasse canal direto entre o indivíduo e o Ministério Público.

Fê-lo no art. 220, "verbis": "qualquer pessoa poderá e o servidor público deverá provocar a iniciativa do Ministério Público, prestando-lhe informações sobre fatos que constituam objeto de ação civil, e indicando-lhe os elementos de convicção".

Conquanto a norma não rotule esse instrumento de ação do Ministério Público, cuida-se, sem dúvida, de representação, porque, se os fatos a serem informados suscitam ação civil pública, com toda certeza será a hipótese de, por meio desse processo, obter-se providência jurisdicional que vise a restabelecer a legalidade de determinada situação e, assim, culminar-se com a tutela à criança e ao adolescente, como o quer o Estatuto.[15] Não é esta, porém, a única forma de representação dirigida ao Ministério Público, para a tutela dos interesses

---

11. Arts. 5º e 3º.
12. Art. 227, da Const. Federal, basicamente. Acentue-se que, espraiados na Carta, estão outros dispositivos protetivos. O núcleo, porém, está naqueles dispositivos, divididos, aliás, em diversos preceitos.
13. O elenco de atribuições do Ministério Público está no art. 201 do Estatuto.
14. Cf. 201, § 5º, "c".
15. O rótulo para a hipótese é irrelevante. O que importa, de fato, é a presença dos elementos caracterizadores do instituto. Desse modo, embora a lei tenha silenciado sobre o "nomen iuris" dessa provocação, podemos afirmar tratar-se de representação ao Ministério Público.

relativos à criança e ao adolescente. Dispõe o art. 221 do mesmo Estatuto: "se, no exercício de suas funções, os juízes e tribunais tiverem conhecimento de fatos que possam ensejar a propositura de ação civil, remeterão peças ao Ministério Público para as providências cabíveis".

6. ELEMENTOS SUBJETIVO PASSIVO E OBJETIVO

A interpretação conjugada dos dispositivos acima transcritos revela dois pontos de identidade, um de caráter subjetivo, e outro, objetivo.

A identidade sobre o aspecto subjetivo diz respeito ao destinatário da representação. Vale dizer: o agente provocador, ou representante, destinará a informação ao Ministério Público, e, por essa razão, é dele que se há de esperar as providências que se fizerem necessárias para a tutela colimada pela lei. Como o Ministério Público é o agente recebedor da informação, poder-se-á considerar que é ele o elemento subjetivo passivo da relação jurídica criada pela representação.

Sob o ângulo objetivo, as normas referem-se a um tipo especial de informação: fatos que possam ensejar a propositura de ação civil pública, ação para qual, como é sabido, tem legitimação o Ministério Público.[16] Bem assinala Hugo Nigro Mazzilli que o legislador constituinte foi mais corajoso que o legislador anterior, ampliando o âmbito dos direitos suscetíveis de tutela. Entende, com razão, que com a norma constitucional "torna-se claro que o Ministério Público terá ação civil pública na defesa de interesses difusos ou coletivos, bem como na defesa de interesses sociais e individuais indisponíveis".[17]

7. ELEMENTOS SUBJETIVOS ATIVOS

Dimanam, todavia, das normas em foco, três espécies de representação ao Ministério Público, geradas pela existência de elementos subjetivos ativos diferenciados. Permitimo-nos, pois, classificar as representações em três modalidades, a saber: 1ª) representação no exercício de direito fundamental; 2ª) representação no exercício da função administrativa; 3ª) representação no exercício da função jurisdicional.

Embora, repita-se, tenham essas modalidades alguns elementos identificadores, como, aliás, não poderia deixar de ser, apresentam, por outro lado, alguns pontos específicos que as tornam distintas umas das outras.

8. A REPRESENTAÇÃO NO EXERCÍCIO DE DIREITO FUNDAMENTAL

A primeira modalidade de provocação é a da representação no exercício de direito fundamental. O direito fundamental, no caso, admite visível bipolarização. De um lado, o direito de representação, como visto, tem previsão no direito positivo constitucional, como aspecto específico do direito de petição (art. 5º, XXXIV, "a", CF). De outro, o aspecto político do direito, porque, como bem consigna José Afonso da Silva, os direitos fundamentais constituem a expressão mais adequada, porque, "além de referir-se a princípios que resumem a concepção do mundo e informam a ideologia política de cada ordenamento jurídico, é

---

16. A legitimação, como se sabe, tem início na própria Constituição Federal (art. 129, III), e se estende em todas as leis que prevêem esse especial remédio judicial, destacando-se a Lei 7.347, de 24.7.85.
17. *Regime Jurídico do Ministério Público*, 1993, p. 160.

reservada para designar, no nível do direito positivo, aquelas prerrogativas e instituições que ele concretiza em garantias de uma convivência digna, livre e igual de todas as pessoas".[18]

Essa modalidade encontra-se na primeira parte do art. 220 do Estatuto, quando confere a qualquer pessoa o direito de representação ao Ministério Público. Note-se, contudo, que a lei diz "poderá", o que significa dizer que se trata de uma "facultas agendi", pois que, sob o ângulo jurídico, ninguém estaria obrigado a prestar as informações.[19]

9. A REPRESENTAÇÃO NO EXERCÍCIO DA FUNÇÃO ADMINISTRATIVA

A segunda espécie é a representação no exercício da função administrativa, também referida no art. 220 do Estatuto, quando comete ao servidor público a provocação da iniciativa do Ministério Público. Difere da primeira modalidade na circunstância de esta constituir um dever do servidor público, de prestar as informações com vistas à tutela desejada pela lei, ao contrário daquela, em que há, na verdade, uma verdadeira "facultas". Neste caso, há o que Hely Lopes Meirelles bem configurou como poder-dever de agir, explicando que "o poder tem para o agente público o significado de dever para com a comunidade e para com os indivíduos".[20]

Assim como os agentes públicos têm o que a doutrina francesa nomina de "puissance publique",[21] têm, de outro lado, a contraprestação desse poder, que é o dever de agir, adotando sempre as providências que o interesse público reclamar. No caso em foco, esse dever é bem apontado pelo verbo "deverá" , empregado no art. 220 do Estatuto.

Efeito desse dever é que, desrespeitado pelo servidor público, sua omissão se configurará como infração funcional, sujeitando-o às penalidades previstas na lei reguladora da relação jurídica que o liga ao Poder Público.

Lembre-se, por oportuno, aspecto de relevo na análise desse dever funcional. Se o órgão do Ministério Público tiver elementos que comprovem a omissão funcional do servidor, caber-lhe-á fazer a devida comunicação aos órgãos disciplinares aos quais incumba a apuração do fato por ele praticado, de modo que se possa, se for o caso, aplicar a penalidade cabível.

10. A REPRESENTAÇÃO NO EXERCÍCIO DA FUNÇÃO JURISDICIONAL

Por fim, a terceira modalidade de provocação da iniciativa do Ministério Público é a representação no exercício da função jurisdicional, contemplada no art. 221 do Estatuto.

Sabedores juízes e tribunais de fatos que ensejam a ação civil pública para a tutela de interesses da criança e do adolescente, devem remeter as peças pertinentes ao Ministério Público para as providências necessárias.

Essa modalidade de representação assemelha-se à anterior, mas com ela não se confunde por mais de um elemento. Em primeiro lugar, a representação anterior decorre do exercício de função administrativa, ao passo que a presente traduz exercício da função jurisdicional.[22]

18. *Direito Constitucional Positivo*, 1989, p. 159.
19. Registre-se, entretanto, que, no âmbito do círculo da moral, esse dever é inafastável. A própria Constituição fixa como dever da sociedade assegurar os direitos da criança e do adolescente (art. 227).
20. Ob. cit., p. 85. Com rara felicidade, aduz o autor que tal poder-dever é insuscetível de renúncia por seu titular, porque, não fosse assim, estar-se-ia permitindo que o agente fizesse liberalidades com o direito alheio.
21. Georges Vedel reconhece que a soberania do Estado provoca "comme conséquence l'attribution aux organes de l'État de certaines prérrogatives exorbitantes du droit commun" (*Droit Administratif*, 1976, p. 27).
22. Anote-se, porém, que se juízes e tribunais estiverem no desempenho de função administrativa, o dever de comunicação se enquadrará na segunda das espécies que mencionamos, ou seja, no item 9.

Em segundo, há diferença na forma de veiculação da notícia, constitutiva da representação. No exercício da função administrativa, basta ao servidor informar, embora não se lhe impeça de remeter documentos. Na função jurisdicional, todavia, por sua própria peculiaridade, a representação há de ser formalizada através da remessa de peças, e isso porque a "notitia" emanará de elementos constantes de processo judicial.

11. A FORMALIZAÇÃO DA REPRESENTAÇÃO

Cabe, como último aspecto a ser considerado, examinar a questão da formalização da representação no âmbito do Ministério Público.

É princípio conhecido no direito administrativo o da solenidade das formas, inverso ao que ocorre no direito privado. Como adverte Maria Sylvia Di Pietro, "no direito administrativo, o aspecto formal do ato é de muito maior relevância do que no direito privado, já que a obediência à forma (no sentido estrito) e ao procedimento constitui *garantia jurídica* para o administrado e para a própria Administração".[23]

Não há a menor dúvida, portanto, de que, chegada a notícia dos fatos ensejadores da ação civil pública, deve o Ministério Público dar a ela foros de formalização. Entretanto, não se poderá dizer que a informação, seja proveniente do administrado ou do servidor, seja consubstanciada pela remessa de peças vindas de juízes e tribunais, deverá gerar a deflagração de imediato do inquérito civil.

Formar-se-á processo administrativo que contenha a notícia do fato. Mas esse processo representa, na realidade, a consumação do princípio da solenidade das formas, e não tem que ser necessariamente rotulado como inquérito civil. Havendo elementos suficientes para a convicta instauração de inquérito civil, poderá este ser instaurado, mas, de qualquer modo, há de haver a formalização no órgão oficial de protocolização do Ministério Público.

Na verdade, pode ocorrer, em certas circunstâncias, que a notícia primeiramente seja enviada à Procuradoria-Geral de Justiça, para depois ser encaminhada ao órgão ministerial com atribuições para as providências necessárias à proteção menorista. Nesse caso, formar-se-á desde logo o procedimento formal dentro da administração do Ministério Público e, após o encaminhamento ao órgão ministerial com atribuições, poderá ele prosseguir na obtenção de outros elementos de convicção, ou instaurar inquérito civil público. O que se quer dizer é que a chegada da notícia não tem que gerar necessariamente um inquérito civil. Tem, isto sim, que gerar a instauração de processo administrativo que reflita a formalização de todo expediente que se destine à Procuradoria-Geral de Justiça.

É que, como bem destaca Marcello Caetano, "a Administração tem de agir dentro da legalidade, as suas decisões impõem-se na medida em que exprimam a vontade da lei no caso concreto".[24] Sendo assim, a só protocolização do expediente que contenha a notícia gera um processo administrativo. Este, com a subseqüente produção de atos e de atividades, pode vir a gerar a instauração do inquérito civil, procedimento que já se volta à apuração efetiva dos fatos ensejadores da ação civil pública, não somente por revestir-se de seriedade a notícia, como também por conter elementos de maior convencimento para a obtenção da certeza, na qual se fundará a ação judicial.

Justamente por isso é que o art. 223 do Estatuto deixou claro que: "O Ministério Público *poderá* instaurar, sob sua presidência, inquérito civil, ou requisitar, de qualquer

---

23. *Direito Administrativo*, 1993, p. 158.
24. *Princípios Fundamentais de Direito Administrativo*, 1980, p. 511.

pessoa, organismo público ou particular, certidões, informações, exames ou perícias, no prazo que assinalar, o qual não poderá ser inferior a 10 (dez) dias úteis".

O mandamento exprime, com clareza, que uma notícia pode ser mal-veiculada, ou veiculada indevidamente ao Ministério Público, e que, em cada caso, poderá o órgão ministerial competente averiguar se deve dar seguimento por mais alguns passos ao procedimento administrativo, ou se a hipótese é mesmo a de instauração do inquérito civil, já voltado concretamente para o ajuizamento da ação civil pública, e, por via de conseqüência, à defesa dos interesses tutelados pelo Estatuto da Criança e do Adolescente.

DOUTRINA

EDUCAÇÃO. DIREITO E CIDADANIA

Paulo Afonso Garrido de Paula

A educação, como direito e bem fundamental da vida, é um dos atributos da própria cidadania, fazendo parte de sua própria essência.

1. Estado de Direito. Estado Democrático de Direito. 2. Democracia. Democracia Participativa. 3. Fundamentos e objetivos principais da República Federativa do Brasil. 4. Cidadania. 5. Políticas sociais básicas e direito público subjetivo. 6. Educação. Abrangência do direito à educação. Plano nacional de educação: fundamentos e objetivos. 7. Educação e deveres do Estado. Competências: aplicação compulsória de recursos. 8. A criança e o adolescente como sujeitos de direitos. A Constituição da República e o Estatuto da Criança e do Adolescente 9. A escola pública: acesso e permanência. A exclusão do ensino fundamental obrigatório. 10. A escola particular. Condições para funcionamento. Relação de consumo: prestador de serviços e consumidor. Inadimplência dos pais e atos discriminatórios. 11. A responsabilidade da escola na coibição de maus-tratos. 12. Direitos fundamentais do educando. Igualdade de condições para o acesso e permanência na escola; Direito ao respeito; Direito de contestar critérios avaliativos; Direito de organização e participação em entidades estudantis. 13. Direitos fundamentais dos pais em relação à escola. Ciência do processo educativo; Participação na definição das propostas educacionais. 14. Deveres dos pais em relação à educação dos filhos. 15. Palavra final.

1. ESTADO DE DIREITO

Em conseqüência das necessidades humanas brota a noção de interesse, concebido como razão entre o sujeito e o objeto. Objeto do interesse do homem é um bem, podendo ser, "grosso modo", material ou imaterial. Como os bens são finitos, inexistindo em quantidade ou qualidade para satisfazer a todos os interesses humanos, inexoravelmente advêm conflitos. Quando um mesmo homem tem interesse sobre dois ou mais bens, podendo, contudo, adquirir ou usufruir apenas de um deles, fala-se da existência de conflito subjetivo ou individual. Através da renúncia, sacrifício e aceitação, se suas condições possibilitam relacionar-se apenas com um bem, acaba por escolher aquele que, dentro de sua escala de valores, atenda melhor às suas necessidades. Por outro lado, quando duas ou mais pessoas têm interesse sobre o mesmo bem verifica-se a existência de um conflito intersubjetivo ou interpessoal, ou meramente *conflito de interesses*, caracterizado pela unidade de objeto e pluralidade de sujeitos.

Instalando-se o *conflito de interesses* as possíveis soluções podem ter por fulcro a violência ou a civilidade. Força ou racionalidade, emprego das armas ou da razão, subjugação ou composição, constituem-se meios de solução dos conflitos intersubjetivos. A prevalência do interesse de um em relação ao interesse de outrem repousa, em síntese, na capacidade dos sujeitos em utilizarem meios violentos ou pacíficos para a solução dos conflitos.

Qualquer que seja o meio utilizado — violência ou civilidade — as soluções são sempre precárias. Subsistem enquanto perduram as condições de força ou racionalidade. Enfraquecido o adversário, o vencido pode, muito bem, fazer prevalecer, igualmente pela força, aquele seu interesse anteriormente contrariado, da mesma forma que o acordo negociado pode ser rompido a qualquer tempo, bastando que um dos sujeitos reveja sua posição.

A organização social busca, tendo por fulcro a realidade dos conflitos de interesses, encontrar soluções adequadas e definitivas para as controvérsias. Isto se faz através do *Direito*, instrumento pelo qual a sociedade regula os conflitos de interesses, estabelecendo, em cada caso, o interesse que prevalece sobre o outro, bem como criando mecanismos que possam emprestar definitividade às soluções propostas pela lei.

O Direito, portanto, tutela interesses individuais e sociais, protegendo-os com a força da organização social. Estado de Direito, portanto, é aquele em que as soluções dos conflitos obedecem aos primados da lei. É o contraponto do Estado violento e arbitrário.

ESTADO DEMOCRÁTICO DE DIREITO

Não basta, contudo, o primado da legalidade estrita, que as soluções dos conflitos de interesses tenham lastro no Direito. Sendo este, basicamente, o instrumento definidor de qual interesse, em caso de conflito, prevalece sobre o outro, não raras vezes acaba protegendo o poder econômico ou político. Leis podem ser criadas, e muitas o são, com o único propósito de manter privilégios, reforçando a dominação e garantindo a ordem social desigual e injusta. Assim, o Estado baseado no Direito não garante a existência de um Estado de Justiça Social. Para este, é mister que o Direito tenha como origem um processo de criação popular, onde as definições da prevalência de um interesse sobre o outro brotem da livre discussão. Além disso, considerando que a organização social tem na preservação do homem sua finalidade primordial, é imprescindível que esse Direito assegure garantias que permitam a satisfação das necessidades e a atualização das potencialidades humanas. E deve conter também instrumentos controladores do poder, de sorte que a população conduza, de fato, os destinos da Nação. Um Estado baseado nestes pressupostos constitui-se em Estado Democrático de Direito, que, em suma, significa:

a) prevalência da soberania popular no processo de condução dos destinos da Nação;

b) existência de mecanismos que garantam o controle popular do exercício do poder;

c) respeito incondicional às liberdades públicas, especialmente no que concerne aos direitos fundamentais da pessoa humana, garantindo-se, através de meios adequados, a efetivação concreta dos enunciados constitucionais;

d) definição de relações sócio-econômicas que possibilitem a eliminação da opressão, da fome, da miséria, da ignorância, fornecendo condições de exercício da cidadania a toda população.

2. DEMOCRACIA. DEMOCRACIA PARTICIPATIVA

Apontam os estudiosos três requisitos básicos relacionados à existência da democracia, notadamente aquela adjetivada de representativa: a) existência de uma Constituição; b) respeito aos direitos e garantias fundamentais da pessoa humana; c) possibilidade de escolha de representantes para administrar a Nação.

Para a democracia participativa, contudo, não basta a presença destes requisitos; exige-se, também, que *a população participe diretamente da gestão dos negócios públicos*. Assim, a população não se limita ao exercício do direito de voto, podendo e devendo influir, diretamente e nos termos da lei, na administração pública. O poder político, ínsito a cada cidadão, extravasa a mera escolha de representantes, alcançando outras atividades do Estado, de sorte que a definição de prioridades públicas não fique circunscrita somente à esfera de decisão dos eleitos. Tem-se em conta, nesta concepção, o verdadeiro alcance da soberania popular.

3. FUNDAMENTOS E OBJETIVOS PRINCIPAIS DA REPÚBLICA FEDERATIVA DO BRASIL

O artigo 1º da Constituição de 1988 estabelece que a República Federativa do Brasil constitui-se em *Estado Democrático de Direito e tem como fundamentos:*

I — a soberania;

II — a cidadania;

III — a dignidade da pessoa humana;

IV — os valores sociais do trabalho e da livre iniciativa;

V — o pluralismo político.

Programaticamente também adota a democracia representativa e participativa ao estabelecer, no parágrafo único desse mesmo artigo (1º), que *todo o poder emana do povo, que o exerce por meios de representantes eleitos ou diretamente, nos termos desta Constituição.*

Em síntese, do ponto de vista constitucional, afirma-se a existência de um *Estado Democrático de Direito,* onde a soberania popular materializa-se na *democracia representativa e participativa*, tendo por objetivos fundamentais *construir uma sociedade livre, justa e solidária, garantir o desenvolvimento nacional, erradicar a pobreza e a marginalização e reduzir as desigualdades sociais e regionais e promover o bem de todos, sem preconceitos de origem, raça, sexo, cor, idade e quaisquer outras formas de discriminação* (CF, art. 3º).

4. CIDADANIA

Podemos entender por cidadania a efetivação dos direitos civis, econômicos e sociais que pertinem a cada pessoa humana.

A cidadania não se verifica pela mera possibilidade de exercício de tais direitos; reclama atendimento aos interesses protegidos pela lei, porquanto, como direitos fundamentais, são essenciais para o desenvolvimento da pessoa humana e manutenção da própria dignidade.

Desta forma, entende-se que tem caráter universal, abrangendo a totalidade das pessoas, o que, obviamente, conflita com aquelas organizações sociais onde as necessidades de poucos, inclusive não essenciais, são supridas pelo sacrifício dos interesses fundamentais de muitos.

Em suma, considerar cidadão aquele que pode exercer o direito de votar e de ser votado é muito pouco, pois somente o é aquele que participa da divisão da riqueza da cidade, da Nação, podendo atender às suas necessidades básicas e vitais, sem as quais não vive, não se desenvolve e nem atualiza suas potencialidades.

5. POLÍTICAS SOCIAIS BÁSICAS E DIREITO PÚBLICO SUBJETIVO

Para o atendimento de determinadas necessidades individuais, como educação, saúde, alimentação, habitação, transporte, lazer etc., o Estado, concebido como nação politicamente organizada para o atendimento de seus objetivos primordiais, é responsável pela definição de políticas sociais básicas, implementando ações e serviços coletivos que resultem em benefícios concretos para a população.

Direito de todos e dever do Estado constitui-se em expressão designativa de direito social a que correspondem obrigações do Poder Público, materializadas em ações governamentais previamente definidas e priorizadas, reunidas em um conjunto integrado pela busca da mesma finalidade.

Se o *dever do Estado* conduz à definição de políticas sociais básicas, o *direito de todos* leva à existência de direito público subjetivo, exercitável, portanto, contra o Poder Público. Assim, reconhece-se que o interesse tutelado pelo direito social tem *força subordinante*, isto é, subordina o Estado ao atendimento das necessidades humanas protegidas pela lei.

Atender ao direito social protegido pela lei significa cumprir, qualitativa e quantitativamente, as obrigações que dele decorrem, produzindo ações e serviços que satisfaçam os titulares daquele direito. Existindo oferta irregular dessas ações e serviços por parte do Estado, a força subordinante do direito social violado conduz à necessidade de prestação jurisdicional, de modo que a ordem social violada pelo Poder Público, notadamente através de seu Poder Executivo, possa ser restaurada pelo Poder Judiciário.

Assim, deflui do direito público subjetivo força subordinante em relação ao Estado, não só no que diz respeito ao cumprimento voluntário das obrigações, mas também na garantia de acesso ao Judiciário para o suprimento coercitivo das omissões governamentais.

6. EDUCAÇÃO. ABRANGÊNCIA DO DIREITO À EDUCAÇÃO. PLANO NACIONAL DE EDUCAÇÃO: FUNDAMENTOS E OBJETIVOS

A Constituição Federal, em seu artigo 6º, estabelece que *são direitos sociais a educação, a saúde, o trabalho, o lazer, a segurança, a previdência social, a proteção à maternidade e à infância, a assistência aos desamparados, na forma desta Constituição.*

Ao se referir à educação de forma específica o legislador constituinte insculpiu, no artigo 205 da Lei Maior, a regra consoante a qual *a educação, direito de todos e dever do Estado e da família, será promovida e incentivada com a colaboração da sociedade, visando ao pleno desenvolvimento da pessoa, seu preparo para o exercício da cidadania e sua qualificação para o trabalho.*

Juridicamente podemos conceber a Educação como um direito social público subjetivo. Deve ser materializado através de política social básica, porquanto indiscutivelmente relacionado à *cidadania* e à *dignidade da pessoa humana*, dois dos fundamentos constitucionais da República Federativa do Brasil (CF, art. 1º), bem como é pertinente aos objetivos primordiais e permanentes do Estado brasileiro (CF, art. 3º), notadamente o referente à erradicação da marginalidade.

Educação, em sentido amplo, abrange o atendimento em creches e pré-escolas às crianças de zero a seis anos de idade, o ensino fundamental, inclusive àqueles que a ele não tiveram acesso na idade própria, o ensino médio e o ensino em seus níveis mais elevados, inclusive aqueles relacionados à pesquisa e à educação artística. Contempla, ainda, o atendimento educacional especializado aos portadores de deficiência, prestado, preferencialmente, na rede regular de ensino.

Considerando o objeto formal da educação, prescreve a Constituição Federal a obrigatoriedade da lei ordinária instituir *Plano Nacional de Educação*, estabelecendo previamente seus objetivos, ou seja, priorizando metas que devem necessariamente constar quando da definição desta política social básica. Assim, as ações do Poder Público devem conduzir à erradicação do analfabetismo, à universalização do atendimento escolar, à melhoria da qualidade do ensino, à formação para o trabalho e à promoção humanística, científica e tecnológica do País (cf. CF, art. 214).

Assim, constata-se que a própria Constituição Federal estabeleceu balizas para o estabelecimento da política de educação a ser implantada no Brasil, priorizando ações que considera essenciais para o desenvolvimento das pessoas e do País.

Em outras palavras, considerando a relação entre *Educação* e os fundamentos e objetivos do Estado, seu conteúdo formal e as ações consideradas essenciais, podemos concebê-la, notadamente para as classes populares, como *instrumento de transposição da marginalidade para a cidadania*.

Retomando conceito inicial — efetivação dos direitos civis, sociais e políticos — a *Educação* é muito mais do que *o preparo para o exercício da cidadania*, como menciona a Constituição Federal (art. 205), na medida em que *a saída da marginalidade pressupõe a aquisição de conhecimento que possibilite condições para a superação das adversidades decorrentes da falta de cumprimento das obrigações ínsitas aos demais direitos fundamentais*.

A *Educação*, como direito e bem fundamental da vida, é um dos atributos da própria cidadania, fazendo parte de sua própria essência.

7. EDUCAÇÃO E DEVERES DO ESTADO. COMPETÊNCIAS: APLICAÇÃO COMPULSÓRIA DE RECURSOS

A educação, como dever do Estado, importa desenvolvimento de ações governamentais que conduzam ao atendimento das pessoas na creche e pré-escola, no ensino fundamental, no ensino médio e superior, além do atendimento educacional especializado às pessoas portadoras de deficiência. Além disso, consoante consignado no artigo 208 da Constituição Federal, o Estado, aqui e na Lei Maior utilizado como designativo de Poder Público, deve promover a progressiva extensão da obrigatoriedade e gratuidade ao ensino médio, ofertar ensino noturno regular e atender ao educando, no ensino fundamental, através de programas suplementares e de material didático-escolar, transporte, alimentação e assistência à saúde.

O acesso gratuito, contudo, somente encontra-se assegurado ao ensino fundamental (CF, art. 208, § 1º). Nos demais níveis contentou-se o legislador constituinte em garantir a gratuidade em estabelecimentos oficiais (art. 205, inciso IV), ou seja, não ficou obrigado a garantir o acesso de todos ao ensino médio e superior.

Isto não significa que o Estado só tenha obrigações relacionadas ao ensino fundamental. Quis o legislador apenas excluir dos demais níveis de ensino a obrigatoriedade e garantia de acesso, ficando, contudo, responsável pelo implemento de tudo aquilo que se encontra elencado no art. 208 da Constituição Federal.

Prevê a Constituição Federal uma espécie de *sistema integrado de ensino público* (art. 211), ficando a União responsável pela organização e financiamento do sistema federal de ensino, bem como pela prestação de assistência técnica e financeira aos Estados, Distrito Federal e Municípios, sendo que estes devem atuar prioritariamente no ensino fundamental.

Quanto aos recursos relacionados à manutenção deste sistema estabeleceu a Constituição Federal a obrigatoriedade de aplicação de parte da receita resultante de impostos, estabelecendo para a União limite mínimo de dezoito e para os Estados, Distrito Federal e Municípios percentual nunca inferior a vinte e cinco por cento (art. 212).

Além desses deveres do Estado, relacionados ao ensino público, tem a obrigação, pois o ensino é livre à iniciativa privada, de estabelecer e fiscalizar o cumprimento de normas gerais da educação nacional, bem como autorizar o funcionamento de instituições privadas e avaliar sua qualidade (CF, art. 209).

8. A CRIANÇA E O ADOLESCENTE COMO SUJEITOS DE DIREITOS. A CONSTITUIÇÃO DA REPÚBLICA E O ESTATUTO DA CRIANÇA E DO ADOLESCENTE

Convém, neste momento, tecer algumas considerações a respeito dos direitos da criança e do adolescente, porquanto representam a principal clientela do sistema educacional.

Crianças e adolescentes, não só do ponto de vista jurídico, sempre foram vistos como meros objetos de intervenção do mundo adulto, seja ele representado pela Família, pela Sociedade e pelo Estado. Não se lhes reconheciam direitos próprios, exercitáveis contra aqueles que negassem subordinação aos seus interesses.

No máximo, juridicamente, eram tidos como *pequenos adultos*, podendo exercitar, via representação ou assistência dos pais ou responsável legal, alguns direitos, comuns a toda e qualquer pessoa, como, por exemplo, o direito de propriedade.

Não se considerava, ainda, que crianças e adolescentes estão na condição peculiar de pessoas em processo de desenvolvimento e, via de conseqüência, têm interesses especiais, decorrentes da própria infância e adolescência, e que tais interesses, pela sua importância, merecem contar com proteção jurídica.

O Brasil, com o advento da Constituição Federal de 1988, rompeu com esta tradição jurídica, e, em seu artigo 227, filiou-se à idéia de que crianças e adolescentes são sujeitos de direitos, podendo exercitá-los frente à família, à sociedade e ao Estado.

Assim, consignou neste artigo que *é dever da família, da sociedade e do Estado assegurar à criança e ao adolescente, com absoluta prioridade, o direito à vida, à saúde, à alimentação, à educação, ao lazer, à profissionalização, à cultura, à dignidade, ao respeito, à liberdade e à convivência familiar e comunitária, além de colocá-los a salvo de toda forma de negligência, discriminação, exploração, violência, crueldade e opressão.*

Considerando a posição assumida pelo legislador constituinte, foi necessária a substituição do Código de Menores por um diploma legal que regulamentasse aqueles direitos fundamentais, disciplinando as relações jurídicas estabelecidas entre crianças e adolescentes e família, crianças e adolescentes e sociedade e crianças e adolescentes e Estado.

Surgiu, então, o Estatuto da Criança e do Adolescente, instituído pela Lei Federal 8.069, de 13 de junho de 1990.

O processo do qual resultou a inserção de dispositivos relacionados a crianças e adolescentes na Constituição Federal, bem como o advento do Estatuto da Criança e do Adolescente, nasce, desenvolve-se e atinge sua finalidade notadamente através da mobilização popular, através de organizações representativas da sociedade civil, e da participação de pessoas ligadas a instituições públicas e privadas que, somadas, levaram avante a idéia de transformação legislativa.

Tal lembrança é necessária de sorte a frisar que as transformações sociais, em regra, resultam do poder popular organizado, representando conquistas advindas dos embates, das lutas, da perseverança.

Por outro lado, anote-se que nenhuma lei, por melhor que seja, pode substituir o substrato econômico e social que falta à maioria da população brasileira. Contudo, a lei pode ser concebida, levando-se em conta os interesses de seus destinatários, como um instrumento de transformação social, como garantia de possibilidades, de sorte que a ação transformadora possa nela buscar respaldo.

Ainda em caráter genérico é mister consignar que criança e adolescente, nos termos do ECA, são locuções com conteúdo certo. Assim, a expressão criança é reservada para a designação de pessoas de até 12 anos incompletos, enquanto que adolescente refere-se à pessoa entre 12 e 18 anos de idade (ECA, art. 2º).

Também anote-se que o Estatuto não regulamenta todas as relações entre crianças e adolescentes e família, sociedade e Estado; apenas disciplina as questões fundamentais, não substituindo as legislações especiais, como, por exemplo, a CLT (relações de trabalho de adolescentes).

Deste modo, no que concerne ao *Direito à educação*, o Estatuto da Criança e do Adolescente apenas disciplina seus aspectos principais, não substituindo, e nem poderia fazê-lo, a Lei de Diretrizes e Bases da Educação Nacional (LDB). O ECA, em resumo, apenas protege juridicamente interesses de crianças e adolescentes considerados *fundamentais* em relação à educação, estabelecendo normas de caráter geral.

9. A ESCOLA PÚBLICA: ACESSO E PERMANÊNCIA. A EXCLUSÃO DO ENSINO FUNDAMENTAL OBRIGATÓRIO

Como anteriormente consignado, o legislador constituinte adotou como princípio a coexistência de instituições públicas e privadas de ensino (art. 206, inciso III, segunda parte).

Quanto à escola pública, ou seja, aquela instituída e mantida pelo Poder Público, preocupou-se o legislador notamente com o ensino fundamental, compreendendo a 1ª até a 8ª série da educação básica, inicial.

Declarou a gratuidade e obrigatoriedade do ensino fundamental, garantindo o acesso à escola pública a toda e qualquer pessoa. Expressamente consignou que este acesso constitui direito público subjetivo (CF, art. 208, § 1º), possibilitando sua exigência, em juízo ou fora dele.

Em resumo, isto significa cobrança de vagas em número suficiente para atender à demanda, bem como necessidade de oferta, pelo Poder Público, capaz de atender a todos aqueles dependentes do ensino fundamental. Não se trata de ação de assistência social, prestada somente àquele que dela necessitar, ou seja, motivada pela carência; *o acesso ao ensino fundamental público e, portanto, gratuito é direito de todos e independe da capacidade econômica de seu titular.*

Visando imprimir concretude ao direito de acesso ao ensino fundamental público o legislador constituinte prescreveu o atendimento, através de programas suplementares, de material didático-escolar, transporte, alimentação e assistência à saúde (art. 208, inciso VII).

Tais obrigações, reiteradas no artigo 53, inciso VII, do Estatuto da Criança e do Adolescente, bem como o próprio direito de acesso encontram na *ação civil pública* um poderoso instrumento de coerção do Poder Público, quando omisso ou negligente. Verifica-se pela leitura do artigo 208 do ECA a possibilidade de ingresso de ações judiciais de responsabilidade em razão do não-oferecimento ou oferta irregular do ensino obrigatório ou de programas suplementares de oferta de material didático-escolar, transporte e assistência à saúde do educando em ensino fundamental (incisos I e V). A lei, portanto, permite que os interessados ingressem em juízo, pugnando do Poder Judiciário providência asseguradora de seus direitos relacionados ao ensino fundamental, de sorte que tenham eficácia, ou seja, materializem-se em resultados do cotidiano.

A lei não se limita a garantir o acesso ao ensino público e estabelecer mecanismo visando compelir o Poder Público ao cumprimento de suas obrigações. Prevê também uma forma de controle externo da *manutenção* do educando no ensino fundamental, de modo a contribuir para que a própria escola não motive a exclusão. Assim, estabelece como dever dos dirigentes de ensino fundamental, seja de escola pública ou particular, comunicar ao Conselho Tutelar do Município e, na sua falta, à autoridade judiciária os casos de reiteração de faltas injustificadas e de evasão escolar, esgotados os recursos escolares, bem como a ocorrência de elevados níveis de repetência (ECA, art. 56, incisos II e III).

Tal comunicação, de caráter obrigatório, tem por fito inserir a comunidade, interessada socialmente na escolaridade de seus integrantes e representada pelo Conselho Tutelar, na discussão dos casos de evasão escolar. O Conselho pode acionar mecanismos possibilitadores do retorno dos excluídos, inclusive, se for e conforme o caso, acionando o Ministério Público e o Judiciário para as providências que lhes competem.

Estas providências podem ser de várias ordens. A título de exemplificação e tendo como fonte experiências concretas, a evasão escolar pode ter como causa principal a falta de recursos locais que garantam o transporte de crianças e adolescentes, razão pela qual, se implementado ou reimplantado o serviço, os excluídos poderiam voltar à escola. Continuando com a exemplificação, a exclusão poderia ter como motivo punições disciplinares injustificadas, podendo, através de ação própria, ser revistas pelo Judiciário. Considere-se, ainda, que como os pais ou responsável têm não só a obrigação de matricular seus filhos ou pupilos na rede regular de ensino (ECA, art. 55), mas também devem zelar pela freqüência à escola, podem também ser responsabilizados, inclusive criminalmente, pelas suas omissões injustificadas. Assim, a comunicação obrigatória tem por objeto possibilitar intervenção de órgão externo na tentativa de reinserção dos excluídos da rede escolar.

Anote-se que a própria lei ressalva prévio esgotamento dos recursos escolares. *Isto significa que a escola é a primeira e primordial responsável pela reinserção dos excluídos.* Deve encetar todas as iniciativas tendentes a possibilitar o retorno e freqüência às aulas, observando-se, neste sentido, que *o Poder Público estimulará pesquisas, experiências e novas propostas relativas a calendário, seriação, currículo, metodologia, didática e avaliação com vistas à inserção de crianças e adolescentes excluídos do ensino fundamental obrigatório* (ECA, art. 57).

Cabe, aqui, uma pergunta: como a lei, constitucional e ordinária, garante o acesso e permanência no ensino obrigatório, é legal punição disciplinar consistente na expulsão? Entendemos que não. Isto porque a via administrativa não pode coartar o exercício de direito, notadamente em se tratando de direito fundamental da criança ou adolescente, previsto na própria Constituição Federal.

Evidentemente que isto não faz da escola refém do mau aluno, que tenham professores e diretores de submeterem-se aos caprichos, omissões e até aos atos infracionais de seus educandos. Contudo, a expulsão, notadamente naquelas localidades onde exista apenas uma única escola, redundará na exclusão do educando do ensino fundamental, impedindo o regular exercício de um direito. Outras formas disciplinares devem ser encontradas no sentido de garantir a disciplina escolar, sem que impliquem em obstáculo ao acesso e permanência do educando no ensino fundamental.

10. A ESCOLA PARTICULAR. CONDIÇÕES PARA FUNCIONAMENTO. RELAÇÃO DE CONSUMO: PRESTADOR DE SERVIÇOS E CONSUMIDOR. INADIMPLÊNCIA DOS PAIS E ATOS DISCRIMINATÓRIOS

É evidente que a escola particular presta um serviço público. Desta forma, porquanto a educação é primordialmente um dever do Estado, estabelece a Constituição Federal *condições gerais* para que o ensino possa ser ministrado via iniciativa privada (art. 209).

Entre as condições exigidas constitucionalmente, destaca-se a autorização para funcionamento, que se encontra condicionada ao cumprimento das normas gerais da educação nacional, previstas em lei (Constituição Federal, ECA, LDB etc.) e portarias da autoridade administrativa competente (Ministério, Conselhos e Secretarias de Educação). Além disso, fica o Poder Público com a obrigação fiscalizatória, entendida como avaliação do controle de qualidade de ensino ministrado pelo escola particular.

A escola particular não deixa de ser uma prestadora de serviços. Serviço, na definição inserta no Código de Defesa do Consumidor (Lei 8.078, de 11 de setembro de 1990), é qualquer atividade fornecida ao mercado de consumo, mediante remuneração. Assim, entre o contratante do serviço (aluno ou pais ou responsável) e a escola particular estabelece-se uma relação de consumo, figurando de um lado o consumidor e, de outro, o fornecedor de serviços.

Isto, contudo, não desnatura o caráter público da educação. A existência de uma relação de consumo, de natureza patrimonial, não elide obrigações sociais decorrentes de direitos fundamentais da criança e do adolescente que, obviamente, escapam da esfera eminentemente negocial. Assim, por exemplo, a inadimplência dos pais não autoriza, por parte da escola, qualquer forma de retaliação à criança e ao adolescente que possa violar ou ameaçar seus direitos básicos. Isto porque tais direitos decorrem não de um contrato, mas, essencialmente, da própria condição peculiar de pessoas em processo de desenvolvimento e do caráter público da educação.

Desta forma, as pendências patrimoniais entre os contratantes, via de regra pais e a escola particular, devem ser resolvidas entre as partes maiores e capazes, em juízo ou fora dele, afastada qualquer prática que possa redundar em prejuízo pessoal para o aluno.

Inconcebíveis, a nosso ver, atos discriminatórios em razão da inadimplência dos pais (suspensão, proibição de provas etc.), retenção de documentos ou recusa em fornecê-los, mesmo porque é dever de todos colocar crianças e adolescentes *a salvo de toda forma de negligência, discriminação, exploração, violência, crueldade e opressão* (CF, art. 227, "in fine").

A conduta daquele dirigente de escola particular que, em razão de pendência com os pais, submete criança ou adolescente a vexame ou a constrangimento é incriminada com pena de detenção de seis meses a dois anos (ECA, art. 232). A nosso ver, estaria este crime configurado quando criança ou adolescente, filho de pai inadimplente, tivesse sua situação, na sua presença e de outros alunos, tornada pública, de forma ultrajante, pelo funcionário ou dirigente escolar.

Como consignado anteriormente, a pendência entre os contratantes deve ser solucionada pelos meios legais, protegendo-se a criança ou adolescente de qualquer ato que importe violação do direito ao respeito.

11. A RESPONSABILIDADE DA ESCOLA NA COIBIÇÃO DE MAUS-TRATOS

A Constituição Federal de 1988 preocupou-se com um problema fundamental, infelizmente comum a todos os Países, classe econômica, nível cultural etc., ou seja, a violência dentro da própria família. Expressamente consignou no artigo 226, § 8º, que *o Estado assegurará a assistência à família na pessoa de cada um dos que a integram, criando mecanismos para coibir a violência no âmbito de suas relações*. Em síntese, abandonou a concepção maniqueísta de que a família representa sempre a harmonia, a paz, a segurança, e que o mundo externo somente encerra perigo e desordem, reconhecendo que na família podem desenvolver-se relações violentas, notadamente incidindo sobre os mais fragilizados.

Ante o imperativo constitucional que determina a necessidade de criação de mecanismos visando a coibição da violência no âmbito das relações familiares, o Estatuto da Criança e do Adolescente previu a possibilidade de aplicação de uma série de medidas aos pais ou responsável (art. 129), desde tratamento, orientação etc. até a suspensão ou destituição do pátrio poder. Além disso, inovou ao consignar que, *verificada a hipótese de maus-tratos, opressão ou abuso sexual impostos pelo pai ou responsável, a autoridade judiciária poderá determinar, como medida cautelar, o afastamento do agressor da moradia comum* (art. 130).

A violência dos pais ou responsável contra os filhos ou pupilos também pode configurar *crimes* previstos no Código Penal, como por exemplo maus-tratos e lesões corporais, anotando-se que o ECA acrescentou outros, como a submissão da criança ou adolescente a vexame ou constrangimento (art. 232) e a tortura (art. 233).

Para que as providências civis ou criminais, conforme o caso, possam ser adotadas, o ECA, considerando que não raras vezes a violência familiar é percebida na *escola*, estabeleceu, no artigo 56, inciso I, a obrigação dos dirigentes de estabelecimentos de ensino de comunicar ao Conselho Tutelar ou, na sua falta, ao Juiz da Infância e da Juventude, os casos de maus-tratos envolvendo seus alunos.

Verificados indícios de que a criança ou adolescente tem sido vítima de violência, valendo ressaltar que os artigos 13 e 245 do ECA contentam-se com suspeita, a comunicação obrigatória se faz necessária para que a intervenção da autoridade faça cessar a agressão.

Convém ressaltar que a omissão do professor ou responsável por estabelecimento de ensino fundamental, creche ou pré-escola, em comunicar à autoridade competente os casos de que tenha conhecimento, envolvendo suspeita ou confirmação de maus-tratos, configura *infração administrativa*, punida com multa de três a vinte salários de referência, que se aplica em dobro quando da reincidência (art. 245).

12. DIREITOS FUNDAMENTAIS DO EDUCANDO

IGUALDADE DE CONDIÇÕES PARA O ACESSO E PERMANÊNCIA NA ESCOLA

Tal direito, previsto na Constituição Federal (art. 206, inciso I) e no ECA (art. 56, inciso I), deflui do artigos 5º e 227, "caput", da Lei Maior, que, em razão do princípio da isonomia, vedam distinção de qualquer natureza e obrigam, a nós todos, colocar crianças e adolescentes a salvo de toda forma de discriminação.

Desta forma, ainda que se trate de escola particular, vedados estão os privilégios para uns e obstáculos para outros, de vez que as regras de acesso devem ser comuns a toda e qualquer criança ou adolescente, tendo como critério básico a igualdade de condições.

DIREITO AO RESPEITO

O Estatuto da Criança e do Adolescente, em seu artigo 53, inciso II, assegura o direito do aluno de ser respeitado por seus educadores. Isto decorre do direito ao respeito, mencionado no artigo 227 da Constituição Federal e definido no artigo 17 do Estatuto da Criança e do Adolescente.

A incolumidade física da criança ou adolescente não pode, de forma alguma, sofrer qualquer agressão. Abolidos estão da escola os castigos físicos, desde a moderna *palmada pedagógica* até a antiga *palmatória*.

Por outro lado, a integridade psíquica e moral, que abrange a preservação da imagem, da identidade, da autonomia, dos valores, idéias e crenças, dos espaços e objetos pessoais, constitui-se em patrimônio individual inviolável, próprio de cada pessoa, inclusive crianças e adolescentes. Aquele que desrespeitar em público o aluno, submetendo-o a vexame ou constrangimento, fica sujeito a pena de detenção de seis meses a dois anos, porquanto sua conduta é considerada criminosa (ECA, art. 231).

Esclareça-se que o aluno também deve respeito aos diretores, professores e funcionários da escola. A conduta desrespeitosa poderá, até, configurar ato infracional que, consoante definição do ECA, corresponde a qualquer crime ou contravenção penal, como, por exemplo, injúria.

DIREITO DE CONTESTAR CRITÉRIOS AVALIATIVOS

Prescreve o artigo 53, inciso III, do ECA que o aluno tem direito de contestar critérios avaliativos, podendo recorrer a instâncias escolares superiores.

A avaliação, notadamente sob a forma de nota, crédito ou conceito, deve ter por principais fundamentos critérios objetivos, de sorte a afastar a possibilidade de prepotência e até mesmo perseguição, pois somente encontram terreno fértil na aferição subjetiva.

A contestação de critério avaliativo não pode ser confundida com indisciplina ou insubordinação, não só pelo fato de hoje constituir direito exercitável em face do professor e da escola, como também em razão da necessidade de democratização do ensino, onde a onipotência e autoritarismo do mestre são substituídos pela concepção de que é um instrumento de socialização do saber, indispensável à própria construção da cidadania.

DIREITO DE ORGANIZAÇÃO E PARTICIPAÇÃO EM ENTIDADES ESTUDANTIS

Este direito (ECA, art. 53, inciso IV) decorre da garantia constitucional da plena liberdade de associação para fins lícitos (art. 5º, inciso XVII).

A entidade estudantil, para sua criação, independe de autorização da escola, vedada qualquer interferência no seu funcionamento. Sequer o Poder Público pode intervir (CF, art. 5º, inciso XVIII). Somente pode ser compulsoriamente dissolvida ou ter suas atividades suspensas por decisão judicial, sendo que no primeiro caso exige-se trânsito em julgado, ou seja, decisão judicial irrecorrível (CF, art. 5º, inciso XIX).

13. DIREITOS FUNDAMENTAIS DOS PAIS EM RELAÇÃO À ESCOLA

CIÊNCIA DO PROCESSO EDUCATIVO

O Estatuto da Criança e do Adolescente consignou que os pais ou responsável têm a obrigação de matricular seus filhos ou pupilos na rede regular de ensino (art. 55), incumbindo-lhes o dever de educação dos filhos menores (art. 22), importando a omissão até em causa de destituição do pátrio poder (art. 24), sem prejuízo de eventual responsabilidade penal em razão do crime de abandono intelectual (CP, art. 246). Isto decorre do fato de que a educação é um dever não só do Estado mas também da família (CF, art. 205).

Visando o cumprimento dessas obrigações, mesmo porque, nos termos do Código Civil, um dos atributos do pátrio poder consiste na incumbência dos pais em dirigir a criação e educação dos filhos menores (art. 384, inciso I), prevê o Estatuto da Criança e do Adolescente o direito de conhecer o processo educativo adotado pela escola (art. 53, parágrafo único), de sorte que os pais possam avaliá-lo à luz de seus princípios e expectativas quanto à formação integral dos filhos.

PARTICIPAÇÃO NA DEFINIÇÃO DAS PROPOSTAS EDUCACIONAIS

Têm os pais, também, o direito de participar da definição das propostas educacionais, influenciando para que o ensino ministrado sirva aos seus filhos como instrumento de atualização de potencialidades e seja adequado às condições peculiares das famílias. Neste último aspecto, convém destacar que se *o Poder Público estimulará pesquisas, experiências e novas propostas relativas a calendário, seriação, currículo, metodologia, didática e avaliação com vistas à inserção de crianças e adolescentes excluídos do ensino fundamental obrigatório* (ECA, art. 57), obviamente deverá levar em conta as necessidades dos destinatários principais da atividade, expostas pelos próprios interessados.

14. DEVERES DOS PAIS EM RELAÇÃO À EDUCAÇÃO DOS FILHOS

*A educação, direito de todos e **dever do Estado e da família*** (CF, art. 205), reclama atenção especial dos pais, pois estes têm o dever de *assistir, criar e **educar** os filhos menores* (CF, art. 229).

Tais normas constitucionais encontram no Código Civil e no Estatuto da Criança e do Adolescente outras disposições, valendo lembrar que aos pais, enquanto titulares do pátrio poder, compete-lhes, quanto à pessoa dos filhos, *dirigir-lhes a criação e **educação*** (CC, art. 384, inciso I), afirmando o ECA que aos mesmos *incumbe o dever de sustento, guarda e **educação** dos filhos menores* (art. 22).

Dever dos pais, qualquer que seja o estado civil dos mesmos, servindo a norma insculpida no artigo 231, inciso IV, do Código Civil, relacionada às obrigações dos cônjuges, apenas como referência a possibilitar sanção decorrente da falta de cumprimento de um dos deveres fundamentais do casamento do qual resulte prole.

Criar é também educar, de sorte que o primeiro seria um dever genérico do qual o segundo seria uma de suas espécies. Educar, por outro lado, em sentido amplo, no propósito de transmitir e possibilitar conhecimentos, despertando valores e habilitando o filho para enfrentar os desafios do cotidiano. A educação, neste sentido, viabilizaria o desenvolvimento mental, moral, espiritual e social da criança e do adolescente.

Este ofertar de um processo educativo, dever dos pais, encontra limite nas condições de seu oferecimento, que devem se pautar pelo respeito à liberdade e dignidade da criança e do adolescente (ECA, art. 3º, parte final). Tal observação se faz necessária porque, se educar também é corrigir, de modo que o erro seja afastado, a correção ínsita ao direito-dever de educação não pode ir ao ponto de violar outros direitos fundamentais, como a integridade física ou a saúde do filho, encontrando balizas nos delitos de maus-tratos, lesões corporais etc.

No que concerne à escolaridade, o principal dever consiste em *matricular os filhos na rede regular de ensino* (ECA, art. 55), valendo lembrar que constitui crime de abandono intelectual, punido com detenção de 15 dias a um mês, ou multa, *deixar, sem justa causa, de prover a instrução primária de filho em idade escolar* (CP, art. 246). Excluem a ilicitude da conduta situações reveladoras de miséria, pobreza, graves dificuldades financeiras, falta de vagas em estabelecimentos públicos etc., porquanto, como é óbvio, não houve omissão dolosa.

Deflui do artigo 129, inciso V, do ECA que os pais, além da matrícula, têm o dever de *acompanhar a freqüência e o aproveitamento escolar do filho*. O mero colocar na escola não elide a obrigação dos pais, reclamando a lei atuação no sentido de garantir a permanência, bem como no de observar e participar da evolução escolar da criança ou adolescente, avaliando seus progressos individuais e estimulando-os para que o estudo seja-lhes rendoso.

Evidente que as condições dos pais devam ser consideradas, porquanto ninguém é obrigado a dar o que não possui, de modo que eventuais omissões sejam aferidas à luz do caso concreto. A atribuição de desídia deve ser ponderada como negligência inescusável, descaso para o qual inexiste qualquer desculpa.

Por fim, é de assinalar que o descumprimento indesculpável dos deveres relacionados à educação dos filhos faz incidir as medidas previstas no artigo 129 do Estatuto da Criança e do Adolescente, sendo a mais grave a destituição do pátrio poder.

15. PALAVRA FINAL

Garantidas a vida e a saúde de uma pessoa, a educação representa o bem mais valioso da existência humana, porquanto confere a possibilidade de influir para que os demais direitos se materializem e prevaleçam. Somente reivindica aquele que conhece, que tem informação, saber, instrução, e, portanto, cria e domina meios capazes de levar transformações à sua própria vida e história. Se a ignorância é a principal arma dos exploradores, a educação é o instrumento para a transposição da marginalidade para a cidadania, única medida do desenvolvimento de um povo.

Inexiste algo mais nobre do que socializar o conhecimento, de vez que aquele que ensina aprende o real sentido do saber, e aquele que aprende ensina o verdadeiro propósito de educar.

JURISPRUDÊNCIA

CONSELHO TUTELAR — REQUISITOS DE CONSELHEIRO

São fixados, exaustiva e taxativamente, pelo art. 133 do ECA, sendo defeso, ao Município, aditar-lhe outros pressupostos, por falecer-lhe competência, mesmo concorrente ou suplementar. Mesmo que tivesse tal competência, tais requisitos aditivos ou complementares deveriam ser criados por lei, jamais por resolução de um órgão administrativo, que não recebeu poderes, nem delegação para tal.

Apelação Cível 593.026.396; 7ª Câmara Cível; Bento Gonçalves; apelante: R.D.M.; apelado: Presidente do Conselho Municipal dos Direitos da Criança e do Adolescente.

ACÓRDÃO

Vistos, relatados e discutidos os autos. Acordam, à unanimidade, em 7ª Câmara Cível do Tribunal de Justiça, prover a apelação, nos termos dos votos a seguir transcritos. Custas na forma da lei.

Participaram do julgamento, além do signatário, os Exmos. Srs. Des. Alceu Binato de Moraes e Paulo Heerdt.

Porto Alegre, 1º de dezembro de 1993.

Waldemar L. de Freitas Filho, presidente e relator.

RELATÓRIO

Des. Waldemar L. de Freitas Filho

R.D.M. impetrou mandado de segurança contra ato do Presidente do Conselho Municipal dos Direitos da Criança e do Adolescente (COMDICA) da cidade de Bento Gonçalves, em virtude de esse colegiado não haver homologado a sua inscrição como candidata a membro do Conselho Tutelar.

Salientando que a Câmara de Vereadores apenas atestou a idoneidade moral da impetrante, aduz que preencheu todos os requisitos exigidos no ato da inscrição, bem como os dispostos no art. 133 do ECA e art. 21 da Lei Municipal 1.855/90 (lei juntada às fls. 38/46).

Assim, tendo em vista que a exigência da indicação do candidato por uma entidade representada na COMDICA é arbitrária e abusiva, postula a concessão de liminar, a fim de determinar a homologação de sua candidatura e, a final, a procedência do "mandamus".

A liminar foi deferida (fl. 27v.), sendo que a impetrante disputou o pleito e foi eleita. Prestou informações a autoridade coatora (fls. 30/36), alegando que os preceitos do ECA, com as alterações instituídas pela Lei 8.242/91, determinam que a realização de eleições para a escolha dos membros tutelares seja sob a responsabilidade do Conselho Municipal dos Direitos da Criança e do Adolescente. Por sua vez, a Lei Municipal 1.855/90, em seu art. 18, estabelece que a instalação do Conselho Tutelar se faria nos termos das resoluções expedidas pelo referido Conselho. Assim, a Resolução n. 1 do COMDICA, além dos três requisitos mínimos exigidos pelo ECA para candidatura a membro do Conselho Tutelar, estabeleceu mais dois: 2º grau completo e a indicação do candidato por meio de uma entidade filiada ao Conselho Municipal.

Sustenta a possibilidade de ampliação dos requisitos mínimos estabelecidos pelo ECA, citando comentários ao Estatuto, e ponderando que a apresentação por entidades representadas no COMDICA não é discriminatória nem impeditiva a bons candidatos, posto que ninguém melhor que as entidades ligadas por suas atividades a crianças e adolescentes, para reconhecer quem efetivamente preenche os requisitos ao desempenho de tão importante atividade. Requer seja denegada a segurança, bem como a condenação da impetrante aos ônus da sucumbência, a despeito da Súmula 512 do STF. Após parecer do MP pela denegação do "writ" (fls. 75/78), foi prolatada a setença de fls. 80/83, pela qual a magistrada denegou a segurança pleiteada, cassando a liminar concedida, condenando a impetrante nas custas e dispensando os honorários face à Súmula 512 do STF.

Irresignada, apela a impetrante (fls. 87/91), bem como impetrou outro mandado de segurança, perante este tribunal, objetivando sustar os efeitos da sentença, cuja segurança foi concedida (cópia do acórdão às fls. 147/154).

Alega a apelante que a sentença proferida desrespeita leis hierarquicamente superiores (ECA e Lei Municipal). Aduz que em momento algum o art. 133 do ECA, o qual determina os requisitos exigidos para a candidatura a membro do conselho tutelar, nem tampouco os demais artigos da lei federal criaram ou possibilitaram margem para que o Conselho de cada Município pudesse impor outros requisitos. Entende que não pode, o julgador, restringir a aplicação da lei, estabelecendo requisitos aonde não há exigência legal. Pondera, ainda, que o art. 21 da Lei Municipal 1.855/90 ratifica o estabelecido pela lei federal.

Assevera, assim, que a autoridade coatora infringiu lei federal, bem como a lei municipal, haja vista não fazerem menção à exigência de indicação do candidato por uma entidade ligada ao Conselho Tutelar.

O apelo foi contra-arrazoado (fls. 133/138), pela confirmação do julgado monocrático, postulando, no entanto, a condenação da apelante ao pagamento de honorários advocatícios na ordem de 20%, independente da Súmula 512 do STF, como diz, já tem entendido esta Corte.

Os pareceres ministeriais (fls. 142/143 e 166/169) são no sentido de prover o presente apelo.

É o relatório.

VOTO

Des. Waldemar L. de Freitas Filho

"Data venia", dou provimento integral à apelação, para reformar a ven. setença recorrida e conceder, definitivamente, a segurança perseguida e homologada, também definitivamente, a inscrição da impetrante, como candidata — agora eleita — ao Conselho Tutelar de Bento Gonçalves.

O Estatuto da Criança e do Adolescente, em seu art. 133, estabelece três requisitos, a serem satisfeitos pelos candidatos e conselheiros tutelares: reconhecida idoneidade moral, idade superior a vinte e um anos e residência no Município-sede do Conselho Tutelar.

A lei federal não faz mais nenhuma exigência — nem contempla, em seu bojo, explicitamente, a possibilidade de haver a inclusão de outros requisitos para o cargo de conselheiro tutelar — nem contém qualquer menção a que o Município e o Estado-membro possam alterar ou modificar ou, até, ampliar ou restringir tais regras — exceção feita ao contido no art. 134, onde a norma federal acomete, ao Município, competência para fixar dia, horário e local de funcionamento do Conselho Tutelar, assim como a remuneração de seus conselheiros e o estabelecimento de recursos, destinados àquele funcionamento, na lei orçamentária municipal, além do processo de eleição dos conselheiros tutelares (art. 139) e, implicitamente, para instituir o Conselho Municipal dos Direitos da Criança e do Adolescente (art. 260, § 2°).

"Concessa venia", não consigo ver, em nenhuma dessas regras, competência para o Município editar normas complementares àqueles assuntos, expressamente estatuídos no ECA. Em outras palavras, a competência para legislar em matéria relativa à proteção à infância e à juventude, consoante o mandamento constitucional, é da União e do Estado-membro, concorrentemente (art. 24, XV, CF), donde a competência do Município fica totalmente excluída.

De outra banda, ao Município compete o que preceitua o art. 30, da mesma Magna Carta Nacional, e lá, no inc. II, lê-se que pode o Município "suplementar a legislação federal e estadual no que couber". E surge a pergunta: Quando se estabelece essa competência suplementar do Município, relativamente a assuntos da atribuição da União?

Evidentemente, sempre que a lei federal prever essa competência, implícita ou explicitamente, mas sempre com clareza. Ora, em termos de legislação sobre menores, afora as normas concorrentes com a União de proteção à infância e à juventude, nada há, a dar atribuição, mesmo concorrente, ao Município, para editar normas sobre a escolha de conselheiros tutelares.

Donde, conclusão: Como a matéria foi expressamente tratada pela lei federal, e como não há norma que, mesmo implicitamente, dê competência (mesmo concorrente) ao Município para editar normas a respeito da mesma matéria, descabe ao Município legislar sobre o tema, ainda que de forma suplementar, por não lhe ser constitucionalmente reconhecida competência para tanto. Por outra parte, a alegação de que os casos, enumerados no art. 133 do ECA, sejam exemplificativos, não tem nenhuma consistência jurídica, "permissa venia".

Para que a enumeração seja exemplificativa, preciso é que uma, de duas situações se concretize: ou que a lei diga, expressamente, caberem outros casos (v.g.: "Nos demais casos, expressos em lei ou previstos na lei") ou quando a própria lei enumera casos de cabimento, como acontece na regra do art. 558 do CPC. Ora, no relativo à escolha de conselheiros tutelares, nenhuma dessas duas situações se exterioriza. Não vejo, assim, como não considerar taxativa a enumeração contida no art. 133 do ECA, descabidos quaisquer outros requisitos.

Além disso, há que considerar que, sendo competência exclusiva da União, a legislação civil (art. 22, I, CF), e nela se incluindo a legislação menorista, porque não incluída em nenhuma outra hipótese de competência, exclusiva ou concorrente (exceção feita no que concerne ao art. 24, XV, já citado), há que se atentar para a uniformidade da regra da escolha dos Conselhos Tutelares de milhares de Municípios brasileiros em todo o País. A permitir-se que cada Município suplemente, com outros requisitos locais, a regra federal, essa uniformidade jamais será atingida, afora a possibilidade de se criarem discriminações sociais ou econômicas, ideológicas, político-partidárias, religiosas, familiares e similares, que fatalmente surgiriam com a admissão desses pressupostos suplementares locais. Assim não vejo como se possa admitir legisle, o Município, sobre os pressupostos exigíveis para os candidatos a conselheiros tutelares. Mesmo que se admita, entretanto, essa competência legislativa do Município, ainda assim deveria a segurança ter sido concedida, porque essa competência somente se poderia externar por via de uma lei, jamais por uma resolução de um órgão administrativo sem autonomia e sem poder legiferante.

A Lei Municipal 1.855/90, do Município de Bento Gonçalves, limitou-se a repetir, em seu art. 21, os mesmos requisitos do art. 133 do ECA. E a Lei Municipal 2.090/92, que alterou a primeira, não modificou a redação do art. 21.

Ora, a conclusão é de que inexiste lei municipal, aumentando os pressupostos, exigidos pelo art. 133 do ECA, para o cargo de conselheiro tutelar. E nem existe qualquer norma de lei delegando poderes ou autorizando o Conselho Municipal dos Direitos da Criança e do Adolescente a alterar o disposto no art. 21 da Lei 1.855/90.

O fato inquestionável é que as duas exigências — de escolaridade e de representação de uma entidade participante do dito Conselho Municipal — foram criadas por resolução do mesmo Conselho, numa total e indefensável extrapolação de seus poderes e atribuições — que estão regidas e concebidas no art. 6º da Lei 1.855/90 e, dentre as quais não se vê o poder de estabelecer requisitos aos candidatos a Conselheiros Tutelares.

Nem se diga que tal poder esteja ínsito no inc. IX do mencionado art. 6º, porque o dispositivo é sumamente claro, quando estatui, tão-somente, a regulamentação, organização, coordenação e adoção de providências para a eleição e posse dos Conselheiros Tutelares.

A "regulamentação", a que dito dispositivo faz menção, é, simples e unicamente, o estabelecimento de regras adjetivas, procedimentais, para a eleição e posse dos Conselheiros Tutelares — jamais a criação de normas de conteúdo substantivo, como o são os requisitos para ser Conselheiro Tutelar. Resta, assim, claro e escorreito que as duas exigências, afora descabidas, foram criadas por quem não possuía competência legal, nem atribuição legítima para tanto.

São por tais razões que dou provimento integral à apelação, para reformar a ven. setença recorrida e conceder, em definitivo, a segurança pleiteada, confirmando a liminar e considerando a ora apelante como definitiva e formalmente habilitada a participar do pleito eleitoral para a escolha dos membros do Conselho Tutelar de Bento Gonçalves.

Condeno o Conselho Municipal dos Direitos da Criança e do Adolescente de Bento Gonçalves nas custas processuais e em honorários do patrono da recorrente, que arbitro em 10 salários mínimos (valor da época do efetivo pagamento), nos termos do art. 20, § 4º, do CPC, considerando o volume do trabalho do procurador, seu zelo e a importância da causa, de reconhecido valor comunitário.

O Des. Alceu Binato de Moraes e Paulo Heerdt — De acordo.

JURISPRUDÊNCIA

COMPETÊNCIA PARA CONHECER DE AÇÃO CIVIL PÚBLICA — ARGÜIÇÃO DE INCONSTITUCIONALIDADE DO ART. 148 DO ECA — REJEIÇÃO — CONCESSÃO DE LIMINAR "INITIO LITIS", VISANDO A SANÇÃO IMEDIATA DE GRAVES IRREGULARIDADES EXISTENTES EM ESTABELECIMENTO QUE ABRIGA MENORES INFRATORES E CARENTES — POSSIBILIDADE

Juízo da Infância e da Juventude. Competência para conhecer de ação civil pública prevista no artigo 148, V do ECA. Concessão de liminar "initio litis". Possibilidade. Argüição de inconstitucionalidade do artigo 148 e seus incisos da Lei 8.069/90. Rejeição.
Liminar concedida visando a sanção imediata de graves irregularidades existentes em estabelecimento que abriga menores infratores e carentes. Manutenção.

Agravo de Instrumento no Processo 642/93; Agravantes: Estado do Rio de Janeiro e Fundação Estadual de Educação do Menor — FEEM.

ACÓRDÃO

Vistos, relatados e discutidos estes autos de Agravo de Instrumento no Processo 642/93, em que são Agravantes: Estado do Rio de Janeiro e Fundação Estadual de Educação do Menor — FEEM.

Acordam os Desembargadores do Conselho da Magistratura do Tribunal de Justiça do Estado do Rio de Janeiro, em rejeitar a preliminar de incompetência e a argüição de inconstitucionalidade e, no mérito, negar provimento ao recurso unanimemente.

Trata-se de agravo de instrumento interposto pelo Estado do Rio de Janeiro e a Fundação Estadual de Educação do Menor, FEEM, objetivando a reforma da decisão, do Dr. Juiz de Direito da 2ª Vara da Infância e da Juventude desta Capital, que concedeu liminar em ação civil pública ajuizada pelo Ministério Público.

Nas razões do agravo, sustentam os agravantes, preliminarmente, que faleceria competência, ao Dr. Juiz de Direito da 2ª Vara da Infância e da Juventude, para conhecer a ação, eis que o Estado do Rio de Janeiro só podia ser demandado perante as Varas da Fazenda Pública, argüindo os recorrentes na oportunidade a inconstitucionalidade do artigo 148 e seus incisos IV e V do Estatuto da Criança e do Adolescente, que ao Juiz da Infância e da Juventude outorgam tal competência, com violação, alega-se do artigo 22, XVII, da Lei Fundamental, dispositivo que só reserva à União competência para legislar sobre organização judiciária, do Ministério Público e da Defensoria Pública, em relação ao Distrito Federal e Territórios.

No mérito, realçam os agravantes, o descabimento da liminar concedida, que impôs aos agravantes obrigação de fazer, impossível de ser cumprida, diante das dificuldades econômicas com que se depara o administrador público, no momento.

O agravo foi contraminutado às fls. 35/41 pelo Ministério Público.

A decisão agravada foi mantida às fls. 130.

O parecer do Dr. Procurador de Justiça, às fls. 135/137, é no sentido do desprovimento do recurso.

É o relatório.

Isto posto:

Inicialmente, rejeita o Conselho da Magistratura a preliminar de incompetência do Juízo da Infância e da Juventude, para o conhecimento da ação civil pública, afastando, por conseqüência, a argüição de inconstitucionalidade do artigo 148 e seus incisos IV e V do Estatuto da Criança e do Adolescente pelas razões seguintes.

De acordo com o estatuído no artigo 22, I, da Constituição Federal, compete, privativamente à União, legislar, dentre as outras matérias, sobre direito processual.

As regras de competência são de direito processual civil, sendo competente, em princípio, para editá-las a União Federal.

O Código de Processo Civil, lei federal, da matéria cuida em seus artigos.

As Constituições Federal e Estadual, também, contêm, em seu bojo, regras básicas que podem ser lidas nos artigos, respectivamente, 101 "usque" 126 da Lei Fundamental — que delimitam a competência dos Tribunais Superiores Regionais do Trabalho, Eleitorais, Militares e dos Estados — e artigos 157 e 166, que estabelecem a competência dos Tribunais de Justiça e de Alçada — Conselhos de Justiça Militar, Juizados Especiais, Justiça de Paz e Juizados das Execuções Penais, nos artigos 161 e 162, dispondo sobre competência dos Juízes de direito, a ser fixada por Lei de Organização Judiciária.

A matéria de competência dos Tribunais é tratada, também, na LOMAN (artigos 101 a 108), que dispõe sobre competência de Seções, Turmas e Câmaras e dos Tribunais de Alçada.

Do exposto, vê-se, portanto, que a despeito de ter a Lei Maior delegado competência aos Estados para a respeito de competência legislar, reservou à União, originariamente, tal competência.

Nessa ordem de idéias, tem-se, portanto, que ao estabelecer o legislador federal, no artigo 148, os limites de competência da Justiça da Infância e da Juventude, fê-lo no âmbito da competência à autoridade federal outorgada, pelas Leis Fundamentais Federal e do Estado.

Reconhecida, portanto, a competência do Dr. Juiz da 2ª Vara da Infância e da Juventude para o conhecimento da ação civil pública, pelo MP ajuizada, com fulcro no artigo 148, IV e V do ECA há que se examinar o acertou ou não, da liminar, na referida ação, pelo Dr. Juiz "a quo" concedida, com especial investigação sobre a possibilidade da concessão de liminar "initio litis".

O que tudo ponderado.

Segundo a norma do artigo 148, V da Lei 8.069/90, ao conhecer o Juiz da Infância e da Juventude de ação civil pública, fundamentada em interesses individuais, difusos ou coletivos — afeitos à criança e ao adolescente —, quando a ação visar ao cumprimento de obrigação de fazer, em havendo fundamento relevante, pode o Juiz conceder a tutela específica da obrigação liminarmente, para assegurar o resultado prático equivalente ao do adimplemento (artigo 213 e seu parágrafo primeiro), estando autorizada a fixação, desde logo, de uma multa diária para coibir a recalcitrância no cumprimento da obrigação (§ 2º).

No caso em tela, agindo em conformidade com a lei, foi isso que fez o Dr. Juiz da Infância e da Juventude ao conceder a liminar que, "in casu", era, de fato, imperiosa.

Com efeito, à só leitura da inicial da ação, ajuizada pelo MP, e da peças que a acompanham (relatórios elaborados por Promotores de Justiça, Comissária de Menores e Corregedoria de Justiça), vê-se que é caótica a situação imperante na Escola Santos Dumont, que serve de abrigo a adolescentes infratores e carentes, do sexo feminino, observando-se que, dentre as irregularidades mais gritantes lá constatadas, podem ser assinaladas as que dizem respeito à falta de alimentação; de condições condignas de higiene e de mínimo conforto para as menores, que muitas vezes são levadas a comer em outras instituições por falta de comida, quando não recebem às refeições alimentos estragados; dormem em estrados sem colchões, não têm medicamentos básicos, permanecem em ociosidade, por falta de equipe técnica e material para promover atividades, isto para não falar do absurdo que constitui a folha de pagamento de funcionários em número de 94 (fls. 51), que o Estado tem de manter, para só contar, efetivamente, em atividade, com 5 (fls. 59), para atender a um número reduzido de menores (cerca de 26 — fls. 51).

O espelho dessas irregularidades, sinistras e graves, mostra a imagem de uma autoridade pública — como de regra sempre existiu em nosso país — totalmente desinteressada e insensível aos problemas menoristas, reflexo da falta de vontade política de resolver a grande temática que como enorme bola de neve ameaça a própria sociedade, ante o crescente aumento da criminalidade, entre os menores.

A liminar, concedida com coragem e determinação, pelo Dr. Juiz da 2ª Vara da Infância e da Juventude, só pode, portanto, merecer aplausos e confirmação, por este Conselho, como manifestação da independência do Poder Judiciário e sua firme atuação, com vistas à restauração de uma Justiça, atuante e firme.

Rio de Janeiro, 30 de setembro de 1993.
Des. Antônio Carlos Amorim, presidente.
Des. Áurea Pimentel Pereira, relatora.
Paulo Ferreira Rodrigues, 2º Subprocurador-Geral de Justiça.

JURISPRUDÊNCIA

GUARDA DE ADOLESCENTE — IMPOSSIBILIDADE DE SER DEFERIDA A TERCEIRO ENQUANTO OS PAIS ESTIVEREM NO EXERCÍCIO DO PÁTRIO PODER — IMPOSSIBILIDADE DE CONCESSÃO DE GUARDA PARA FINS EXCLUSIVAMENTE PREVIDENCIÁRIOS

Guarda de Adolescentes. Pátrio Poder. Sendo direito fundamental da criança e do adolescente o de ser criado no seio de sua família, não podem eles ser postos sob a guarda de outrem, enquanto seus pais estiverem no exercício do pátrio poder.

Apelação Cível 593151350; 8ª Câmara Cível; Tupanciretã; Apelante: Ministério Público; Apelados: E.C.B. e I.T.A.B.

ACÓRDÃO

A 8ª Câmara Cível do Tribunal de Justiça do Estado do Rio Grande do Sul, unanimemente, acorda em dar provimento ao apelo.

Custas na forma da lei.

Participaram do julgamento, além do signatário, os Excelentíssimos Senhores Desembargadores Eliseu Gomes Torres e Doutor José Carlos Teixeira Giorgis.

Porto Alegre, 10 de fevereiro de 1994.

Des. João Andrades Carvalho, presidente e relator.

RELATÓRIO

O Sr. Presidente (Des. João Andrades Carvalho — Relator)

Da sentença que deferiu a guarda de J.A.B. a seus avós E.C.B. e I.T.A.B., apela o Ministério Público, sob o argumento de que o instituto da guarda tem destinação própria e não pode se vulgarizar para o só efeito de atrair benefícios previdenciários.

Sustentam os apelados que a guarda visa uma criação adequada à criança, já que a mãe não possui condições para oferecer-lhe uma vida mais digna.

Neste grau o Ministério Público opina pelo desprovimento do apelo.

VOTO

O Sr. Presidente (Des. João Andrades Carvalho — Relator)

Esta Câmara já tem decidido, repetidas vezes, que não tem cabimento a outorga de guarda de crianças aos avós, para o simples efeito de angariação de benefícios previdenciários. E por mais que o tentem, não conseguem os apelados esconder que seja esse o motivo pelo qual reivindicam a guarda do neto.

A guarda, nesses casos, não tem amparo legal, como bem acentuou o Dr. Promotor de Justiça.

Crianças e adolescentes não são objetos de recreação ou de uso, disponíveis para andar de mão em mão, segundo a conveniência dos adultos que as detenham sob sua guarda, ou por decorrência do exercício do pátrio poder.

Do rol das atribuições legais que competem aos pais, no exercício do pátrio poder, no artigo 384 do Código Civil, não consta a livre disposição desses para se desfazerem da guarda dos filhos, como e se lhes aprouver.

Ademais, o Juízo da Infância e da Juventude só tem competência para tratar da guarda de crianças, tendo em vista a regularização da posse de fato, e desde que ocorram as hipóteses do artigo 98 da Lei 8.069.

Na *RT* 689, foi publicado estudo feito pela Dra. Ana Maria Moreira Marchesan, Promotora de Justiça do Estado do Rio Grande do Sul, intitulado "Colocação em Família Substitutiva: Aspectos Controvertidos". Sobre o instituto da guarda, entende a Dra. Promotora:

"O que se deve evitar é a constituição de guardas somente com vistas à percepção do benefício previdenciário, pois o encargo é muito mais amplo, conferindo a seu detentor a responsabilidade de prestar assistência moral, material e educacional à criança ou adolescente.

"É comum os avós postularem a guarda de neto, quando a mãe (ou o pai) com eles reside, trabalha, mas só tem a assistência médica do INSS e quer beneficiar seu filho com o IPE ou outro convênio. Entendemos, respeitando posições em contrário, que tais pedidos devem ser indeferidos, porque a situação fática, nesses casos, estará em discrepância com a jurídica. Em suma, é uma simulação, com a qual o MP, como "custos legis", e o Juiz competente não podem ser coniventes, sob pena de se fomentar o assistencialismo às custas de entidades não destinadas a esse fim" (p. 298).

O simples fato de se encontrar desempregada a mãe da criança não é motivo para restringir-lhe o pátrio poder. É uma mulher jovem (fl. 9) e não pode ser substituída, no cumprimento de seus deveres, pelo inconseqüente paternalismo estatal.

Dou provimento, para anular a guarda deferida aos apelantes.

Des. Eliseu Gomes Torres, de acordo.

Des. Dr. José Carlos Teixeira Giorgis, de acordo.

Des. João Andrades Carvalho, presidente.

Deram provimento. Unânime.

JURISPRUDÊNCIA

DESTITUIÇÃO DE PÁTRIO PODER — O ABANDONO PODE ASSUMIR FEIÇÕES MATERIAIS E PSICOLÓGICAS

Destituição de pátrio poder. Abandono. O abandono pode assumir feições materiais e psicológicas. Em qualquer desses casos se caracteriza como elemento desencadeador da destituição do pátrio poder.

Apelação Cível 594.045.114, 8ª Câmara Cível; Passo Fundo; Apelante: R.E.P.; Apelado: Ministério Público.

ACÓRDÃO

A 8ª Câmara Cível do Tribunal de Justiça do Estado do Rio Grande do Sul, unanimemente, acorda em negar provimento ao apelo.

Custas na forma da lei.

Participaram do julgamento, além do signatário, os Excelentíssimos Senhores Desembargadores Antônio Carlos Stangler Pereira e Eliseu Gomes Torres.

Porto Alegre, 9 de junho de 1994.

Des. João Andrades Carvalho, presidente e relator.

RELATÓRIO

O Sr. Presidente (Des. João Andrades Carvalho — Relator)

Da sentença que a destituiu do pátrio poder com relação a seu filho R., apela R.E.P., alegando não haver razões bastantes para a exoneração.

Na origem, analisando detidamente a prova, o Ministério Público pede o desprovimento do recurso. Nesta instância, após salientar que a conduta da apelante para com o pequeno R. é a própria negação da maternidade, o Dr. Procurador de Justiça opina pela manutenção da sentença.

VOTO

O Sr. Presidente (Des. João Andrades Carvalho — Relator)

Nem é necessário ir além do depoimento da própria apelante (fls. 31 e 32) para se ter como caracterizado o abandono a que foi entregue R.:

A depoente alega que até hoje, por vários motivos, não pode assumir integralmente o filho...

Além de admitir que não tem a criança consigo, desde que essa contava vinte dias de idade, confessa que depois que R. foi para a casa de M.P., nunca mais o viu, e ele foi para lá em out/91...

Em poucas palavras a apelante retrata o abandono material e psicológico a que relegou o filho, sem nenhuma razão plausível para tanto. Afinal, R. não é miserável, consoante se depreende não só de seu depoimento como do estudo social de fls. 36 a 37. Além disso dispensa cuidados às outras filhas (id., ib.), vive uma vida normal, certamente com dificuldades financeiras. Mas essas não atingem níveis insuportáveis.

O abandono, segundo Sílvio Rodrigues, não é apenas o ato de deixar o filho sem assistência material, fora do lar. Mas o descaso intencional pela sua criação, educação e moralidade (in *Direito Civil*, v. VI, 18ª ed., 1993, p. 375).

Mesmo que se admitissem as dificuldades financeiras como razão que R. não mantenha filho consigo, o abandono se caracteriza pelo simples motivo de que, sabendo ela quem é o pai da criança, não promove a investigação de paternidade, deixando de exercitar um dever fundamental. Todo ser humano tem o direito à filiação e aos alimentos. E quem furta ao filho tais direitos comete a mais rudimentar forma de abandono.

Nego provimento.

Des. Antônio Carlos Stangler Perreira, de acordo.

Des. Eliseu Gomes Torres, de acordo.

Des. João Andrade Carvalho, presidente.

Negaram provimento. Unânime.

JURISPRUDÊNCIA

ADOÇÃO — IMPROCEDÊNCIA — DECISÃO REFORMADA — DESDE QUE A ADOÇÃO VISA ESPECIALMENTE OS INTERESSES DO MENOR E QUE A PROGENITORA, NÃO TENDO CONDIÇÕES DE CRIAR A CRIANÇA, CONSENTIU COM O PEDIDO, TORNA-SE VIÁVEL A ADOÇÃO PRETENDIDA POR CASAL QUE REÚNE TODAS AS CONDIÇÕES PARA ATENDER AO MENOR

Adoção. Pedido formulado por casal. Menor já em poder dos interressados, mediante guarda, desde os primeiros dias de vida.
Mãe que não tem condições de criar o filho e consente com o pedido.
Improcedência. Decisão Reformada. Desde que a adoção visa especialmente os interesses do menor e que a progenitora, não tendo condições de criar a criança, consentiu com o pedido, torna-se viável a adoção pretendida por casal que reúne todas as condições para atender ao menor.

Apelação 427/93; São Mateus do Sul; Apelantes: R.T. e E.C.T.; Apelada: Justiça Pública; Interessado: D.C. L.

ACÓRDÃO

Vistos, relatados e discutidos estes autos de Recurso de Apelação 427/93, de São Mateus do Sul, em que são apelantes R.T. e E.C.T., apelada Justiça Pública e interessado D.C.L.

1. Por entender que "o art. 19 do ECA assegura que toda criança ou adolescente tem direito de ser criado e educado no seio de sua família, e só excepcionalmente em família substituta, afirmando o art. 23 que a falta ou carência de recursos materiais não constitui motivo suficiente para a perda do pátrio poder", o Dr. Juiz julgou improcedente o pedido de adoção, requerido por R.T. e sua mulher E.C.T., em relação ao infante D.C.L. Inconformados com tal decisão, apelam os autores.

Na apelação, os recorrentes pretendem a reforma da sentença, argumentando que é desejo da mãe doar a criança por livre e espontânea vontade, tendo manifestado tal desejo perante o Dr. Juiz e o Dr. Promotor de Justiça; que, na vida familiar dos apelantes, "não existe um só ponto que leve o MM. Juiz "a quo" a indeferir o pedido"; que, enfim, o menor está convivendo com os apelantes desde 15/12/92, quando foi concedida a guarda provisória e, "portanto, traumática seria a sua retirada da família com quem convive desde os dois dias de vida".

O Ministério Público, em ambas as instâncias, opinou pelo provimento do recurso.

2. Assiste razão aos apelantes.

É certo que "os filhos deverão permanecer, sempre que possível, com os pais, que têm a obrigação de criá-los e mantê-los" (Wilson Donizeti Liberati, *Comentários ao ECA*, 2ª ed., p. 23) e que, "pelo novo ordenamento jurídico proposto pelo Estatuto, a falta ou a carência de recursos materiais não será motivo determinante para a aplicação das medidas de destituição da tutela e de suspensão ou destituição do pátrio poder (art. 129, parágrafo único), cujo procedimento será sempre judicial e contraditório (art. 24)" (Wilson Donizeti Liberati, *Comentários ao ECA*, 2ª ed., pp. 23 e 105).

Ensina, a doutrina, também, que "O pátrio poder é hoje um poder educativo-social e é exercido tendo em vista o interesse do menor" e que "Hoje a adoção visa especialmente os interesses do menor e não mais dos pais adotantes" (Valdir Sznick, *Adoção*, 2ª ed., p. 312).

O casal apelante pleiteou, junto ao Juízo da Comarca de São Mateus do Sul, preferência para adotar o menor D.C.L. Deferida a guarda provisória, foi ouvida a mãe do menor, esta declarou que não tendo condições de criar seu filho e que seus familiares não possuem interesse ou condições para criá-lo, manifestou sua concordância em que seu filho venha a ser adotado por uma família, que lhe possa dedicar todo amor e dispensar os cuidados necessários (fl. 18). Feita a avaliação diagnóstica (fls. 28/31), concluiu-se por sugerir, "com relação à efetivação da adoção pretendida pela casal sobre o infante D., de uma vez termos verificado que reúnem, tanto E., quanto R., plenas condições para tal". Por decisão de fl. 34/38, porém, o Dr. Juiz julgou improcedente o pedido.

Na verdade, a adoção pretendida é perfeitamente viável, quer porque o casal apelante reúne todas as condições morais, econômico-financeiras, para adotar a criança, e o disposto no art. 23, do ECA, não veda o pedido inicial, quer sobretudo porque tal adoção virá, principalmente, atender os interesses do menor, que se encontra em poder dos apelantes, mediante autorização da mãe, desde os primeiros dias de vida.

Nessa linha de pensamento, bem anotou o Dr. Procurador de Justiça, ao destacar:

"Na hipótese dos autos, não se trata de abrupta retirada do pátrio poder, via sentença judicial, e em razão simplesmente de carência material da mãe biológica, mas sim de perda daquele na condição de pressuposto lógico para possibilitar o deferimento da ação, vez que, nos termos do artigo 169, do Estatuto da Criança e do Adolescente, resta prejudicada a colocação em família substituta, na modalidade adoção, se antes não for decretada a perda do pátrio poder." (fl. 63)

Por tais motivos, impõe-se que seja julgado procedente o pedido, reformando-se a r. decisão recorrida, para os efeitos de decretar-se a adoção pretendida, ordenando-se a expedição de mandado para o registro da presente decisão e o cancelamento do registro original do adotado, nele consignando-se todos os dados necessários, previstos no Estatuto da Criança e do Adolescente (art. 47 e seus §§).

3. Diante do exposto, acordam os Desembargadores integrantes do Conselho da Magistratura do Estado do Paraná, por unanimidade de votos, em dar provimento ao recurso, para os fins anotados no corpo do acórdão.

Curitiba, 19 de setembro de 1994.

Des. Ronald Accioly, presidente.

Des. Accácio Cambi, relator.

JURISPRUDÊNCIA

INFRAÇÃO ADMINISTRATIVA — APLICAÇÃO DOS PRAZOS PRESCRICIONAIS CABÍVEIS PARA OS CRIMES PREVISTOS NA LEI DE IMPRENSA — IMPOSSIBILIDADE

Infração prevista no art. 247, da Lei 8.069/90. De natureza administrativa, não se aplicando a Lei de Imprensa, ainda que se cuide de divulgação jornalística. Reforma da sentença que extinguiu o processo pelo reconhecimento da prescrição, retornando os autos ao Dr. Juiz "a quo", para que aprecie a conduta da empresa apontada como infratora.

Apelação 474/93; Apelante: Ministério Público; Apelada: Editora D. Ltda.

ACÓRDÃO

Vistos estes autos de Apelação 474/93, em que é apelante o Ministério Público, e a apelada a Editora D. Ltda:

Acordam os Desembargadores integrantes do Conselho da Magistratura do Tribunal de Justiça do Estado do Rio de Janeiro, por unanimidade de votos, em reformar a sentença, não acolhendo a preliminar de mérito e determinando que o Dr. Juiz decida acerca da aplicação ou não da punição.

Cuida-se de apelo dirigido pelo Ministério Público contra sentença proferida pelo Juízo da 2ª Vara da Infância e da Juventude da Comarca da Capital que extinguiu sem julgamento de mérito, em face de prescrição, processo movido contra o jornal "D.", por prática de infração prevista no art. 247 e seu parágrafo 1º da Lei 8.069/90. Entendeu o Dr. Juiz aplicável subsidiariamente a Lei 5.250/67, por se tratar de matéria jornalística. Assevera o recorrente que o Dr. Juiz confundiu prescrição com decadência e, contrariando as normas existentes no sistema, aplicou ao procedimento relativo à infração administrativa a Lei de Imprensa.

Ofereceu a apelada contra-razões, alegando que a sentença apenas merece reparo quando disse ter julgado a ação sem apreciação do mérito. Asseverou ter sido a sentença correta quando aplicou a Lei de Imprensa.

Opinou a douta Procuradoria da Justiça no sentido de ser a sentença anulada para que outra seja proferida, afastada a prescrição.

Entendemos que a sentença mereça reforma, visto como os prazos de prescrição ou decadência previstos na chamada Lei de Imprensa não são aplicáveis à espécie, por não se tratar de hipótese de infração penal, e sim administrativa.

A sentença, todavia, não é de ser anulada, porque incorre qualquer motivo de ordem processual, mas reformada, para que o processo não seja julgado extinto.

No caso, no reconhecimento de prescrição teria havido apreciação de uma preliminar considerada de mérito.

Mister se faz que o processo retorne à Vara de origem, para que o Dr. Juiz examine a conduta da empresa acusada de prática da infração aplicando-lhe, ou não, punição.

Nesse sentido, damos provimento ao recurso.

Rio de Janeiro, 11 de agosto de 1993.

Des. Ferreira Pinto, relator.

JURISPRUDÊNCIA

GUARDA DE CRIANÇA — POSSIBILIDADE DE CONCESSÃO AO AVÔ, SEM EXCLUSÃO DA RESPONSABILIDADE DOS PROGENITORES

Menor. Guarda pelo avô, em face de reconhecida impossibilidade dos pais (artigo 33 e §§, do Estatuto da Criança e do Adolescente). Não exclusão da responsabilidade dos progenitores.

Apelação Cível 346; 5ª Câmara Cível; Petrópolis; 2ª Vara de Família; Apelante: C.M.M.; Apelado: Ministério Público.

ACÓRDÃO

Vistos, relatados e discutidos estes autos de Apelação Cível 346, de 1993, em que é Apelante: C.M.M. e Apelado: Ministério Público.

Acordam os Desembargadores da 5ª Câmara Cível do Tribunal de Justiça do Estado do Rio de Janeiro dar provimento ao recurso. Decisão unânime.

O autor pediu a guarda e responsabilidade da menor M.M.S., que é sua neta. Alegou que dedica o maior afeto à criança de dois anos atualmente, e que lhe proporciona assistência moral e material. Deseja, como afirma, obter — assim — os benefícios previdenciários (artigo 33, § 3º). A ação é patrocinada pela Defensoria Pública. Os pais da menor concordaram com a pretensão, bem assim a atual companheira do Apelante.

A sentença indeferiu o pedido, com base no pronunciamento do Ministério Público, que argumenta ser o dever de sustento, guarda e educação de filhos menores, responsabilidade dos progenitores, como dispõe o artigo 22, da Lei 8.069, de 1990 — Estatuto da Criança e do Adolescente, e que o artigo 33, do mesmo Estatuto, só em caráter excepcional, admite a concessão do pleiteado, ainda assim, para ser suprida a falta eventual dos pais ou responsável.

Na apelação, que é tempestiva, o Autor objeta que o artigo 6º, do Estatuto referido visa aspectos sociais, a preservarem acima de tudo o menor, dispositivo que é complementado pelo artigo 33, da mesma lei.

O Ministério Público em 1º grau insiste nas teses que antes abordara e chama atenção que a guarda visa atender aos órfãos e abandonados, o que não sucede na hipótese dos autos. Pede a manutenção da sentença.

Todavia, a Procuradoria-Geral da Justiça tem outra orientação, fala na assistência do avô, lembra a pobreza da família, frisa as dificuldades dos pais que trabalham fora, enquanto o avô é aposentado e ressalta o sentido social do Estatuto da Criança e do Adolescente.

Na interpretação do Estatuto da Criança e do Adolescente coloca-se em primeiro lugar o interesse do menor. À vista desse interesse é que se procede à exegese da lei.

O objetivo teleológico do texto é a proteção à criança. A ela se deve atender salvo antinomia frontal da pretensão, com os dizeres legais.

A leitura do § 2º, do artigo 33, firma a idéia de que, na hipótese dos autos, a guarda poderia ser deferida. Na verdade, era recomendável.

Tal dispositivo fala "excepcionalmente deferir-se-á a guarda, fora dos casos de tutela e adoção para atender a situações peculiares ou suprir a falta eventual dos pais ou responsável...".

Na hipótese versada é de considerar-se a pobreza da família. Os pais trabalham para a própria mantença e não podem assistir à criança, como esta merece, principalmente se menor, como a dos autos. De apenas dois anos. E eles concordam com a guarda do avô. Este, que é aposentado, é quem tem melhores condições financeiras. Pessoa de confiança do Juízo disse do carinho do avô, cuja idoneidade é reconhecida.

A lei não impede o que pretende o Apelante; realmente, de sua leitura, depreende-se a possibilidade do que ele almeja.

Assim, ainda que se elogie o zelo do Ministério Público em primeiro grau, no obedecer estritamente à letra da lei, parece que a própria interpretação literal, desde que analisada em conjunto com os demais dispositivos do Estatuto da Criança e do Adolescente, leva ao acolhimento do que é pretendido. E se analisar-se o espírito da lei, a matéria se torna induvidosa: os pais não podem cuidar da criança — assim confessam — o avô já a assiste e com a guarda, a menor adquire a prerrogativa de dependente — § 3º, do artigo 33, "para todos os fins e efeitos de direito, inclusive previdenciário". Logo, a criança será beneficiada. E a lei em seu conjunto e espírito é atendida.

Isto posto, dá-se provimento à apelação para deferir-se a guarda, como desejada na inicial.

Rio de Janeiro, 6 de abril de 1993.

Des. Jorge Fernando Loretti, presidente e relator.

JURISPRUDÊNCIA

ADOÇÃO — NULIDADE — NECESSIDADE DE OITIVA DA MÃE PELO JUIZ (ART. 166, § ÚNICO, ECA) QUE NÃO É SUPRIDA PELO FATO DE A INICIAL VIR SUBSCRITA POR ELA

Adoção. Alegação de que a concordância da genitora da menor decorreria de erro substancial. Porque o vício do consentimento é causa de anulação, não de nulidade do ato, necessária se torna, para obter-se a declaração de invalidade relativa da declaração de vontade, a propositura de ação específica. O desrespeito ao artigo 166 da Lei Menorista acarreta a nulidade do processo, a qual não pode ser suprida pela assinatura da genitora, na petição inicial, no sentido da concordância com a pretensão à adoção.

Processo 665/93; apelante: M.S; apelados: M.A. e V.L.R.S.

ACÓRDÃO

Vistos, relatados e discutidos estes autos de processo 665/93, em que é apelante M.S., rep. p/ Defensoria Pública, e apelados M.A. e V.L.R.S., rep. p/ Defensoria Pública.

Acordam os Desembargadores do Egrégio Conselho da Magistratura do Tribunal de Justiça do Estado do Rio de Janeiro, por unanimidade de votos, em anular o processo a partir da sentença inclusive para que, cumprida a determinação do artigo 166 da Lei Menorista, decida o doutor Juiz, então, como entender de direito.

O relatório de fls. 33, que integra o presente, mostra que há preliminar, a qual se destaca, de nulidade do processo.

O primeiro fundamento da pretendida invalidade, contudo, não procede. O erro substancial, como vício da vontade, não gera a nulidade, mas a anulabilidade da declaração volitiva (Código Civil, artigo 147, II), não incidindo, destarte, a regra do artigo 146, parágrafo único, do mesmo diploma.

O Código Civil é fonte subsidiária dos demais ordenamentos em tema de invalidade dos atos jurídicos e, portanto, só em ação própria poderia a apelante demandar a nulidade relativa de sua declaração, não nos presentes autos.

O processo é nulo, entretanto, a partir da sentença, por desrespeito ao mencionado artigo 166 do diploma menorista.

Não basta, com efeito, a mera assinatura da genitora na petição inicial.

A presença da apelante, em casos tais, perante o Juiz e o Ministério Público tem por finalidade, precisamente, evitar-se burla ao interesse social, relevante no caso. As autoridades teriam que ouvir a apelante e suas declarações reduzidas a termo. Verificar-se-ia, só aí, a extensão de sua concordância e se ela, realmente, implica o acolhimento do pedido formulado na petição inicial.

Por tais razões, dá-se provimento ao recurso para anular-se o processo a partir da sentença inclusive. Cumprida a diligência do artigo 166, o doutor Juiz, então, proferirá outra sentença, decidindo como entender de direito.

Rio de Janeiro, 21 de outubro de 1993.

Des. Américo Canabarro, presidente s/ voto.

Des. Humberto de Mendonça Manes, relator.

JURISPRUDÊNCIA

INFRAÇÃO ADMINISTRATIVA — INCONSTITUCIONALIDADE DO § 2º DO ART. 247 DO ECA ARGÜIDA — NÃO ACOLHIMENTO

Divulgação de nome de menor como autor de fato moralmente reprovável. Inexistência de inconstitucionalidade do parágrafo 2° do art. 247 da Lei 6.069/90 por dever ter limites a liberdade de informação e divulgação. Inexistência de impedimento do juiz, não tendo sido a suspeição argüida na forma devida. Inaplicabilidade da Lei de Imprensa quanto à prescrição, por não se tratar de delito, e sim de infração administrativa. Não acolhida da pretendida presunção de inexistência de menoridade, visto como cautela deve ser sempre observada toda vez que alguém queira agir com determinado propósito. Prova da reincidência, em razão de condenação por feito análogo, mantida no Conselho.

Apelação 896/93; Apelantes: Editora D. Ltda., o Ministério Público; Apelados: os mesmos.

ACÓRDÃO

Vistos estes autos de apelação 896/93, em que são apelantes 1. Editora D. Ltda.; 2. o Ministério Público, e apelados, os mesmos.

Acordam os Desembargadores integrantes do Conselho da Magistratura do Tribunal de Justiça do Estado do Rio de Janeiro, por unanimidade de votos, em negar provimento ao primeiro apelo e prover o do Ministério Público, a fim de elevar a pena de suspensão para 2 números.

Cuida-se de apelos dirigidos pela Editora D. Ltda., e pelo Ministério Público, de sentença proferida pelo Dr. Juiz da 2ª Vara da Infância e da Juventude da Comarca da Capital, que aplicou à Editora pena igual a 40 (quarenta) salários-referência, em face das reincidências, determinando a suspensão da circulação do jornal por 1 (hum) número, na forma do parágrafo 2º do art. 247, da Lei 8.069/90, pela divulgação de nome de menor como envolvido em fato moralmente reprovável.

Em seu apelo alega a Editora estar o Dr. Juiz impedido, ou dever ao menos ser considerado moralmente suspeito, por ser autor de ação indenizatória proposta contra ela, estar o fato atingido pela prescrição, em virtude de aplicação da Lei de Imprensa, e, inexistir presunção de maioridade da representada, por se tratar de candidata inscrita em exame vestibular. Paralelamente, ingressou com argüição de inconstitucionalidade do parágrafo 2º do art. 247, do Código face à Constituição Federal, que prevê a impossibilidade de sofrer restrição a manifestação do pensamento, a expressão e a informação. Informa que o objeto dessa argüição, também o é de representação por inconstitucionalidade, ofertada junto ao Supremo Tribunal Federal.

Apelou ainda o Ministério Público, para que seja a pena de suspensão do periódico majorada para dois dias.

Apresentadas contra-razões, após manutenção da sentença, subiram aos autos, opinando a douta Procuradoria da Justiça no sentido do provimento parcial dos recursos da Editora, face à não comprovação da reincidência, para que a multa não seja fixada no dobro, e, pelo desprovimento, do recurso do Ministério Público.

Passando a decidir, entendemos, no que concerne à alegada inconstitucionalidade do parágrafo 2º do art. 247 da Lei 8.069/90, que prevê a apreensão da publicação ou a suspensão da programação da emissora até por dois dias, ou da circulação do periódico até por dois números, que a norma alvejada não colide com a Constituição, visto como a liberdade de imprensa e de informação deve ter limites, pois outros direitos existem consagrados também constitucionalmente e que merecem ser respeitados.

Quando esses direitos são violados pela imprensa ou pelos outros meios de divulgação, a imposição de medidas punitivas se justifica.

Prevê o dispositivo alvejado não a cassação de direitos de quem praticou o ilícito, mas apenas uma suspensão por período pequeno.

Os direitos ainda que assegurados na Constituição, devem ser bem utilizados, de forma a não agredir direitos outros que mereçam igual respeito.

Pensamos portanto, que o dispositivo legal alvejado não ofende a Constituição e em vista disso, não acolhemos a argüição.

No que tange à alegação de estar o Juízo impedido, ou de dever ele ser considerado moralmente suspeito, pensamos quanto a impedimento, que o fato alegado — ter o Juiz movido uma ação de indenização contra a Editora — não figura, entre os elencados no art. 134, do Código de Processo Civil, e quanto à suspeição, não consta que tenha sido ela argüida na forma devida, mediante exceção.

Invoca a apelante a prescrição pela aplicação da Lei de Imprensa, mas já foi decidido neste Conselho que, em se tratando de infração administrativa, e não de delito, o prazo prescricional não se regula pela mencionada Lei.

Quanto à pretendida presunção de inexistência de menoridade, manda a cautela que antes de alguém agir em determinado sentido, verifique antes se pode fazê-lo. Quem escreveu o artigo, constatou antes que a outra jovem que fez o vestibular era menor, mas não teve a precaução de agir da mesma forma quanto a D.

No que concerne à reincidência ficou ela provada por já ter sido a Editora condenada neste Conselho. Assim, é de ser negado provimento ao recurso da Editora, provendo-se o do Ministério Público para aplicar a pena de suspensão no máximo, ou seja, em dois números.

Rio de Janeiro, 13 de janeiro de 1994.

Des. Hermano Duncan Ferreira Pinto, presidente e relator.

JURISPRUDÊNCIA

INFRAÇÃO ADMINISTRATIVA — VENDA DE BEBIDA ALCOÓLICA A MENOR NÃO A CARACTERIZA POR FALTA DE PREVISÃO LEGAL

Venda de bebida alcoólica a menor constitui infração contravencional; entretanto o artigo 81, II, do ECA deixou de se estabelecer sanção. Impossibilidade jurídica de estabelecer similitude à espécie do art. 258 do código menorístico para fins de punição administrativa. Recurso provido.

Apelação 632/93; Apelante: J.E.O. — L. Bar.; Apelado: Juízo da Infância e da Juventude de Nova Friburgo.

ACÓRDÃO

Vistos, relatados e discutidos estes autos de Apelação 632/93, em que são partes as acima mencionadas.

Acordam os Desembargadores da 2ª Turma do Conselho da Magistratura do Estado do Rio de Janeiro, unanimemente, em dar provimento ao recurso para arquivar o processo.

Assim decidem:

Trata-se de Apelação interposta por J.E.O. — L. Bar — da sentença de fls. 15 que aplicou multa de 3 (três) salários mínimos por infração ao artigo 258, do ECA, com base no auto de infração de fls. 2, por terem sido encontrados menores ingerindo bebida alcoólica no bar de propriedade do recorrente.

O Processo tramitou regularmente, sendo dispensável a oitiva de testemunhas, tendo a douta Procuradoria da Justiça opinado pelo provimento do recurso.

É o relatório.

Observe-se, em primeiro lugar, que o artigo 81, II, do ECA, que proíbe a venda de bebida alcoólica a menores silencia sobre a pena aplicável ao autor da infração.

Em segundo lugar, o artigo 258, do mesmo diploma legal — citado pelo juízo "a quo" — dispõe sobre a multa que deverá ser aplicada nas hipóteses de inobservância dos preceitos do código menorístico por estabelecimento de diversões ou de espetáculos quanto ao acesso de menores.

Entretanto, "in casu", não se trata de casa de diversões ou de espetáculos nem se questiona sobre o acesso de menores em seu recinto.

Ademais, não se discute, nos autos, a respeito da vedação de acesso dos menores no estabelecimento em questão, isto é, um bar, o que, aliás, não é proibido.

O que sucedeu, na verdade, foi a ocorrência da Contravenção Penal prevista no artigo 63, I, fato pelo qual o juízo "a quo" já tomou as providências cabíveis no "decisum" recorrido, sem similitude, contudo, na esfera do direito disciplinar administrativo.

Isto posto, dou provimento ao apelo para arquivar o processo.

Em 21 de outubro de 1993.

Des. Américo Canabarro, presidente e relator.

JURISPRUDÊNCIA

INFRAÇÃO ADMINISTRATIVA — ART. 258 DO ECA — CARACTERIZAÇÃO — PARTICIPAÇÃO DE MENOR EM PROGRAMA DE TELEVISÃO, SEM PRÉVIA AUTORIZAÇÃO JUDICIAL

Multa aplicada a emissora de televisão pela transmissão de capítulo de novela, de que participaram menores, sem autorização do Juízo competente. Cerceamento de defesa. Não o configura o julgamento de plano do processo, quando não há mais provas a produzir. Acerto da aplicação da multa, do artigo 258 do ECA, tendo em vista a violação do disposto no artigo 149, I, "a", do mesmo Estatuto, com elevação do valor respectivo, em face da reincidência observada. Impossibilidade da aplicação cumulativa da multa do artigo 254, ausente a demonstração da efetiva violação do disposto no artigo 76, parágrafo único, do Estatuto já citado.

Processo 709/93; apelantes: 1) Ministério Público 2) TV G. Ltda.; apelados: os mesmos.

ACÓRDÃO

Vistos, relatados e discutidos estes autos do Processo 709/93, em que são apelantes 1) Ministério Público, 2) TV G. Ltda., e apelados, os mesmos.

Acordam os Desembargadores do Conselho da Magistratura do Tribunal de Justiça do Estado do Rio de Janeiro, em dar provimento em parte ao recurso do Ministério Público, para fixar a multa em 20 salários mínimos, prejudicado o recurso da TV G. Ltda.

Assim decidem pelas seguintes razões:

Da sentença que acolhendo, em parte, representação oferecida pelo MP, contra a segunda apelante, por infração dos artigos 76, parágrafo único e 149, II, "a", do ECA, apelam ambas as partes; o Ministério Público, para haver a elevação da multa prevista no artigo 258 do mesmo Estatuto e a aplicação daquela outra estabelecida no artigo 254, do já citado diploma legal.

Observa-se que a representação foi oferecida por ter a TV G. feito exibir cenas de uma novela, da qual participaram menores, sem prévia autorização do Juízo da Infância e da Juventude e sem, segundo se alega, a necessária indicação da classificação do programa.

No primeiro recurso, alega o MP que a pena do artigo 258 fora aplicada em valor insuficiente, deixando a sentença de aplicar a pena do artigo 254.

No segundo recurso, sustenta a apelante, preliminarmente, que o julgamento de plano do processo, cerceou-lhe a defesa, no mérito, alegando que "in casu", a autorização da autoridade judiciária competente não era necessário, pois, o que houve foi apenas a gravação de um programa, comparecendo os menores com a autorização dos responsáveis, não tendo sido, assim, infringida a lei.

A decisão apelada foi mantida às fls. 41.

O parecer do Dr. Procurador de Justiça, às fls. 45/47, é no sentido do provimento parcial do recurso do MP para a elevação da multa do artigo 258 a dez UFERJs.

Isto posto:

Inicialmente, rejeita o Conselho a preliminar de cerceamento de defesa, presente que, no caso dos autos, o julgamento de plano era, de fato, de rigor, ante a manifestação do MP e da representada, respectivamente, às fls. 21 e 22, de que não tinham mais provas a produzir.

No mérito:

Só o recurso do Ministério Público está a merecer provimento em parte.

Como bem assinalou o Dr. Procurador de Justiça, a gravação de programa de televisão, por se destinar, naturalmente, a exibição pública, como espetáculo público deve ser considerada, pelo que, ao incluir a presença de menores, deve observar o que dispõe o artigo 149, I "a", do ECA, que não dispensa a autorização, da autoridade judiciária competente, através da portaria ou alvará que, evidentemente, não podem ser substituídos pela simples autorização dos pais ou responsáveis.

A TV G. é reincidente no desrespeito de tal exigência legal, o que justifica a aplicação da pena prevista no artigo 258, em seu grau máximo.

A sentença recorrida fixou a pena em questão em 3 UFERJs.

O artigo 258 estabelece que dita pena deve variar entre o mínimo de 3 e o máximo de 20 salários de referência.

Já não existe mais salário de referência, pelo que, parece mais adequado calcular-se a pena com base em salários mínimos.

Quanto à multa do artigo 254, impossível é a sua aplicação, sem a prova de que tivesse havido, efetivamente, violação do artigo 76, parágrafo único do ECA.

Em face do exposto, dá o Conselho provimento parcial ao recurso do MP, para fixar a multa do artigo 258 em vinte salários mínimos, havendo, em conseqüência, como prejudicado o segundo recurso.

Rio de Janeiro, 3 de novembro de 1993.

Des. Ferreira Pinto, presidente.

Desa. Áurea Pimentel Pereira, relatora.

JURISPRUDÊNCIA

COMPETÊNCIA DA JUSTIÇA DA INFÂNCIA E DA JUVENTUDE PARA CONHECER DE QUAISQUER AÇÕES CIVIS FUNDADAS EM INTERESSES AFETOS À CRIANÇA E AO ADOLESCENTE (INCISO IV)

Juízo da Infância e da Juventude. Competência. A competência da Justiça da Infância e da Juventude está definida pelo art. 148, do ECA, a ela cumprindo conhecer de quaisquer ações civis fundadas em interesses afetos à criança e ao adolescente (inciso IV), independentemente de serem públicos ou privados os seus efeitos. A ela compete, portanto, conhecer de ação mandamental visando a proteção de adolescente contra ato dito abusivo de direção de colégio, mesmo particular, impeditivo do exercício do direito à educação. Provimento do recurso.

Processo 448/93; Campos de Goytacazes; Agravante: Ministério Público; Agravado: Diretor do Colégio E.

ACÓRDÃO

Vistos, expostos e debatidos estes autos de agravo de instrumento (processo 448/93), de Campos dos Goytacazes, em que é agravante o Ministério Público e agravado o diretor do Colégio E.: Acorda o Conselho da Magistratura do Tribunal de Justiça do Estado do Rio de Janeiro, por maioria, em dar provimento ao agravo para desconstituir a decisão recorrida e reconhecer a competência do Juízo para reconhecer do pedido vencida a Desembargadora Áurea Pimentel.

Assim decidem porque despiciendo o fato de ser o colégio particular uma vez que o Estatuto da Criança e do Adolescente, ao contrário da legislação anterior, tem alcance mais amplo, direcionando-se à proteção integral do infante, independente de situação econômica ou familiar, tanto assim a competência da Justiça da Infância e da Juventude está fixada pelo art. 148 do ECA que, em seu inciso IV, destina-lhe "conhecer de ações civis fundadas em interesses individuais, difusos ou coletivos afetos à criança e ao adolescente", sem qualquer discriminação, e o mandado de segurança é reconhecidamente ação cível, pouco importando que seus efeitos possam afetar interesses públicos ou privados. De qualquer forma, a atitude do agravado, que se diz abusiva, é impeditiva do exercício do direito à educação, ressalvado como prerrogativa da criança e do adolescente pelo art. 53 do ECA, em consonância com o disposto nos arts. 208, I, e 227 da Constituição Federal.

De registrar-se, ainda, que a impetração visa, sobretudo, permitir a matrícula das crianças em escola de rede pública, o que ainda mais as coloca sob a égide do Estatuto, de forma a estabelecer a já indubitável competência da Justiça especial.

Rio de Janeiro, 15 de julho de 1993.

Des. Ferreira Pinto, presidente.

Des. Adolphino A. Ribeiro, relator.

JURISPRUDÊNCIA

ENTIDADE DE ATENDIMENTO — POSSIBILIDADE DE AFASTAMENTO PROVISÓRIO DO DIRIGENTE DE ENTIDADE NÃO-GOVERNAMENTAL

Agravo de Instrumento. Entidade de assistência social. O art. 191 do Estatuto da Criança e do Adolescente se refere expressamente à apuração de irregularidades em entidades tanto governamentais como particulares.

Processo 840/92; Petrópolis; Agravantes: Assistência Social do Hospital M.J. e Instituto M.J. Ltda.; Agravado: Juízo de Direito da Infância e da Juventude.

ACÓRDÃO

Vistos, relatados e discutidos estes autos de agravo de instrumento 840/92, em que são agravantes Assistência Social do Instituto M.J. e Instituto M.J. Ltda. e agravado o Juízo da Infância e da Juventude da Comarca de Petrópolis.

Acordam os Desembargadores que integram o Conselho da Magistratura do Tribunal de Justiça do Estado do Rio de Janeiro, por unanimidade de votos, em negar provimento ao recurso.

E assim se decidiu porque:

A Assistência Social do Instituto M.J. e Instituto M.J. Ltda., nos autos da representação oferecida pelo Ministério Público, inconformados com o despacho de fls. 115, interpuseram agravo de instrumento, com fundamento no art. 522 e seguintes do Código de Processo Civil com as adaptações do art. 198 da Lei 8.069, de 1990.

Alegam que, embora sejam entidades particulares e não governamentais, a MM. Juíza, com fundamento no art. 193 do Estatuto da Criança e do Adolescente, afastou primeiramente seu diretor e nomeou o vice-diretor para assumir provisoriamente suas funções.

Afirmam que as medidas aplicáveis a entidades não governamentais ou particulares são advertência, suspensão total ou parcial das verbas públicas, interdição de unidades ou suspensão de programa e cassação do registro.

O despacho agravado nomeou provisoriamente o sr. F.B., diretor do L.C., como responsável pela instituição.

Pretendem os agravantes o retorno do sr. C.A.C.S. à direção provisória das entidades.

O agravado ofereceu as contra-razões de fls. 18 a 22, ressaltando que, com relação ao afastamento do dr. A.L., a matéria está preclusa.

O despacho de fl. 67 manteve a decisão agravada com respeito à nomeação de um interventor para gerir a associação Assistência Social do Instituto M.J. Reformou-se, parcialmente, entretanto, com relação à nomeação de interventor para gerir a sociedade Instituto M.J. Ltda., que poderá voltar a ser dirigida por seu sócio-gerente A.L.N.

A douta Procuradoria de Justiça opinou pelo desprovimento do recurso.

É o relatório.

O agravo tem agora como objeto o retorno do sr. C.A.C.S. à direção provisória da Assistência Social do Instituto M.J., já que o despacho de retratação devolveu a direção da segunda agravante ao sr. A.M.L.N. (fls. 67).

Fundamenta-se a inconformação na alegação de que o § 2º do art. 193 do Estatuto da Criança e do Adolescente refere-se unicamente a entidade governamental.

Enumeram as agravantes, ainda, as medidas do art. 97, II, aplicáveis a entidades não governamentais ou particulares.

Como se vê, a questão com relação ao Instituto S.J. Ltda. está superada.

Não tem qualquer procedência, contudo, o recurso.

O art. 191 do Estatuto da Criança e do Adolescente se refere expressamente à apuração de irregularidades em entidades governamentais e não governamentais e seu parágrafo único permite à autoridade judiciária decretar liminarmente o afastamento provisório da entidade.

O fato do § 2º do art. 193 se referir a afastamento de dirigente governamental, não significa que este possa ser afastado. O dispositivo regula a forma de afastamento de dirigente de entidade governamental porque a medida deve ser solicitada à autoridade administrativa hierarquicamente superior ao afastado.

Não quer dizer que, por isso, o diretor de entidade particular não possa também ser substituído provisoriamente.

As irregularidades apuradas são de tal monta que justificam a medida adotada.

Nega-se o provimento ao recurso.

Rio de Janeiro, 4 de março de 1993.

Des. Antonio Carlos Amorim, presidente.

Des. Genarino Carvalho, relator.

JURISPRUDÊNCIA

GUARDA PARA FINS PREVIDENCIÁRIOS — IMPOSSIBILIDADE DE SUA CONCESSÃO

Apelação Cível 22.349-0/3; Santos; Apelante: V.P.M.; Apelado: MM. Juiz de Direito da Infância e Juventude da 1ª Vara da Comarca.

ACÓRDÃO

Vistos, relatados e discutidos estes autos de apelação cível 22.349-0/3, da Comarca de Santos, em que é apelante V.P.M., sendo apelado o MM. Juiz de Direito da Infância e da Juventude da Primeira Vara da Comarca de Santos:

Acordam, em Câmara Especial do Tribunal de Justiça do Estado de São Paulo, por votação unânime, negar provimento ao recurso, de conformidade com o relatório e voto do Relator, que ficam fazendo parte integrante do presente julgado.

O julgamento teve a participação dos Desembargadores Ney Almada e Nigro Conceição, com votos vencedores.

São Paulo, 9 de fevereiro de 1995.

Yussef Cahali, presidente e relator.

Vistos,

I — Tratam os autos de Pedido de Guarda dos menores P.G.N. e C.M.G., requerido pela avó materna, ora Apelante, com o objetivo de inscrevê-los como seus beneficiários junto ao Instituto Nacional de Seguro Social e outras Entidades afins, a fim de que possam usufruir dos serviços e benefícios oferecidos pelos órgãos previdenciários.

Por sentença proferida a fls. 31/33 o Pedido de Guarda foi indeferido, sob o fundamento de que não atende aos objetivos legais.

Irresignada, recorreu dessa decisão, alegando, em síntese, que se encontram satisfeitos todos os requisitos para o deferimento do pedido (fls. 36/40).

Em contra-razões o Representante do Ministério Público pleiteia o improvimento do recurso (fls. 44/48).

Em Juízo de retratação a decisão foi mantida por seus próprios e jurídicos fundamentos (fls. 49).

A ilustre Procuradoria-Geral de Justiça em seu parecer de fls. 55/57, opinou pelo improvimento do apelo.

É o relatório.

II — O recurso não merece provimento.

Preceitua o artigo 33, do Estatuto da Criança e do Adolescente:

"A guarda obriga à prestação de assistência material, moral e educacional à criança ou adolescente, conferindo a seu detentor o direito de opor-se a terceiros, inclusive aos pais.

"§ 1º. A guarda destina-se a regularizar a posse de fato, podendo ser deferida, liminar ou incidentalmente, nos procedimentos de tutela e adoção, exceto nos de adoção por estrangeiros.

"§ 2º. Excepcionalmente, deferir-se-á guarda, fora dos casos de tutela e adoção, para atender a situações peculiares ou suprir a falta eventual dos pais ou responsável, podendo ser deferido o direito de representação para a prática de atos determinados."

Dessa dicção se infere que o caso "sub examine" não se inclui em qualquer das previsões legais.

Senão vejamos:

O estudo social realizado concluiu que todos vivem juntos na mesma residência, assim, não se trata de regularizar posse de fato, nem é o caso de tutela ou adoção, pois tanto o adolescente quanto a criança se encontram sob a guarda da mãe.

Além do mais, verificando-se os autos, percebe-se que a genitora dos menores já recebe pensão como dependente de seu falecido marido, e, ainda, possui uma casa na cidade de São Vicente, que se encontra alugada, garantindo-lhe um rendimento suplementar.

Conclui-se, então, que os menores têm asseguradas condições satisfatórias para que alcancem um desenvolvimento salutar e apropriado, não se vislumbrando ameaça de seus direitos básicos.

Note-se, ainda, que a exclusiva intenção da apelante é beneficiar os netos, conferindo-lhes condição de dependentes, notadamente para fins previdenciários, o que constituiria efeito da guarda e não finalidade como pretende a recorrente.

Finalmente, um último aspecto merece abordagem.

A guarda, como ressuma evidente, por sua importância, não pode se prestar apenas a assegurar assistência previdenciária a menor, se, em verdade, a transferência efetiva da posse da criança não ocorre.

Comprovado que a criança continuará em poder da mãe, não se há de compactuar com uma providência que, embora dependa de decisão do Judiciário, não corresponde à verdade.

III — Em razão do exposto, nego provimento ao recurso para manter a r. decisão do Juízo monocrático.

São Paulo, 9 de fevereiro de 1995.

Yussef Cahali, relator.

JURISPRUDÊNCIA

INFRAÇÃO ADMINISTRATIVA — MULTA — CRITÉRIOS DE FIXAÇÃO

Responsável por estabelecimento que explora o jogo de bilhar, que não observa a regulamentação relativa à permanência e participação de menores —Alegada impossibilidade de fiscalização — Inadmissibilidade — Dever de fiscalizar que é do responsável pelo estabelecimento (ECA, art. 80).

Multa — Aplicação em salário mínimo — Estatuto que a comina em salário-de-referência — Impossibilidade de sua alteração pelo magistrado. Aplicação do último salário-de-referência vigente, atualizado para a época do recolhimento.

Apelação Cível 21.286.0/8; Sorocaba; Apelante: J.J.S.; Apelado: Ministério Público.

PARECER

Colenda Câmara Especial:

Trata-se de apelo interposto por J.J.S., contra r. sentença de primeira instância que o condenou a pagar multa fixada em 3 (três) salários mínimos, com base no disposto pelo artigo 258, da Lei 8.069/90.

O recorrente pede a reforma da r. sentença de fls. 60/64, alegando, em síntese, que a prova feita durante a instrução desautorizava o decreto de procedência de fls. 2/3, como pretende demonstrar nas suas razões.

O recurso mereceu resposta da dra. Curadora da Infância e da Juventude, e a MM. Juíza "a quo" proferiu r. despacho de sustentação.

Penso que o inconformismo do apelante não merece prosperar.

Segundo os talões de ocorrência de fls. 6/7, no dia 8 de outubro de 1991, por volta das 21:20 horas, policiais militares faziam patrulha de rotina, quando surpreenderam vários menores de 18 (dezoito) anos jogando bilhar, no interior do estabelecimento de propriedade de J.J.S., sito à rua (...), Vila Melges, em Sorocaba.

A dra. Curadora da Infância e da Juventude representou contra o responsável pelo comércio, atribuindo-lhe a prática de infração administrativa prevista no artigo 258, da Lei 8.069/90.

Em sua defesa, o dono da empresa admitiu que menores de 18 (dezoito) anos jogavam no interior do estabelecimento, e pretendeu se eximir de responsabilidade pelo fato, dizendo que, embora houvesse cartaz alertando que a prática era vedada a menores, não podia exercer uma efetiva fiscalização sobre a mesa de jogos, que estava instalada fora do alcance de sua visão — fls. 15/16.

Mas esse argumento não justificava o decreto de improcedência da peça de fls. 2/3, porque restou claro durante a fase instrutória que J.J.S. não cumpriu a norma do artigo 80, do ECA, segundo a qual "os responsáveis por estabelecimentos que explorem comercialmente bilhar, sinuca ou congênere ou por casas de jogos, assim entendidas as que realizem apostas, ainda que eventualmente, cuidarão para que não sejam permitidas a entrada e a permanência de crianças e adolescentes no local, afixando aviso para orientação do público".

Assim é que as testemunhas ouvidas às fls. 46/48 esclarecem, com segurança, a inexistência de qualquer aviso no local, sobre a proibição de menores jogarem bilhar.

E R.C.B.O. que tinha, na época, 15 (quinze) anos incompletos — fls. 38 —, informou que no dia e hora mencionadas na representação do Ministério Público, estava no bar, com os outros menores referidos às fls. 6/7, e jogava sem qualquer oposição do dono do estabelecimento.

Ora, mesmo que se admita como verdadeira a afirmativa de que os menores receberam fichas de um adulto não identificado — fls. 48 —, tal circunstância não beneficia o recorrente, pois cabia-lhe providenciar que as mesas de jogos fossem instaladas em local onde pudesse impedir o uso inadequado das mesmas por crianças ou adolescentes.

Anota-se, ademais, que ao contrário do que se aduziu nas razões do recurso, não há qualquer indício de má-fé ou tendenciosidade nas declarações de I.C.S., policial militar que participou da diligência noticiada às fls. 6/7, segundo quem J.J.S. tinha conhecimento de que infringia as normas do Estatuto menorista em vigor, e assumiu os riscos da desobediência à lei, para não ter prejuízos em seu comércio — fls. 46.

Assim, demonstrada a procedência da representação ministerial de fls., nenhum reparo merece a r. sentença em exame, inclusive no ponto em que fixou a multa ao estabelecimento no mínimo previsto pelo artigo 258, da Lei 8.069/90, considerando a primariedade do infrator.

O parecer é, pois, pelo improvimento do recurso, "sub censura".
São Paulo, 31 de janeiro de 1994.
Isabela Gama de Magalhães Gomes, procuradora de justiça.

ACÓRDÃO

Vistos, relatados e discutidos estes autos de apelação cível 21.286-0/8, da Comarca de Sorocaba, em que é apelante J.J.S., sendo apelada a Promotora de Justiça da Infância e da Juventude da Comarca de Sorocaba.

1. O Promotor de Justiça da Vara da Infância e da Juventude da Comarca de Sorocaba ofereceu representação contra J.J.S., proprietário de um bar situado na rua (...), em virtude da constatação de que, no dia 8 de outubro de 1991, por volta de 21:20 horas, quatro adolescentes estavam no interior do estabelecimento, jogando bilhar.

Após regular instrução, a representação foi julgada procedente e o apelante condenado ao pagamento de multa, fixada em 3 (três) salários mínimos, vigentes à época do fato.

Inconformado, interpôs o presente recurso de apelação, pretendendo, em síntese, a reforma da r. decisão condenatória. Alega a impossibilidade de fiscalização do local das mesas de bilhar.

Processado o recurso, colheu-se a manifestação do Dr. Curador e foi mantida a r. decisão.

A douta Procuradoria de Justiça opinou pelo improvimento do apelo.

2. O artigo 80 do Estatuto da Criança e do Adolescente estabelece que "os responsáveis por estabelecimentos que explorem comercialmente bilhar, sinuca ou congênere cuidarão para que não seja permitida a entrada e permanência de crianças e adolescentes no local, afixando aviso para orientação do público". Atribui ao proprietário a responsabilidade pela vigilância e cumprimento dessa norma.

O apelante não contestou a presença dos adolescentes no recinto de jogo, apenas limitou-se a justificá-la pela dificuldade de fiscalização. Reconheceu a sua culpa ao dizer que colocou as mesas de bilhar em local onde "qualquer pessoa pode livremente ingressar" e que "fugiam completamente à sua ótica" (fl. 71).

Com efeito, competia ao responsável pelo estabelecimento, no caso o apelante, a tomada de providências necessárias ao cumprimento da legislação vigente.

A testemunha R.C. (fl. 48) estava no estabelecimento e confirmou a presença dos adolescentes, participando do jogo. Disse que sequer existe placa, no local, avisando que "é proibido menor jogar bilhar" ("sic"). No mesmo sentido o depoimento da testemunha W. (fl. 47).

Irrepreensível, portanto, a decisão que julgou procedente a representação, reconhecendo a prática de infração ao artigo 258 do ECA.

3. Quanto à multa, comporta pequeno reparo.

Inegável que o apelante, sendo primário, pois não há notícia de fato anterior em que tenha se envolvido, não poderia ter a multa aplicada além do mínimo.

Entretanto, no caso, a multa foi aplicada em três salários mínimos, vigentes à época do fato, quando o correto é três salários de referência, que é o previsto no art. 258 do ECA e tem sido observado por esta E. Câmara (Ap. Cível 17.569.0/5, Rel. César de Moraes; 17.009.0/0, Comarca de Jales, 18.472.0/0, Comarca de Marília, ambas relatadas pelo subscritor deste).

No caso, contudo, como não pode o magistrado alterar a prescrição legal, impõe-se a correta interpretação da disposição legal, aplicando-se o último salário-de-referência, mas atualizado para a época do recolhimento, segundo os índices oficiais.

Assim, no caso, impõe-se a redução da multa para três salários-de-referência, devidamente atualizados na forma especificada.

Ante o exposto, acordam, em sessão da Câmara Especial do Tribunal de Justiça do Estado de São Paulo, por votação unânime, dar provimento, em parte, à apelação interposta por J.J.S., a fim de reduzir a multa para três salários-de-referência, atualizados para a época do recolhimento.

O julgamento teve a participação dos Desembargadores Yussef Cahali (presidente, sem voto), Lair Loureiro e Dirceu de Mello, com votos vencedores.

São Paulo, 20 de abril de 1995.

Nigro Conceição, relator.

JURISPRUDÊNCIA

DESTITUIÇÃO DO PÁTRIO PODER — IMPOSSIBILIDADE DE SER FUNDAMENTADA NA POBREZA DO PAI — APLICABILIDADE DO ARTIGO 23 DA LEI 8.069/90

Apelação 21.784.0/0; Comarca de Osasco; Apelante: G.G.; Apelado: Ministério Público do Estado de São Paulo; Interessado: D.V.C.G.

PARECER

Colenda Câmara Especial

1. Trata-se de recurso de apelação interposto pelo genitor da criança D.V.C.G., inconformado com a r. sentença de fls. 97/102 que o destituiu do pátrio poder, sob o fundamento de descumprimento injustificado de seus deveres.

2. Alega o recorrente, em apertado resumo, que o processo padece de nulidade absoluta, eis que cerceada sua defesa ante o fato de tramitar, concomitantemente, procedimento visando a adoção de seu filho, ao qual não teve acesso mas que serviu de argumento para o "decisum", bem como, no mérito, sustenta que nenhuma das hipóteses legais autorizadoras do decreto de perda do pátrio poder materializou-se no caso concreto, insurgindo-se contra aquilo que entende como predileção em favor do casal adotante, economicamente melhor situado que o recorrente (fls. 108/115).

3. Ofertou a dra. Promotora de Justiça as contra-razões de fls. 117/119, pugnando pelo improvimento do recurso.

4. O M.M. Juiz manteve a r. sentença recorrida (fls. 121/123).

* * *

A preliminar não merece acolhida, de vez que o procedimento de adoção tem por objeto aferir o preenchimento de requisitos objetivos e subjetivos relacionados aos pretendentes da medida, bem como eventual adaptação entre adotantes e adotando, de sorte que não interfere no mérito da questão. A falta de acesso do recorrente àquele processo justifica-se pela necessidade formal de resguardar sigilo quanto aos pretendentes, notadamente no que concerne ao endereço da família. Consigne-se que o processo de destituição assume o papel de verdadeira causa prejudicial, somente sendo possível acolher o pedido formulado pelos adotantes quando preenchido o requisito da perda do pátrio poder em relação ao pais biológicos, de sorte que a defesa do recorrente encontra-se circunscrita ao pedido que lhe foi dirigido, qual seja, o de perda do pátrio poder.

Quanto mérito, verifica-se que os autos retratam que a genitora da infante, então companheira do recorrente, logo após uma briga do casal, procurou o juízo para entregar a criança, alegando falta de condições para criar o filho (fls. 2). Naquele mesmo dia, ou seja, em 17.3.93, prestou declarações, manifestando ciência quanto aos efeitos de eventual destituição de pátrio poder (fls. 5). Determinou o ilustre Magistrado que fosse assentado o nascimento do petiz (fls. 9) e, antes mesmo de qualquer chamado judicial, compareceu o recorrente, assistido pela Procuradoria de Assistência Judiciária, pleiteando a recobrada do filho, alegando que a iniciativa da companheira materializava comportamento cruel e irresponsável. Afirmou que no período em que mediou seu pedido formal e o ato da genitora — menos de um mês — compareceu várias vezes ao Fórum para exigir a devolução do filho, sendo que em uma das ocasiões até entregou para uma assistente social a declaração hospitalar (fls. 8) que serviu de base para a inscrição do nascimento determinada pelo MM. Juiz. Deflui de sua manifestação formal (fls. 13/17), protocolada no dia 13.4.93, que seus reclamos pessoais não foram atendidos, razão pela qual procurou o auxílio da Procuradoria de Assistência Judiciária.

A dra. Promotora de Justiça, levando em conta informe de assistente social no sentido de que o apelante havia verbalizado que por não reunir condições de ter a guarda do filho iria deixá-lo com terceiras pessoas, bem como considerando o anteriormente alegado pela genitora (fls. 25/26), ingressou com ação de destituição do pátrio poder, sustentando violação dos deveres a ele inerentes (fls. 27/29). Salvo menção genérica ao fato de que o apelante não se preocupou em registrar o filho e, após a separação do casal, teria se desinteressado pelo destino da criança, a preambular oferecida pelo Ministério Público não imputa ao recorrente nenhuma outra ação ou omissão capaz de servir de base para o decreto de perda do filho.

Quanto ao registro do filho anote-se, desde logo, que a demora na sua realização não tem o condão de justificar a extrema medida da perda da prole. Certamente para um servente de pedreiro, habitante de favela, o preço do registro é um impediente para sua pronta feitura. Acrescente-se, ainda, o fato de que solicitou formalmente, quando de sua primeira intervenção, o registro do filho, militando também em seu favor a presunção de que a declaração de nascimento que deu origem à inscrição determinada pelo juízo foi por ele entregue à assistente social, mesmo porque não há qualquer menção quanto à origem do documento acostado às fls. 8.

Também não procede a afirmação de que desinteressou-se pelo futuro do filho. A luta do apelante para recobrá-lo, evidenciada logo após sua entrega pela mãe, constitui manifesta e eloqüente comprovação de que não desprezou a criança.

Assim, analisando a prova produzida não há como imputar ao pai castigos imoderados, abandono ou prática de atos contrários à moral e aos bons costumes (CC, art. 395), bem como descumprimento injustificado dos deveres de sustento, guarda e educação do filho menor (ECA, art. 22), situações que em tese justificariam o decreto de perda do pátrio poder, "ex vi" do disposto no artigo 24 do Estatuto da Criança e do Adolescente.

Saliente-se que a interrupção do exercício do dever de guarda se deu exclusivamente por circunstâncias alheias à sua vontade, de sorte que imputar-lhe descumprimento injustificável dessa obrigação não encontra respaldo na prova produzida. A este respeito consigne-se que tanto a genitora (fls. 59), quanto as testemunhas de fls. 67 e 68, informaram que o apelante não conhecia a intenção da mãe em entregar o filho.

Assim, juridicamente, não vislumbro motivo para o decreto de perda do pátrio poder.

Entendo que a opção destitutória, no caso vertente, resultou unicamente da conclusão de que a criança encontra-se devidamente amparada em família substituta, que, ao que tudo indica, reúne condições de propiciar ao infante um futuro promissor. Ao contrário, o apelante pouco tem a oferecer, porquanto trata-se de servente de pedreiro e favelado, estando atualmente separado de sua companheira.

Seqüelas dificilmente reparáveis no caso de inversão da guarda e prova que recomenda a permanência da criança onde se encontra, formam os principais argumentos expedidos pelo MM. Juiz quanto do despacho mantenedor da r. sentença recorrida (fls. 121/123).

Contudo, é de se reconhecer que essa situação não foi provocada pelo apelante, resultando, "data maxima venia" da precipitação relacionada à colocação da criança em família substituta e da negativa de se reconhecer o direito do pai de ter o filho sob sua companhia.

O tempo passou e a legítima insistência paterna é rotulada indevidamente de capricho (fls. 84) ou de mero egoísmo (fls. 119), como se fosse possível exigir de um pai despojado do filho a elevação santificada da resignação, submetendo-se pacientemente ao sofrimento ínsito à separação.

De outra parte, a criança. Não conhece o pai por culpa de outrem, encontra-se inserida em família substituta ante flagrante irresponsabilidade da genitora, não convive com a família natural porquanto o direito de estar em companhia do pai foi inobservado, e, certamente, já substituiu as figuras paterna e materna.

Deflui do autos, contudo, que o pai sofreu e ainda sofre. Perdurar seu infortúnio, exigir-lhe resignação quando o direito indica solução que lhe é satisfatória, não me parece que seria justo. Consolidar a precipitação, tornar imutável evidente desconsideração à lei que exige iniciativas tendentes à preservação dos laços familiares, perpetuar descaso à Constituição que determina proteção à família, afigura-se precedente para resoluções brotadas exclusivamente da vontade daqueles que detêm parcela do poder estatal.

Assim, entendo que o provimento do recurso é medida de Direito e de Justiça. Não pode o apelante ser destituído do pátrio poder.

Isto não implica, a meu ver, que a criança seja entregue ao pai que sequer a conhece. Na tentativa de evitar as seqüelas que se presumem decorrentes de nova ruptura, penso que o recorrente e os pretendentes à adoção devem ao petiz uma certa dose de sacrifício de seus interesses. Desta forma, conciliando os fundamentais direitos envolvidos, entendo que os pretendentes à adoção podem obter a guarda do infante, facultando-se ao pais biológico o direito de visitas, no critério de tempo, duração e modo a serem definidos depois de estudo do caso pela equipe interprofissional do juízo. Assim, o apelante continuaria sendo o pai do filho que gerou e que dele foi afastado contra a sua vontade e a criança não sofreria com a inversão da guarda, deixando o tempo encarregado de sedimentar ou não os vínculos naturais, de vez que a guarda não é incompatível com o pátrio poder.

É o parecer.

São Paulo, 8 de abril de 1994.

Paulo Afonso Garrido de Paula, procurador de justiça.

ACÓRDÃO

Vistos, relatados e discutidos estes autos de apelação cível 21.784-0/0, da Comarca de Osasco, em que é apelante G.G. e apelada a Curadora da Infância e da Juventude da Comarca, sendo interessados R.V.C. e o menor D.V.C.G.

Acordam, em Câmara Especial do Tribunal de Justiça do Estado de São Paulo, por votação unânime, rejeitar a preliminar e dar provimento ao recurso, de conformidade com o relatório e voto do relator, que ficam fazendo parte integrante do presente julgado.

Participaram do julgamento os Desembargadores Yussef Cahali (presidente sem voto), Nigro Conceição e Lair Loureiro.

São Paulo, 9 de março de 1995.

Ney Almada, relator.

VOTO DO RELATOR

Julgando destituição de pátrio poder, intentada pelo Ministério Público contra os genitores de D.V.C.G., a r. sentença de fls. 97/102, relatório adotado, houve por bem julgar procedente o pedido.

Recorre o genitor (fls. 108 e ss.), propugnando por integral reforma do decisório, alegando, em síntese, preliminarmente, nulidade do ato sentencial, por violação do contraditório e ampla defesa, pelo curso paralelo de processo de adoção do filho, ao qual não se lhe franqueou acesso. No mérito, salienta ter-se havido regularmente no adimplemento dos deveres paternos, sem infligir castigos imoderados à criança, malgrado o ambiente de pobreza vivido em seu lar. Aduz, por último, ter havido "error in judicando".

Recurso respondido (fls. 117 e ss.), mantendo-se o julgado monocrático.

A doutra Procuradoria-Geral de Justiça, em parecer a fls. 126 "usque" 131, contrariando a preliminar e, quanto ao mais, advogando o provimento do apelo.

É o relatório.

Rejeita-se a argüição prévia, porquanto não se mostra revel aos princípios o alheamento do apelante no feito adocional, em fase sigilosa, além do que, como lembrado a fl. 127, a destituição do pátrio poder constitui preliminar daquele processo, somente suscetível de julgamento com posterioridade em relação ao presente. Assim, não haverá dano de maior monta pelo fato alegado, mais ainda ante a solução favorável que se dá ao recurso.

Ajuizando-se o mérito do apelo, força é concluir discrepantemente da decisão de primeiro grau.

Com efeito, não houve culpa imputável ao recorrente. A entrega da criança à autoridade, como se presentes estivessem os fatores determinantes dessa atitude, decorreu de iniciativa unilateral e precipitada da genitora, certo que o companheiro procurou reaver o filho, para tê-lo sob sua custódia, em que pese à animosa divisão do casal. A procura não foi fecunda, por circunstâncias burocráticas, que não eliminam o empenho do recorrente em exercitar seus direitos e deveres de natureza paterno-filial.

Do retardo no registro do nascimento não é lícito sacar a conclusão de negligência de sua parte aceitável, por outro lado, que a prova dos autos não pantenteou conduta agressiva em relação ao filho, entregue aos cuidados de família substituta — fato pelo qual o apelante não pode ser responsabilizado.

Conclui-se não existentes os pressupostos que legitimam o êxito do "petitum", irreconhecíveis até mesmo na situação de pobreza do pai — servente de pedreiro, residindo em favela, desde que possua, como tudo induz possuir, condições para, oportunamente, criar e educar o menino. Pobre é largo contingente demográfico de nosso país, que, no entanto, cuida, como pode, dos filhos, ambientando-os às restrições da hipossuficiência sócio-econômica sob as quais vive. Fosse válido o argumento e seria caso de uma cassação em massa do pátrio-poder.

A solução alvitrada pelo "Parquet" estima-se como válida, mantida a guarda "si et in quantum", como se acha atualmente, em ordem a evitar traumas na formação da criança, resguardado o direito de visita pelo genitor, como o regulamentar o magistrado. A companheira do apelante dele se separou, negando, em juízo, tivesse sido vítima de agressão física.

Em tais termos, acolhe-se a impugnação recursal.

Ante o exposto, rejeitada a preliminar, dão provimento ao recurso.

Ney Almada, relator.

JURISPRUDÊNCIA

ACOMPANHAMENTO TEMPORÁRIO — ARQUIVAMENTO DOS AUTOS — IMPOSSIBILIDADE

Agravo de Instrumento 19.477.0/0; Comarca de Atibaia; Agravante: Ministério Público do Estado de São Paulo; Agravado: Juízo de Direito da Infância e da Juventude.

PARECER

Colenda Câmara Especial:

1. Trata-se de agravo de instrumento (fls. 2/6) tirado de despacho (fls. 23v.) que indeferiu requerimento do dr. Promotor de Justiça consistente no prosseguimento de acompanhamento, pelo setor técnico, da situação de duas crianças inseridas em família derivada da comunidade formada por eles e seu pai (fls. 23), com a determinação de arquivamento dos autos.

2. Alega o agravante, em apertado resumo, que a interrupção do acompanhamento somente provocará prejuízos para as crianças.

3. O ilustre Magistrado manteve a r. decisão recorrida, consignando seu entendimento no sentido de que o recurso é incabível, ante a falta de lesividade na decisão agravada e a natureza administrativa do presente procedimento, acrescentando que o dr. Promotor de Justiça, no interesse das crianças, poderia encetar iniciativas judiciais ou extrajudiciais (fls. 7/7v.).

* * *

O procedimento teve início mediante notícia levada por terceiro no sentido de que duas crianças, cuidadas exclusivamente pelo pai, viviam na rua, pedindo o que comer para os vizinhos, sendo o pedido de providências autuado como averiguação (fls. 9). Realizada visita pelo setor técnico do juízo verificou-se que o pai dos infantes ganhava seu sustento e o das crianças catando papelão e ferro velho, obtendo-se informes de que embriagava-se, maltratava os infantes e que não tinha condições de cuidar dos petizes (fls. 9/9v.).

Estudo social evidenciou que o pai da crianças havia mudado para um sítio, em terreno cedido, habitando uma casa de dois cômodos construída em meio a um grande pasto, que continuava catando papelão, tarefa partilhada com os filhos. Como os infantes, que demonstravam apego ao pai, não freqüentavam a escola, o pai foi devidamente orientado pela assistente social, que sugeriu novo estudo do caso dentro do prazo de trinta dias (fls. 11/12).

Requerida (fls. 13) e deferida a providência sugerida (fls. 13v.), o relatório apresentado noticiou que o pai estava providenciando a matrícula escolar dos filhos, comprovando posteriormente a de um deles (J.C.), sendo novamente orientado, concluindo a assistente social que as crianças deveriam permanecer sob guarda do pai (fls. 14/15).

Meses depois, novo relatório informando que o genitor, em virtude de doença, ficou impossibilitado de levar o filho à escola (fls. 16). Em continuação, relatou-se a mudança de local de residência (fls. 18), a construção de um cômodo para abrigar a família, matrícula escolar do filho mais velho e espera de vaga para o filho mais novo (fls. 22).

Nessa oportunidade, o dr. Promotor requereu que o caso continuasse sendo acompanhado pelo setor técnico, sendo o requerimento indeferido, com a determinação de arquivamento dos autos.

Colocados os fatos e o objeto da impugnação, verifica-se, liminarmente, a presença de interesse recursal, porquanto existe necessidade de revisão da decisão. O arquivamento dos autos importa cessação do acompanhamento técnico realizado pela equipe interprofissional do juízo, de modo que a família, notadamente as crianças, sofrerá prejuízos decorrentes da interrupção do serviço.

Deflui do disposto no artigo 151 do Estatuto da Criança e do Adolescente que o acompanhamento de casos dessa natureza é uma das principais atribuições da equipe interprofissional, importando trabalhos de aconselhamento, orientação, encaminhamento, prevenção e outros. Tal acompanhamento é uma das tradicionais e principais atividades da Justiça da Infância e da Juventude, realizando-se através de procedimento administrativo, ou de jurisdição voluntária, o que não lhe retira sua necessidade e importância.

No caso vertente, evidencia-se a eficácia do auxílio prestado pelo Poder Judiciário, através de equipe técnica, a uma família carente e com inúmeras dificuldades para enfrentar as adversidades que caracterizam o cotidiano. O pai das crianças reduziu a ingestão de bebidas alcoólicas, as crianças começaram a ter perspectivas de instrução formal, a situação material melhorou com o apoio de entidade de assistência social indicada pela técnica do juízo. O direito saiu do papel e materializou-se, ainda que minimamente, na melhoria das condições de vida de toda uma família.

Enquadra-se a atividade no adotar de medidas de proteção elencadas no artigo 101 do Estatuto da Criança e do Adolescente, notadamente na orientação, apoio e acompanhamento temporários (inciso II), atividade que, via de regra, não é tão temporária assim em razão da complexidade dos casos e das dificuldades relacionadas aos meios materiais de proteção e promoção da família.

Desta forma, lembrando ainda que a medida de proteção não conta com procedimento específico, aplicando-se, destarte, o disposto no artigo 153 do ECA ("Se a medida judicial a ser adotada não corresponder a procedimento previsto nesta ou em outra lei, a autoridade poderá investigar os fatos e ordenar, de ofício, as providências necessárias, ouvido o Ministério Público), consigne-se que o arquivamento determinado pelo ilustre Magistrado impede o prosseguimento dos excelentes trabalhos até então desenvolvidos em benefício de uma família carente.

E, registre-se, isto não desobriga o Ministério Público de encetar iniciativas para as quais encontra-se legitimado, como, por exemplo, eventual ação civil pública para garantir vaga no ensino público para as crianças que se encontram excluídas da instrução básica e fundamental, de modo que o acompanhamento do caso serve até para registro da situação fática a motivar determinadas ações.

Isto posto, considerando o arquivamento insubsistente, o parecer é pelo provimento do recurso.

São Paulo, 30 de maio de 1994.

Paulo Afonso Garrido de Paula, procurador de justiça.

ACÓRDÃO

Vistos, relatados e discutidos estes autos de Agravo de Instrumento 19.477-0/0, da Comarca de Atibaia, em que é agravante Promotor de Justiça da Vara da Infância e da Juventude da Comarca de Atibaia, sendo agravado MM. Juiz de Direito da Vara da Infância e da Juventude da Comarca de Atibaia.

Acordam, em Câmara Especial do Tribunal de Justiça do Estado de São Paulo, por votação unânime, dar provimento ao agravo, de conformidade com o relatório e voto do relator, que ficam fazendo parte integrante do presente julgado.

O julgamento teve a participação dos Desembargadores Sabino Neto (presidente, sem voto), Yussef Cahali e Ney Almada, com votos vencedores.

São Paulo, 26 de janeiro de 1995.

Dirceu de Mello, relator.

É agravo tirado contra a r. decisão copiada a fls. 23v., que determinou o arquivamento de procedimento relativo a "averiguação de carência". Sustenta o recurso que há necessidade de se prosseguir no acompanhamento do caso.

Mantida a r. decisão impugnada, nesta instância manifestou-se a ilustrada Procuradoria-Geral de Justiça pelo provimento do agravo.

Esse o relatório.

1. Inicialmente, anote-se que, ao contrário do entendimento exposto a fls. 7, pelo dr. Juiz de Direito, o despacho copiado a fls. 23v. é recorrível. Antes de mais nada, porque trata-se de decisão jurisdicional — pouco importando aqui, não tenha sido lançada em procedimento de jurisdição contenciosa. E, por outro lado, em tese, a decisão impugnada fere direito das crianças envolvidas no procedimento, no sentido de seu responsável continuar sendo atendido e orientado pelo serviço técnico do Juízo de Atibaia.

Quanto à matéria de fundo, verifica-se que a irresignação procede.

Como demonstrou, com absoluta precisão, a douta Procuradoria-Geral de Justiça, o arquivamento determinado pelo Dr. Juiz de Direito coarctou acompanhamento técnico que vinha se mostrando, na medida do possível, eficiente.

Esse acompanhamento técnico, como reconhece o próprio Magistrado, está incluído entre as medidas de proteção previstas na Lei Federal 8.069/90. Se é certo que é temporário, não menos certo é que a duração desse tempo não se afere de forma apenas aritmética.

No caso sob exame, verifica-se que o acompanhamento do núcleo familiar, inclusive mediante a realização de visitas domiciliares, vinha trazendo, como já salientado, bons resultados para as crianças F. e J.C. Nada recomendava, pois, a cessação desse trabalho.

Ressalte-se que isso não significa que a atuação da equipe interprofissional não encontre um fim. Significa, apenas, que o acompanhamento só deve cessar quando os objetivos perseguidos tiverem sido alcançados.

É certo que o procedimento pode tomar outro rumo. Na hipótese de o caso não apresentar evolução favorável, nada obstante o trabalho da equipe técnica, aí sim pode — e deve — o representante do Ministério Público tomar as providências que a lei coloca à sua disposição.

2. Diante do exposto, dá-se provimento ao recurso, para que prossiga o acompanhamento técnico que vinha sendo realizado no procedimento de interesse.

Dirceu de Mello, relator.

JURISPRUDÊNCIA

ARQUIVAMENTO DE PROCEDIMENTO PARA APURAÇÃO DE ATO INFRACIONAL, EM RAZÃO DO INFRATOR JÁ TER ATINGIDO A MAIORIDADE PENAL

Apelação cível — Magistrado que determinou o arquivamento de procedimento para apuração de ato infracional, em razão do infrator já ter atingido a maioridade penal — Recurso do MP — Até os 21 anos de idade, o infrator pode e deve ser acompanhado pelo juizado da Infância e da Juventude, conforme dispõe o parágrafo único do art. 2º da Lei 8.069 — Recurso provido.

Apelação Cível 592.023.329, 7ª Câmara Cível, Passo Fundo; apelante: Ministério Público; apelado: S.N.

ACÓRDÃO

Vistos, relatados e discutidos os autos, acorda a 7ª Câmara Cível do Tribunal de Justiça do Estado, à unanimidade, *dar provimento* à apelação, tudo de conformidade e pelos fundamentos constantes das inclusas notas taquigráficas que integram o presente acórdão.

Custas na forma da lei.

Participaram do julgamento, além do signatário, os Excelentíssimos Senhores Desembargadores Nelson Oscar de Souza, Presidente, e Alceu Binato de Moraes.

Porto Alegre, 3 de junho de 1992.

Des. Guido Waldemar Welter, relator.

RELATÓRIO

O Des. Guido Waldemar Welter — Relator

O Ministério Público interpôs recurso de apelação contra sentença do Juiz da Infância e da Juventude da Comarca de Passo Fundo que determinou o arquivamento de procedimento para apuração de ato infracional, face o apontado infrator já ter atingido a maioridade penal.

Sustenta o órgão recorrente só ser possível a extinção de procedimento nas estritas hipóteses do artigo 109 do Estatuto da Criança e do Adolescente, o qual não aponta a maioridade como causa para tanto.

O fato do suposto infrator já ter alcançado a maioridade à época da instauração do procedimento não seria motivo suficiente para levar ao arquivamento deste. O implemento da maioridade, por si só, não retiraria o caráter ilícito do ato.

Demonstrada a materialidade, bem como presentes indícios de autoria do ato, impunha-se o recebimento da representação para responsabilizar o adolescente pelo seu ato.

Não houve resposta ao apelo.

Isento de custas, e confirmada a decisão, subiram os autos a esta Corte.

VOTO

O Des. Guido Waldemar Welter — Relator

Dou provimento ao recurso com base nos fundamentos a seguir.

A maioridade não opera como se fosse mágica. Não apaga a má formação, a má educação ou a desadaptação social do menor infrator. O simples fato dele alcançar a maioridade, não o exime de responder pelos atos anteriores, nem o livra da reeducação.

No caso, o menor S.N. era useiro e vezeiro em dirigir sem habilitação legal veículos automotores. Mesmo advertido pela autoridade policial, continuou dirigindo até envolver-se em acidente com danos materiais. Livrá-lo, só porque atingiu a maioridade penal, é o mesmo que desautorizar as advertências policiais e o procedimento especial de menores. Procedeu-se contra ele para reeducá-lo e encaminhá-lo adequadamente na sociedade.

O Judiciário não pode agora alforriá-lo sem investigar a fundo a conduta anti-social anterior e determinar a reeducação que entender adequada e conveniente. Até os 21 anos, ele pode e deve ser acompanhado pelo juizado da Infância e da Juventude, conforme dispõe o § único do art. 2º da Lei 8.069, se as circunstâncias o exigirem (*RT* 640/275).

Em face do exposto, dou provimento para ordenar o prosseguimento da instrução até final.

Custas "ex lege".

É o voto.

Des. Nelson Oscar de Souza, presidente — de acordo.

Des. Alceu Binato de Moraes — de acordo.

JURISPRUDÊNCIA

INTERNAÇÃO – MEDIDA IMPOSTA APÓS O ADOLESCENTE COMPLETAR 18 ANOS, PELA PRÁTICA DE FATO ENQUANTO INIMPUTÁVEL – POSSIBILIDADE

Apreensão de adolescente. "Habeas corpus". A fundamentada apreensão do adolescente, mesmo maior de dezoito anos, mas por fato praticado quando inimputável, é medida prevista em lei não constituindo constrangimento ilegal. Ordem denegada.

Processo 713/93 ("Habeas corpus" – Classe "D"); Impetrante: João Carlos Austregésilo de Athayde (adv.); Paciente: R.G.; Aut. Coatora: Juízo da 2ª Vara da Infância e Juventude da Capital.

ACÓRDÃO

Vistos, expostos e debatidos estes autos do processo 713/93 ("Habeas corpus" – Classe "D"), em que é impetrante o advogado João Carlos Austregésilo de Athayde, paciente R. G.

Acorda o Conselho da Magistratura do Tribunal de Justiça do Estado do Rio de Janeiro, sem divergência, em denegar a ordem.

Trata-se de medida impetrada em favor do paciente, que conta dezoito anos de idade, sustentando-se sofrer ele constrangimento ilegal porque decretada sua prisão pelo Juízo da 2ª Vara de Menores da Capital por simples envolvimento em acidente automobilístico que sequer mereceu registro policial, além de ser a autoridade coatora absolutamente incompetente para o ato já que maior o paciente.

O Dr. Juiz informou que a apreensão e não prisão do paciente não decorre do fato descrito na inicial mas em razão de sua internação determinada em processo por infração análoga ao furto praticada quando ainda inimputável aquele e tendo em vista a necessidade de submeter-se a estudo social e psicológico.

O parecer da douta Procuradoria da Justiça direciona-se no sentido da denegação da ordem.

E realmente o pedido não prospera eis que, como se verifica do processo remetido pelo Juízo com as informações, o fato que gerou a determinação de apreensão do paciente não foi aquele noticiado na inicial mas sim o seu comportamento social depois de ter sido entregue ao responsável, quando ainda menor e em decorrência da prática de fato análogo ao furto qualificado. Nos termos do art. 104, parágrafo único, do ECA, considera-se a idade do adolescente à data do fato, a ele se aplicando o Estatuto mesmo quando maior de 18 anos, enquanto a internação é medida catalogada no art. 112 da lei específica, estando, no caso, amplamente justificada diante dos fatos longamente expostos pelo Ministério Público às fls. 41/43 do processo principal.

Não há assim, constrangimento ilegal a reparar pela via do remédio heróico.

Rio de Janeiro, 18 de novembro de 1993.

Des. Ferreira Pinto, presidente.

Des. Adolphino A. Ribeiro, relator.

JURISPRUDÊNCIA

CONSTRANGIMENTO ILEGAL CARACTERIZADO — ADOLESCENTE PRESO PARA AVERIGUAÇÕES

"Habeas corpus" — Menor preso para averiguações — Constrangimento ilegal caracterizado — Recurso de ofício improvido.

Recurso "Ex Officio" 426-93; Toledo — Vara Criminal; Remetente: Doutor Juiz de Direito; Paciente: J.P.S.

ACÓRDÃO

Vistos, relatados e discutidos estes autos de recurso "ex officio" 426-93, de Toledo, Vara Criminal, em que é remetente o Doutor Juiz de Direito e paciente J.P.S.

1. O Dr. Promotor de Justiça impetrou ordem de "habeas corpus" em favor de J.P.S., menor de 17 anos de idade, preso por policiais civis para averiguações, sem justa causa para tanto.

Concedida, liminarmente, a ordem impetrada, o Magistrado de primeiro grau, após os trâmites legais, proferiu a respeitável sentença de fls. 12-13, julgando procedente o pedido.

Decorrido "in albis" o prazo para interposição de recurso voluntário, os autos foram remetidos a este Tribunal, onde receberam parecer da douta Procuradoria-Geral de Justiça, que sustentou, em preliminar, ser este Conselho de Magistratura incompetente para apreciar e julgar o recurso de ofício, opinando, no mérito, pelo improvimento do mesmo recurso.

É, em síntese, a necessária exposição.

2. Sem embargo da opinião manifestada pelo ilustrado órgão opinante, a competência para apreciar e julgar o presente recurso é deste Conselho da Magistratura, conforme vem decidindo o colendo órgão especial deste Tribunal, ao proclamar que incumbe ao referido Conselho da Magistratura "processar e julgar os recursos referentes à Justiça da Infância e da Juventude (Lei 8.069/90)".

3. Conhecendo o recurso, a ele se nega provimento, pois, caracterizado o constrangimento ilegal, com a prisão do menor J.P.S., prisão essa que violou o art. 106 do Estatuto da Criança e do Adolescente, o qual só permite que o adolescente seja privado de sua liberdade em flagrante de ato infracional ou quando houver ordem por escrito do juiz, a concessão da ordem impetrada pelo zeloso Promotor de Justiça da Comarca de Toledo era mesmo de rigor.

Ante o exposto:

Acordam os Desembargadores integrantes do Conselho da Magistratura do Tribunal de Justiça do Estado do Paraná, à unanimidade de votos, em conhecer do recurso e a ele negar provimento, confirmando, assim, a respeitável sentença de primeiro grau, inclusive por seus próprios fundamentos.

Curitiba, 21 de março de 1994.

Des. Ronald Accioly, presidente.

Des. Tadeu Costa, relator.

JURISPRUDÊNCIA

APELAÇÃO — NÃO CONHECIMENTO
— INTERPOSIÇÃO DE RECURSO SEM A APRESENTAÇÃO
DE RAZÕES — RITO DO CPC

Representação. Infração cometida por menor. Procedência. Aplicação de pena de prestação de serviços à comunidade. Apelação. Desacompanhada de razões. Recurso não conhecido. Tendo o menor infrator insurgido contra decisão que, julgando procedente representação, atribuiu-lhe a prática de delito, previsto no art. 213, do C. Penal, aplicando-lhe, ainda, a pena de prestação de serviços à comunidade mediante apelação, desacompanhado das razões, não se conhece do recurso (art. 198, do ECA, c/c. 514, inc. II, do CPC).

Recurso 94179-7; Comarca de Pitanga; Apelante: M.Z.; Apelado: Ministério Público.

ACÓRDÃO

Vistos, relatados e discutidos estes autos de Recurso de Apelação de Menores 94179-7, de Pitanga, em que é apelante M.Z. e apelado Ministério Público.

1. O Ministério Público ofereceu representação e requereu instauração de procedimento especial contra o adolescente M.Z., nascido em 14/4/75, por ter no dia 10/2/91, na localidade de Barra Bonita, Município de Pitanga, quando voltavam de uma festa, mediante violência presumida, raptado O.B.L., nascida em 6/3/77, levando-a para um paiol do irmão daquele, tendo, com ela, conjunção carnal, passando a conviver com a menor e abandonando-a depois de alguns dias.

Recebida a representação foram ouvidos, o infrator (fls. 32/32v.) e seu progenitor, seguiu-se a defesa prévia. Na instrução, prestaram declarações a ofendida e cinco (5) testemunhas. O órgão ministerial e o Dr. Defensor apresentaram razões finais, respectivamente, pela procedência e pela improcedência da representação.

Sentenciando nos autos, o Dr. Juiz julgou procedente, em parte, a representação "para condenar M. Z.(...) como incurso nas sanções do artigo 213, combinado com o artigo 224, letra "a", ambos do Código Penal, e com o artigo 112 e seguintes, do Estatuto da Criança e do Adolescente", aplicando ao representado "a medida de prestação de serviços à comunidade, obedecida a ordem de punição", por um período de seis (6) meses. Inconformado com tal decisão, apela o menor.

Na apelação, o recorrente pretende a reforma da sentença, argumentando que a presunção de violência ficou prejudicada, por ser mínima a diferença de idade entre o apelante e a ofendida; que os adolescentes, após o ato sexual, passaram a viver juntos, com vistas ao casamento; que a conduta do menor não se ajusta ao tipo penal, porque não houve constrangimento para o ato praticado. Requer que seja absolvido da imputação ou revista a aplicação da pena de prestação de serviços à comunidade.

O Dr. Promotor de Justiça contra-arrazoou o recurso, opinando pelo improvimento da apelação.

Mantida a decisão, por despacho de fl. 61, os autos foram enviados a este Tribunal.

A douta Procuradoria-Geral de Justiça emitiu parecer pelo não conhecimento do apelo ou, se conhecido, pelo improvimento do recurso.

2. Não se conhece da apelação.

De fato, a apelação foi interposta, mediante petição, em 30/8/93 (fl. 50), data em que o recorrente tomou ciência da sentença impugnada, na qual requereu a intimação posterior de seu Advogado para apresentar as razões do recurso. Recebida a apelação e aberto vista dos autos ao Advogado do recorrente, este apresentou suas razões recursais, renovando a argumentação já exposta nos autos.

Ora, sabendo-se que "Nos procedimentos afetos à Justiça da Infância e da Juventude, fica adotado o sistema recursal do Código de Processo Civil" (art. 198, do ECA), e que a apelação é "interposta por petição", contendo "os fundamentos de fato e de direito" (art. 514, inc. II, do C.P.Civil), isto é, a petição deve estar acompanhada das razões de recurso, é evidente que, se o apelante, ao interpor o recurso, não juntou as razões, ainda, deixou de fazê-lo no prazo de dez (10) dias, contados da data em que recorreu da sentença — apelação: 30/8/93; razões de apelação: 20/12/93 —, desmerece ser conhecido o recurso interposto.

Por isso, seguindo a jurisprudência dominante dos tribunais, anotada por Theotônio Negrão (*CPC e legislação processual em vigor*, 25ª ed., p. 388), e baseado no parecer da douta Procuradoria-Geral de Justiça (fls. 67/68), não se deve conhecer da apelação.

3. Diante do exposto, acordam os Desembargadores integrantes do Conselho da Magistratura do Estado do Paraná, por unanimidade de votos, em não conhecer da apelação, na forma anotada do corpo do acórdão.

Curitiba, 19 de setembro de 1994.

Des. Ronald Acioly, presidente.

Des. Accácio Cambi, relator.

JURISPRUDÊNCIA

REPRESENTAÇÃO — REJEIÇÃO SOB O FUNDAMENTO DE QUE, PASSADO UM ANO DO FATO, ADOLESCENTE NÃO MAIS PRATICOU ATO INFRACIONAL — DESCABIMENTO

Apelação Cível 16.055.0/2; Presidente Prudente; Apelante: Ministério Público; Apelado: MM. Juiz da Infância e da Juventude.

PARECER

Colenda Câmara Especial:

Consta dos autos que, no dia 20 de dezembro de 1990, por volta das 22:30 horas, M.C.S., que na época tinha 17 (dezessete) anos, agindo em co-autoria com outro indivíduo maior, após arrombar o prédio sito à rua Antônio Sandoval, 380, em Presidente Prudente, tentou subtrair para si 3 (três) caixas de cerveja de propriedade de Augustinho Fernandes Martins.

Através da r. decisão de fls. 44 o MM. Juiz "a quo" deixou de receber a representação oferecida contra o inimputável pelo dr. Curador da Infância e da Juventude, entendendo ser desnecessário que o adolescente respondesse a procedimento judicial, eis que não reincidiu desde a data em que praticou o ato descrito no auto de apreensão de fls. 6/8.

É contra essa r. sentença que se insurge o dr. Curador, pugnando por sua reforma, com base nos motivos que aduz nas razões de fls.

O menor respondeu ao recurso, pedindo seu improvimento, e o MM. Juiz "a quo" proferiu r. despacho de sustentação.

Penso que o inconformismo do apelante merece prosperar.

Restou incontroverso nos autos que, no dia e hora antes mencionados, o inimputável praticou ato infracional, pois a conduta a ele atribuída é tipificada como crime pelo artigo 155, § 4º, incisos I e IV, do Código Penal.

Assim, após ouvir o adolescente e seu responsável, na fase do artigo 179, do ECA, incumbia ao representante do Ministério Público optar por três alternativas — promover o arquivamento dos autos (caso entendesse descaracterizada a infração), conceder a remissão, ou representar à autoridade judiciária para aplicação de medida sócio-educativa — artigo 180, do referido estatuto.

Na hipótese em exame, o dr. Curador representou contra o adolescente mesmo sem cumprir a supracitada norma do artigo 179, da Lei 8.069/90, já que M.C.S. e seu responsável não compareceram a nenhuma das audiências informais designadas para esse fim, apesar de regularmente intimados para tanto — fls. 13v., 14, 15 e 17 e ss.

De outro lado, a infração atribuída ao menor, embora apenas na forma tentada, revela um preocupante desvio de sua personalidade, e o simples fato de não ter reincidido após aquela data, não justifica, como entendeu o ilustre magistrado de primeira instância, a rejeição da representação oferecida contra o adolescente.

Ao contrário, apesar de ter razão o MM. Juiz "a quo" ao afirmar que os interesses dos incapazes devem prevalecer nos procedimentos afetos à Justiça da Infância e da Juventude, ficando "o ato infracional, sua materialidade em segundo plano"— fls. 44 —, há de se reconhecer que não atende aos soberanos interesses do incapaz que se lhe garanta a idéia de impunidade, e se o dispense de responder a procedimento judicial para aferir sua conduta, pois a finalidade dessa providência, além de demonstrar ao jovem a conduta do meio social em que vive à desobediência às leis e ao desrespeito ao próximo, é aferir até que ponto carece de medida sócio-educativa, para que se garanta uma efetiva reestruturação de sua personalidade.

Ante o exposto, o parecer é pelo provimento do recurso, reformada a r. sentença "a quo", nos termos e para os fins colimados nas razões de fls.

"Sub censura".

São Paulo, 16 de fevereiro de 1992.

Isabela Gama de Magalhães Gomez, procuradora de justiça.

ACÓRDÃO

Vistos, relatados e discutidos estes autos de Apelação Civil 16.055-0/2, da Comarca de Presidente Prudente, em que é apelante o Promotor de Justiça da Infância e da Juventude da Comarca e apelado o menor M.C.S.:

Acordam, em Câmara Especial do Tribunal de Justiça de São Paulo, por votação unânime, dar provimento ao recurso.

O Ministério Público ofereceu representação contra o adolescente e M.C.S., então com 17 anos de idade, por ele ter cometido ato infracional (furto) que a lei penal define como crime (Código Penal, art. 155, § 4º, I e IV).

Sob a consideração de que, decorrido mais de um ano, não mais veio ele a praticar nenhuma outra infração, tornando-se, por isso, desnecessária a ativação do Juízo da Infância e da Juventude, bem como a aplicação, na hipótese, de qualquer medida sócio-educativa, deixou de receber a sobredita representação.

Irresignado, recorreu o Dr. Promotor, insistindo no procedimento judicial. Alega que o menor praticou ato infracional grave que justifica, em face do art. 103 do Estatuto da Criança e do Adolescente, o processamento da representação, não tendo o adolescente, como entendeu a r. decisão, a conduta imaculada pelo d. Magistrado.

Recurso bem processado, com despacho de sustentação e parecer da d. Procuradoria de Justiça pelo provimento.

É o relatório.

Ainda que corretas as considerações finalísticas que motivaram a decisão de primeiro grau, não podia o Magistrado, antes do regular processamento da representação, antecipar-se ao julgamento que, na hipótese, acabou por dispensar a aplicação de medida sócio-educativa ao adolescente praticante de ato infracional tipificado como crime (Código Penal, art. 155).

Extrai-se, com efeito, da exegese dos arts. 112 e 182 do Estatuto da Criança e do Adolescente que uma vez verificada a prática de ato infracional (crime ou contravenção) e não sendo caso de concessão de remissão por parte do Ministério Público, a representação, desde que formalmente apta, deverá ser recebida de modo a ensejar a "instauração de procedimento para aplicação da medida sócio-educativa que se afigurar a mais adequada" (art. 182), dentre aquelas previstas no art. 122 do mesmo Estatuto.

Ao Magistrado não é dado, em outras palavras e sob o pretexto de que o adolescente "não mais infracionou", deixar de instaurar o devido processo legal, até porque, como bem ponderou a d. Procuradoria, sua ausência poderá lhe garantir a idéia de impunidade e subtrair-lhe, ademais, oportunidade de ver reestruturada sua personalidade e sua integração sócio-familiar.

Frise-se, por fim, que o adolescente hoje já atingiu a maioridade, mas nem por isso se tem por inviabilizada a instauração do processo. O parágrafo único do art. 2º do Estatuto da Criança e do Adolescente reza que as normas contidas na referida Lei são, excepcionalmente, aplicáveis às pessoas entre dezoito e vinte e um anos. É evidente, assim, que se o adolescente, pouco antes de atingir a maioridade penal, vier a cometer um ato infracional, poderá ser submetido, pelo Juiz da Infância e da Juventude, após o adequado procedimento, à medida de internação. A única restrição existente diz respeito ao termo final da medida de internação, posto que, atingida a maioridade civil, a liberação do adolescente infrator será compulsória. Sob a ótica em que a questão foi colocada, o Estatuto da Criança e do Adolescente reitera o § 1º do art. 99 do revogado Código de Menores. A jurisprudência sobre tal matéria guarda, desse modo, atualidade (*Código Penal e sua Interpretação Jurisprudencial*, Alberto Silva Franco, 4ª ed., Ed. RT, p. 184).

Lembra-se, a propósito, que "jurisprudência desta Câmara Especial é no sentido de que a simples aquisição da maioridade, em momento posterior à prática da infração, não justifica o arquivamento da sindicância. A orientação contrária conduziria à ampla e indesejável impunidade de qualquer menor que praticasse infração tipificada como crime às vésperas de completar a maioridade" (RJTJ 128/428).

Do quanto exposto e nos termos do parecer da d. Procuradoria que adotam, dão provimento ao recurso para receber a representação oferecida contra o adolescente M.C.S., dando-lhe no Juízo de origem regular processamento.

O julgamento teve a participação dos Desembargadores Cunha Camargo e Yussef Cahali, com votos vencedores.

São Paulo, 18 de março de 1993.

Lair Loureiro, presidente e relator.

JURISPRUDÊNCIA

SENTENÇA QUE CONCEDE REMISSÃO — NULIDADE POR AUSÊNCIA DE FUNDAMENTAÇÃO

Apelação Cível 17.672.0/5; Marília; Apelante: Ministério Público; Apelado: R.F.S.

PARECER

Colenda Câmara Especial:

Consta de fls. 11/12, que o dr. Curador da Infância e da Juventude de Marília representou contra R.F.S., imputando-lhe a prática de ato infracional tipificado como crime pelo artigo 16, da Lei 6.368/76.

Após ouvir o inimputável, o ilustre magistrado de primeira instância concedeu-lhe remissão, como forma de exclusão do processo, contrariando parecer do Ministério Público, que pedira a realização de estudos técnicos sobre o incapaz e sua família, além da ouvida da mãe do infrator.

Inconformado com a r. sentença de fls. 19, o dr. Curador dela recorre, argüindo sua nulidade, porque descumprido o artigo 458, do Código de Processo Civil, e alega, ainda, que as provas que requereu às fls. 18 eram indispensáveis para se aferir da necessidade e conveniência de impor medida sócio-educativa ao adolescente, ou lhe conceder remissão.

O recurso foi bem processado, com resposta do adolescente, que pediu seu improvimento, e r. despacho de sustentação.

Penso que o inconformismo do dr. Curador merece prosperar.

Após identificar na sentença um ato de inteligência, a doutrina qualifica-a, também, como um ato de vontade, eis que através dela, a autoridade judiciária afirma a vontade da lei aplicada ao caso concreto.

Por isso, o artigo 458, do Código de Processo Civil, estabelece que são requisitos essenciais da sentença "I — o *relatório*, que conterá os nomes das partes, a suma do pedido e a resposta do réu, bem como o registro das principais ocorrências havidas no andamento do processo; II — os *fundamentos*, em que o juiz analisará as questões de fato e de direito; III — o *dispositivo*, em que o juiz resolverá as questões, que as partes lhe submeterem". (O grifo é meu).

Moacyr do Amaral Santos, ao comentar o supra-referido dispositivo legal, adverte que tais "requisitos essenciais dizem respeito à estrutura da sentença. Nesta se contém a síntese do processo, o trabalho lógico feito pelo juiz no exame da causa e a decisão. Assim, a sentença na sua estrutura, como ato escrito e solene, deverá compor-se de três partes: a) o relatório; b) a motivação; c) o dispositivo, conclusão ou decisão" (*Comentários*, Forense, Rio de Janeiro, 1977, vol. IV, p. 433).

Diz o mestre, ainda, que a exigência da motivação da sentença é indispensável, pois "esta é ato de vontade, mas não de imposição de vontade autoritária, pois se assenta num juízo lógico. Traduz-se a sentença num ato de justiça, da qual devem ser convencidas não somente as partes, como também a opinião pública. Portanto, aquelas e esta precisam conhecer dos motivos da decisão, sem os quais não terão elementos para convencer-se do seu acerto. Nesse sentido, *diz-se que a motivação da sentença redunda de exigência de ordem pública*" (O último grifo também é meu — mesma obra, pp. 435/436).

Ora, vê-se de fls. 19 que o ilustre magistrado de primeira instância não cumpriu a norma do artigo 458, da lei instrumental civil, deixando de fazer relatório dos atos do processo e fundamentar, como necessário, seu convencimento.

De outro lado, as diligências propostas pelo representante do Ministério Público eram oportunas para se aferir, com mais segurança, da conveniência de conceder remissão judicial ao infrator.

Embora R. fosse primário — fls. 7 —, a infração a ele atribuída é grave, e pode ser um modo pelo qual o adolescente manifesta sua desadaptação à sociedade, fazendo uso de substâncias que prejudicam seu crescimento físico e emocional, além de se envolver com a marginalidade.

De outro lado, o simples fato de ter mudado, em Juízo, a versão que apresentara ao depor na polícia, não justifica a suspensão ou extinção do processo, através do benefício previsto no artigo 126, parágrafo único, do ECA, *sob pena de se lesar os soberanos interesses do incapaz, que tem direito a ser assistido pelo Estado*, caso sofra de desvio de personalidade e não conte com o apoio da família para se livrar de eventual dependência a tóxicos.

De outro lado, pondera-se que a manutenção da r. sentença em exame poderia servir de péssimo exemplo a outros adolescentes que, estimulados pela impunidade do recorrido, não encontrariam motivos para se submeter às normas legais que regem a sociedade.

Diante do exposto, penso caber inteira razão ao dr. Curador, donde o parecer pelo provimento do recurso, nos termos e para os fins colimados nas razões de fls.

É o parecer, "sub censura".

São Paulo, 1º de junho de 1994.

Isabela Gama de Magalhães Gomes, procuradora de justiça.

ACÓRDÃO

Vistos, relatados e discutidos estes autos de Apelação Cível 17.672-0/5, da Comarca de Marília, em que é apelante o Promotor de Justiça da Infância e da Juventude da Comarca, sendo apelado o menor R.F.S.

Acordam, em Câmara Especial do Tribunal de Justiça do Estado de São Paulo, por votação unânime, dar provimento ao recurso para anular a sentença.

Trata-se de apelação interposta pelo Dr. Promotor de Justiça da Infância e da Juventude contra sentença de fls. 19, que concedeu remissão ao adolescente R.F.S., nos termos do artigo 126, parágrafo único do Estatuto da Criança e do Adolescente.

Nas razões de fls. 21/25, o douto apelante pede anulação da decisão em apreço, ou sua modificação com o prosseguimento.

Recurso bem processado, colhendo-se o parecer da ilustrada Procuradoria de Justiça propondo o provimento.

É o relatório.

A sentença é realmente nula, pois não contém relatório, nem identifica o adolescente que recebeu a remissão e no tocante à fundamentação limita-se a ressaltar que a remissão é oportuna e justa e que o prosseguimento da instrução não teria utilidade.

Cabe acrescentar neste caso que a nulidade também se justifica em face da imprópria referência à hipótese do artigo 126, parágrafo único, uma vez que o prosseguimento da instrução era necessário dada a natureza da infração e o relacionamento do menor com traficantes.

Acolhendo-se as razões do apelo e o r. parecer de fls. 33/36, dá-se provimento ao recurso, anulando-se a sentença.

E com o retorno dos autos o MM. Juiz poderá colher melhores elementos para o adequado esclarecimento dos fatos e avaliar a situação do menor.

O julgamento teve a participação dos Desembargadores Dirceu de Mello e Rebouças de Carvalho, com votos vencedores.

São Paulo, 30 de junho de 1994.

Lair Loureiro, presidente e relator.

JURISPRUDÊNCIA

INFRAÇÃO COMETIDA POR ADOLESCENTE
— AGENTE JÁ ATINGIU MAIORIDADE PENAL
— IMPOSSIBILIDADE JURÍDICA DA DECISÃO

Infração cometida por adolescente. Não aplicação de medida sócio-educativa sob o fundamento de o agente ter atingido maioridade penal. Impossibilidade jurídica da decisão.

Apelação Cível 20.882-0/0; Apelante: Promotoria de Justiça da Infância e da Juventude da Comarca de Cubatão; Apelado: E.M.

ACÓRDÃO

Vistos, relatados e discutidos estes autos de apelação cível 20.882-0/0, da Comarca de Cubatão, em que é apelante a Promotoria de Justiça da Infância e da Juventude da Comarca de Cubatão, sendo apelado E.M. (menor):

1. O dr. Promotor de Justiça da Vara da Infância e da Juventude da Comarca de Cubatão ofereceu representação contra o adolescente E.M. pela prática de ato infracional que, em tese, configura o delito de furto qualificado pelo concurso de agentes, em razão da participação do menor M.A. na subtração de ferramentas.

A r. sentença de fl. 243, cujo relatório fica adotado como parte integrante deste, julgou procedente a representação, mas, em virtude de o adolescente ter completado 18 (dezoito) anos de idade e ter sido preso em flagrante por crime cometido já na maioridade, o magistrado deixou de aplicar qualquer medida sócio-educativa.

O dr. Promotor de Justiça insurge-se contra esta r. decisão, postulando a aplicação de medida sócio-educativa de internação.

Processado o recurso, com a resposta do dr. defensor do adolescente, foi determinada a subida dos autos a este E. Tribunal.

O douto Procurador de Justiça requereu a conversão do julgamento em diligência, para que o magistrado "a quo" exercesse o juízo de retratação em relação à decisão atacada. No mérito, opinou pelo provimento do apelo.

2. A conversão do julgamento em diligência, sugerida pelo Dr. Procurador, "data venia", não pode ser deferida.

Na espécie, consoante se verifica dos autos, o mesmo magistrado que proferiu a r. sentença de fl. 243, recebeu a apelação e determinou a remessa dos autos a este E. Tribunal.

Apesar de o despacho, que determinou a subida dos autos, não mencionar expressamente a manutenção da decisão atacada, inegável que, se desejasse alterá-la, ou reformá-la, assim teria agido, ao invés de remeter os autos para julgamento deste E. Tribunal.

É perfeitamente possível, consoante tem decidido esta E. Câmara, nestes casos, admitir como implicitamente mantida a r. decisão, examinando-se, desde logo, o mérito do recurso.

3. No que diz respeito ao ato infracional praticado pelo então adolescente, a prova colhida na instrução é farta. E. confessou a subtração e os policiais que efetuaram sua apreensão confirmaram que os menores estavam na posse das ferramentas furtadas. A procedência da representação é indiscutível.

4. O inconformismo do Ministério Público reside no fato de que o magistrado, mesmo julgando procedente a representação, deixou de aplicar qualquer medida sócio-educativa, justificando a sua conduta pelo fato de que E. completou a maioridade penal, e antes da decisão já havia sido preso em flagrante delito pelo crime de furto tentado e porte de entorpecentes.

O Estatuto da Criança e do Adolescente, em seu artigo 104, diz que, para os efeitos de sua aplicação, deve ser considerada a idade do adolescente na data do fato. Possibilita, portanto, a aplicação e execução de medida sócio-educativa se o agente conta com idade entre 18 (dezoito) e 21 (vinte e um) anos.

Assim, no caso, a medida de internação, postulada pelo Ministério Público, é de rigor.

Pesem, embora, as judiciosas considerações do digno magistrado, no caso, todo o raciocínio desenvolvido parte de uma premissa que ainda não pode ser aceita, ou seja, a prisão e condenação de E.M. pela tentativa de furto e porte de entorpecente, em razão dos quais foi preso em flagrante. Mas e se, concluída a instrução, for absolutória a r. sentença proferida? Não teria havido precipitação, deixando o douto magistrado de impor ao adolescente a medida sócio-educativa necessária à sua reeducação?

As circunstâncias do caso, na espécie, deixam entrever a inocuidade da medida, tal como ressaltou o digno magistrado, pois E. demonstrou que não se adaptou à vida social, reincidindo em subtrações, agora na condição de imputável. Mas, toda esta argumentação parte da premissa de que existe uma condenação... o que não é verdadeiro.

Assim, pois, neste processo, cumpre aplicar-se a medida sócio-educativa de internação, adequada à espécie, como objetiva o dr. Promotor de Justiça em seu recurso, devendo a questão relativa à sua execução ser suscitada e examinada no momento próprio, em face do resultado da ação penal a que deverá responder o agora imputável E.M.

Ante o exposto, acordam, em sessão da Câmara Especial do Tribunal de Justiça do Estado de São Paulo, por votação unânime, indeferir o pedido de conversão do julgamento em diligência e dar provimento à apelação interposta pelo Dr. Curador da Infância e da Juventude da Comarca de Cubatão, a fim de impor ao adolescente E.M. a medida sócio-educativa de internação, nos termos do art. 121 e seus parágrafos.

O julgamento teve a participação dos Desembargadores Yussef Cahali (presidente, sem voto), Lair Loureiro e Dirceu de Mello, com votos vencedores.

São Paulo, 9 de fevereiro de 1995.

Nigro Conceição, relator.

JURISPRUDÊNCIA

REMISSÃO CONCEDIDA PELO PROMOTOR DE JUSTIÇA — INCLUSÃO DE MEDIDA SÓCIO-EDUCATIVA RESULTANTE DE TRANSAÇÃO — IMPOSSIBILIDADE

Apelação 22.014.0/5; Comarca de Mairiporã; Apelante: Ministério Público do Estado de São Paulo; Apelado: Juízo de Direito da Vara da Infância e Juventude; Interessado: S.S.F. (adolescente).

PARECER

Egrégio Tribunal.
Colenda Câmara Especial:

1. A dra. Promotora de Justiça concedeu à adolescente S.S.F., apontada como autora de contravenção (dirigir automotor sem habilitação), remissão como forma de exclusão do processo, incluindo acordo a medida de liberdade assistida (fls. 9/10).

2. A MM. Juíza, entendendo que a remissão concedida pelo Ministério importa ofensa ao princípio constitucional da inafastabilidade da jurisdição, deixou de homologar o pedido formulado, concedendo ela própria a remissão como forma de exclusão do processo (fls. 12/15).

3. Inconformada, a dra. Promotora de Justiça interpôs recurso de apelação (fls. 18/24). Sustenta, em apertada síntese, a possibilidade do Ministério Público conceder remissão incluindo medida não privativa de liberdade como forma de exclusão do processo, pugnando pela anulação do "decisum" recorrido.

4. A interessada ofertou contra-razões (fls. 37/42), mantendo a MM. Juíza a r. sentença recorrida, tecendo novas considerações a respeito da inconstitucionalidade da medida (fls. 45/54).

* * *

Perfilho o entendimento de que a remissão, como forma de exclusão do processo, quando inclua medida sócio-educativa não privativa de liberdade, implica transação, negócio jurídico bilateral, envolvendo, de um lado, o Ministério Público e, de outro, o adolescente apontado como autor de ato infracional.

O Ministério Público oferece o não processar em troca da aceitação voluntária de medidas sócio-educativas, excluídas "ex vi legis" a semiliberdade e a internação (ECA, art. 127, "in fine").

Não olvido que essa Egrégia Câmara Especial já se pronunciou, inúmeras vezes, contra a tese de que a remissão com medida envolve transação. Conforme sintetizado em acórdão relatado pelo Eminente Desembargador Sabino Neto "o Ministério Público está impedido de fazer acordos com os interessados (menor e seu representante legal), seja porque a lei de exegese escrita não prevê essa atribuição ao Ministério Público, seja porque no momento da conversão do processo em judicial, com a prolação da sentença, é que aplica a medida, mediante provocação do Ministério Público (apelação cível 15.650-0/0, Comarca de São Sebastião, julgamento em 29.12.92).

"Data maxima venia", ouso apontar alguns argumentos indicadores da legalidade de interpretação diversa.

Os fundamentos jurisprudenciais supra-referidos partem da premissa de que a pretensão do Ministério Público visa o reconhecimento de sua atribuição para aplicar medida. Ao contrário, pretende o "Parquet", tão-somente, que o Poder Judiciário reconheça a possibilidade de inclusão de medida não privativa de liberdade como contrapartida da exclusão do processo.

O Ministério Público, ao conceder a remissão como forma de exclusão do processo, não pode aplicar medida. O que a lei permite é que a inclua como condição do não processar, como contrapartida da disponibilidade da ação sócio-educativa.

Quando o Ministério Público inclui medida como condição para a disposição da ação sócio-eduvativa não está aplicando qualquer sanção. Do ajuste, da transação estabelecida entre o titular da ação e aquele contra o qual pesa genérica atribuição de ato infracional, resulta exclusivamente declaração bilateral de vontades: de um lado o Ministério Público dizendo que não vai processar porque o adolescente aceitou cumprir medida não privativa de liberdade e, de outro, este último afirmando que prefere a negociação ao processo.

Se o Ministério Público busca a coerção, se pretende submeter o cidadão, ainda que adolescente, à sanção prevista na lei, deve necessariamente invocar a tutela jurisdicional, deduzindo a lide em juízo. E o faz, no caso, através do oferecimento da representação, exercitando o direito de ação sócio-educativa. Em suma, se deseja aplicação de qualquer das medidas previstas em lei como conseqüência da prática de ato infracional deve desprezar a remissão, cabendo-lhe, necessariamente, "representar à autoridade judiciária para aplicação de medida sócio-educativa" (ECA, art. 180, III).

Se, por qualquer razão, o Ministério Público não conceder a remissão, resolver não dispor da ação sócio-educativa, "oferecerá representação à autoridade judiciária, propondo a instauração de procedimento para aplicação de medida sócio-educativa que se afigurar a mais adequada" (ECA, art. 182, "caput").

Ressalta, portanto, que para aplicação compulsória de qualquer medida é mister que se provoque a atividade jurisdicional, que se exercite o direito de ação, buscando-se no Poder Judiciário o necessário empréstimo de coerção às sanções hipoteticamente previstas na lei.

Do exposto conclui-se que Ministério Público não aplica, e nem poderia aplicar, qualquer medida, sendo certo que sua inclusão na remissão, como condição do não processar, resulta de acordo de vontades, sujeito a controle de legalidade pelo Poder Judiciário, de modo que, "data maxima venia", não implica inconstitucionalidade.

Presente a idéia de inclusão negociada, não coercitiva, sujeita ao controle jurisdicional de legalidade através de ato homologatório, afastada, portanto, qualquer possibilidade da lei intepretanda estar estatuindo pena ou coarctando o livre exercício dos direitos, poderá o intérprete livrar-se dos limites da exegese estrita, buscando na lei a finalidade social a que se destina.

E esta repousa na busca da solução rápida, evitando-se o acúmulo de processos desnecessários. Como consignado em acórdão do Egrégio Tribunal de Justiça do Estado de Santa Catarina, "o instituto da remissão importa em significativo avanço de nossa legislação, vez que responde pedagogicamente a uma situação em desacordo com a lei e, ao mesmo tempo, espanta o fantasma, tão presente entre nós, da justiça demorada" (apelação cível 38.098, Comarca de Indaial, relator Desembargador Amaral e Silva).

A mesma premissa — pretensão do Ministério Público em aplicar, por ato próprio, sanção — compromete também o segundo argumento desfavorável à tese do ajuste, da transação. Isto porque assenta-se na lição, da lavra do Emérito Desembargador Onei Raphael, de que "é irrelevante a existência da concordância do menor ou seu representante legal com a aplicação das medidas, uma vez que compete somente ao Juiz da Infância e da Juventude impor as medidas previstas em lei"(apelação cível 14.452-0/0, Comarca de Presidente Epitácio, julgamento em 7.5.92).

Ora, como a medida pactuada na remissão não compreende coerção, e, portanto, não é aplicada, resulta incontroversa a conclusão de que somente poderá ser imposta pela autoridade judiciária, obedecido, obviamente, o devido processo legal. "Fosse possível o acordo — entendemos que é — então sim, caberia ao Juiz simplesmente homologar o acordo ou a vontade das partes. Ter-se-ia um processo de simples jurisdição voluntária" (Desembargador Sabino Neto, Mandado de Segurança 14.397-0/8, Comarca de São Paulo, julgamento em 21.5.92).

Aquele ajuste reclama sentença homologatória, de sorte a que se verifique, judicialmente, a possibilidade de sua realização. Esta sentença, vinculada às declarações expressamente consignadas, repousa na conjugação de vontades das partes (Ministério Público e adolescente) e no exame da sua legalidade, a cargo, obviamente, do Poder Judiciário.

Não seria, propriamente, uma sentença terminativa na medida em que, até este momento, não há de se falar em processo. Constitui-se, a nosso ver, em uma espécie de sentença impeditiva da instauração da ação sócio-educativa que, evidentemente, não enfrenta o mérito subjacente à lide. Tanto é assim que o legislador, ao insculpir a regra do artigo 127 do ECA, prescreveu que "a remissão não implica necessariamente o reconhecimento ou comprovação da responsabilidade, nem prevalece para efeito de antecedentes".

Também não pode ser tomada como sentença impositiva de medida, ou homologatória equiparável, no que diz respeito aos efeitos, ao julgamento da lide. É, nos termos da lei (cf. ECA, art. 181), sentença homologatória de negócio jurídico bilateral, como se sucede, por exemplo, com o ato que homologa o pedido de desistência da ação civil formulado pelo autor com a concordância do réu (CPC, artigos 158, parágrafo único, e 267, inciso VIII) ou aquele que homologa a transação entre as partes (CPC, art. 269, inciso III). O primeiro encerra, como é cediço, ajuste processual e, o segundo, composição quanto ao objeto principal da lide, de sorte que a homologação deste acarreta a extinção do processo com julgamento do mérito e daquele o término do processo sem julgamento da lide.

A novidade do instituto reside no fato de que os objetos transacionáveis são diversos: para o Ministério Público é o processo, enquanto que para o adolescente é a aceitação do cumprimento de medida sócio-educativa. Assim, para uma das partes (MP) o negócio seria processual, enquanto que, para outra (adolescente), envolveria questão material.

Desta forma, não deve prevalecer o argumento de que a sentença homologatória de remissão antecipa o julgamento do mérito. Este, interpretado como a própria lide da qual deflui uma pretensão que é posta em juízo, através da ação, constituindo-se no objeto principal do processo, não é alcançado pela decisão impeditiva de sua instauração. Se a remissão concedida pelo Ministério Público e homologada pelo Juiz exclui o processo, não há de se falar em ação, em objeto principal, e até mesmo em extinção do processo, com ou sem julgamento do mérito, porque o mesmo jamais existiu.

Impedindo a existência do processo aquela sentença homologatória produzirá, no que concerne às partes, os seguintes efeitos:

a) fica o Ministério Público impedido de exercitar o direito de ação sócio-educativa, decaindo do direito de invocar a tutela jurisdicional visando a aplicação coercitiva de medida enquanto prevalecer a remissão;

b) empresta legitimidade ao compromisso do adolescente em aceitar o cumprimento voluntário de medida sócio-educativa não privativa de liberdade, podendo o mesmo, a qualquer tempo, pleitear, via revisão (ECA, art. 128), seu cancelamento ou substituição por outra medida de igual natureza.

As prestações recíprocas seriam, portanto, a exclusão do processo e a voluntária aceitação de medida.

Quanto à última cuidou o legislador de proibir qualquer ajuste quanto à privação de liberdade, porquanto esta, constituindo-se em direito fundamental indisponível, não comporta transação. Esta relação às demais medidas, considerando seu exclusivo conteúdo pedagógico, pugnou pela possibilidade de acordo, de sorte a evitar os esforços e desgastes naturais do processo.

Assim, a homologação da remissão, como forma de exclusão do processo, na qual se inclui, por transação, medida não privativa de liberdade, tem por principal efeito impedir que o Ministério Público promova ação fundada em ato infracional remido.

Em síntese, homologada a remissão concedida pelo Ministério Público como forma de exclusão do processo, a ação sócio-educativa não mais poderá ser intentada, pois o "Parquet" dispôs do processo, sendo esta disposição tornada definitiva pela sentença homologatória.

Anote-se, neste sentido, que a Constituição Federal, em seu artigo 98, inciso I, permite a transação inclusive no que concerne aos adultos autores de infrações penais de menor potencial ofensivo.

Assim, uma das conclusões lógicas que defluem do exposto reside na impropriedade do juiz homologar a remissão e excluir a medida transacionada, na medida em que estaria cindindo parcialmente o ajuste, reconhecendo a obrigação de apenas uma das partes, ou seja, importando efeito apenas à disposição do processo sem a respectiva contraprestação. Se se reconhece a impossibilidade de transação implica em tomá-la, integralmente, como ilegal ou inexistente, sendo, por imperativo da lógica, defeso reconhecê-la apenas no que concerne à declaração de vontade de uma das partes.

Não teria a homologação, contudo, o efeito de tornar obrigatório o cumprimento da medida ajustada entre as partes?

Entendo que não, pois, havendo descumprimento, por força do artigo 128 do ECA, caberia apenas pedido de revisão, neste caso formulado pelo Ministério Público, visando a substituição da medida ou o cancelamento do ajuste. No caso desta última hipótese (cancelamento) ter-se-ia a remissão como insubsistente, voltando-se à situação anterior, isto é, readquirindo o Ministério Público o direito de, via representação, buscar no Poder Judiciário aplicação coercitiva da medida.

Se a revisão somente pode ser entendida como ação de anulação ou de alteração do ajuste, necessário concluir que o ato homologatório inicial não tem o condão de tornar coercitiva a medida conveniada entre as partes. Se aquela decisão antecipasse o mérito, produzindo coisa julgada formal e material, não haveria previsão legal de revisão incondicionada.

Desta forma, verifica-se que a decisão homologatória da remissão com medida apenas legaliza a avença, verificando-se o preenchimento de seus requisitos, de sorte a, num sistema de freios e contrapesos, coibir excessos e arbitrariedades.

Além dos aspectos estritamente jurídicos, convém repisar, considerando que na interpretação do Estatuto da Criança e do Adolescente, levar-se-ão em conta os fins sociais a que se destina (ECA, art. 6º), que a remissão como forma de exclusão do processo trata-se de contributo do legislador para acelerar a distribuição da justiça, evitando o desnecessário acréscimo de demandas.

A tese ora abraçada pelo Poder Judiciário — impossibilidade do Ministério Público conceder remissão cumulada com medida nãjo privativa de liberdade — resulta no aumento desmedido de feitos, levando os Promotores de Justiça a oferecerem representação na quase totalidade dos casos (excluem-se, obviamente, aqueles concernentes ao arquivamento e a remissão como perdão puro e simples), pugnando pela instauração de processos muitas vezes por atos infracionais de bagatela.

Assim, por exemplo, meras contravenções, como direção de automotores sem habilitação, onde afigura-se adequada a advertência, têm justificado o oferecimento de representações, com instauração dos respectivos processos, o que, evidentemente, implica tempo, empréstimo de energias e dispêndio de recursos que poderiam ser canalizados para outras atividades mais importantes. Se fosse adotada esta tese — Ministério Público podendo excluir o processo mediante acordo para inclusão de medida — a solução aventada poderia ser abreviada, sem prejuízo para qualquer das partes, inclusive do próprio adolescente, porquanto a legalidade do ajuste seria aferida pelo Poder Judiciário através da homologação, com a possibilidade, ainda, de revisão da medida.

A consolidação da jurisprudência em sentido oposto, como efeito imediato, reduz a possibilidade de disposição da ação sócio-educativa, importando na obrigatoriedade de processos perfeitamente dispensáveis. Se o Ministério Público representar em todo os casos vão se acumular, ainda mais, processos nas diferentes Varas da Infância e da Juventude, o que, ressalta à evidência, está em desacordo com a moderna tendência em desjurisdicionalizar as pequenas lides, como a realidade dos Juizados Especiais de Pequenas Causas (cíveis) e a possível implantação dos Juizados de Pequenas Causas Criminais relacionados a infrações de diminuto potencial ofensivo.

Frustrada ficaria, portanto, a finalidade social da lei que instituiu a remissão como forma de extinção do processo, de abreviar a solução das pequenas lides infracionais concernentes a adolescentes.

Verifica-se, ainda no caso concreto, que o Ministério Público também não atendeu aos requisitos para a remissão com medida. Isto porque, conforme deflui do termo acostado às fls. 9/10, concedeu remissão aplicando a medida de liberdade assistida, o que, conforme o exposto, não lhe é permitido pela lei. Não houve, no caso, transação, ajuste ou acordo, resultando o ato de declaração unilateral de vontade de uma das partes, importando verdadeira imposição de medida.

Isto posto, considerando o entendimento de que a remissão concedida pelo Ministério Público, como forma de exclusão do processo, implica na transação com adolescente, podendo incluir medida sócio-educativa não privativa de liberdade, bem como as peculiaridades do caso concreto, o parecer é no sentido do provimento parcial do apelo, reformando-se a r. sentença recorrida, de sorte a que este Egrégio Tribunal rejeite o pedido de homologação, porquanto o ato unilateral do "Parquet" não materializa qualquer transação, com o retorno do autos ao Ministério Público para que possa promover o arquivamento, conceder remissão como perdão puro e simples ou inclusão negociada de medida, ou oferecer representação visando a aplicação coercitiva de qualquer das medidas previstas em lei, mesmo porque, no caso concreto, a manutenção do "decisum" importa exclusão do processo sem qualquer contraprestação para a adolescente.

É o parecer.

São Paulo, 2 de maio de 1994.

Paulo Afonso Garrido de Paula, procurador de justiça.

ACÓRDÃO

Vistos, relatados e discutidos estes autos de apelação cível 22.014-0/5, da Comarca de Mairiporã, em que é apelante Promotora de Justiça da Vara da Infância e da Juventude da Comarca de Mairiporã, sendo apelada a menor S.S.F.

Acordam, em Câmara Especial do Tribunal de Justiça do Estado de São Paulo, por votação unânime, dar provimento parcial ao recurso, de conformidade com o relatório e voto do relator, que ficam fazendo parte integrante do presente julgado.

O julgamento teve a participação dos Desembargadores Yussef Cahali (presidente) e Ney Almada, com votos vencedores.

São Paulo, 19 de janeiro de 1995.

Dirceu de Mello, relator.

Trata-se de apelação interposta em face da r. sentença que recusou a homologação à remissão concedida pelo Ministério Público à adolescente, cumulada com a medida sócio-educativa de liberdade assistida, concedendo, no entanto, o mesmo benefício a ela.

O apelo busca o reconhecimento da nulidade da decisão proferida, com o subseqüente cumprimento do disposto pelo artigo 181 e parágrafos, da Lei Federal 8.069/90.

Regularmente processado o recurso e mantida a r. decisão impugnada, nesta instância manifestou-se a Douta Procuradoria-Geral de Justiça pelo provimento parcial do apelo.

Esse o relatório.

1. A questão posta para julgamento não é nova. Dela já cuidou esta C. Câmara, em várias oportunidades, reiteradamente decidindo que a norma inserida no artigo 126, da Lei Federal 8.069/90, não contém eiva de inconstitucionalidade.

Confira-se, a propósito, o v. Aresto proferido na apelação 17.996-0, relatado pelo eminente Desembargador Lair Loureiro, que inclusive cita outros julgados, todos no mesmo sentido.

Quanto a este aspecto, portanto, o recurso merece provimento.

Mas, se ao Promotor de Justiça é reconhecido o direito de aplicar remissão, daí não decorre a possibilidade de o representante do Ministério Público impor, também, medida sócio-educativa, ato privativo do Juiz.

Nesse sentido, os vv. Arestos desta C. Câmara, prolatados no agravo de instrumento 16.986-0/0, também relatado pelo eminente Desembargador Lair Loureiro, na apelação 17.445-0/0, relatado pelo eminente Desembargador Cunha Camargo e na apelação 16.871-0/6, relatado pelo eminente Desembargador Sabino Neto.

Esse é, igualmente, o entendimento do C. Superior Tribunal de Justiça, consubstanciado na Súmula 108, "verbis":

"A aplicação de medidas sócio-educativas ao adolescente, pela prática de ato infracional, é de competência exclusiva do juiz."

A questão não se altera, "data venia" do doutor Procurador de Justiça, se se considerar que o representante do Ministério Público não aplica medida sócio-educativa, mas apenas a inclui, a título de transação e como condição de não-processar, quando concede remissão.

Anote-se, finalmente, que não tem razão a dra. Curadora da Infância e da Juventude quando sustenta que a MM. Juíza de Direito, tendo discordado da concessão da remissão, deveria ter providenciado a remessa dos autos ao Senhor Procurador-Geral de Justiça.

É que a hipótese não se subsume àquela mencionada no § 2º, do artigo 181, da Lei Federal 8.069/90, pois não se cuida, aqui, de discordância quanto à conveniência da concessão da remissão, mas sim quanto à legitimidade do Ministério Público para concedê-la.

Reconhecida embora, a juridicidade da concessão da remissão pelo Promotor de Justiça, não se anulará a r. decisão recorrida, pois a providência efeito prático nenhum teria, já que a remissão acabou mesmo concedida.

2. Diante do exposto, dá-se parcial provimento ao recurso, para o fim de se reconhecer a legitimidade do Ministério Público para a concessão da remissão, declarando-se, no entanto, a impossibilidade de essa providência vir a ser cumulada com a aplicação ou a inclusão de medida sócio-educativa.

Dirceu de Mello, relator.

JURISPRUDÊNCIA

INFRAÇÃO COMETIDA POR ADOLESCENTE — NULIDADE DO PROCESSO — INOBSERVÂNCIA DO DEVIDO PROCESSO LEGAL

Infração cometida por adolescente. Liberdade assistida. Procedimento regular inobservado. Nulidade caracterizada. Recurso provido.

Apelação 21.503.0/0; Comarca da Capital; Apelante: Ministério Público do Estado de São Paulo; Apelado: M.M.S.

PARECER

Colenda Câmara Especial:

1. O adolescente M.M.S., nascido aos 8/5/76, foi representado pela prática de atos infracionais, constando da inicial atribuição, por duas vezes, de roubo qualificado pelo emprego de arma e concurso de agentes (fls. 3/4).

2. A representação foi recebida, sendo mantida a internação provisória (fls. 28).

3. Na audiência de apresentação, em que foi ouvido o adolescente, o Ministério Público desistiu das demais provas, manifestando-se as partes em alegações finais, sobrevindo sentença determinando a inserção da adolescente no regime de liberdade assistida, pelo prazo de 1 (hum) ano (fls. 36/37).

4. Inconformado, recorre, tempestivamente, o Douto Promotor de Justiça, pleiteando a reforma da r. decisão. Sustenta, em apertado resumo, que a medida adequada deveria ser a internação, porquanto se tratam de dois roubos duplamente qualificados, atos infracionais gravíssimos, demonstrando o adolescente estar estruturado na vida infracional, mesmo porque vive em más companhias, não seguindo orientação de sua genitora, possuindo respaldo familiar precário, sobrevivendo de atos ilícitos (fls. 28/31).

5. A dra. defensora pugnou pelo improvimento do apelo (fls. 45/48), mantendo o MM. Juiz "a quo" a sentença recorrida pelos seus próprios fundamentos (fls. 49).

* * *

Preliminarmente, é mister reconhecer que a r. sentença é nula, encerrando o processo vício insanável. Suprimida integralmente a instrução, a imposição de medida na fase inicial do procedimento revela cabal inobservância da garantia constitucional do devido processo legal. Sequer houve apresentação de defesa prévia, oitiva das vítimas e testemunhas, bem assim, produção de provas à luz do princípio do contraditório, negando-se vigência às normas regulamentadoras do processo de apuração de ato infracional, especialmente aquelas constantes do art. 186, do Estatuto da Criança e do Adolescente. Não se trata de procedimento concentrado, mas de supressão de fases processuais exigidas pela lei. Analogamente seria a mesma coisa que admitir sentença penal condenatória logo após o interrogatório do réu.

Anote-se, ainda, que se fosse para aplicar subsidiariamente a legislação processual, conforme enuncia o disposto no artigo 152 do Estatuto da Criança e do Adolescente, a pertinente seria aquela representada pelo Código de Processo Penal que, obviamente, não dispensa a instrução do processo como lastro das sentenças penais.

Ademais, consoante ficou firmado por essa Egrégia Câmara, "somente no devido processo legal (arts. 5°, LIV da CF/88 e 110 e 111 do ECA) é que se pode chegar à imposição de pena, uma vez aberta a instrução probatória e propiciados o contraditório e a ampla defesa" (Ap 17.148-0).

Assim, impõe-se a anulação da r. sentença recorrida.

* * *

Quanto ao mérito, penso que o recurso merece provimento.

Discute-se, aqui, qual a medida sócio-educativa que deve ser aplicada à adolescente: a internação ou a liberdade assistida.

Ora, ao impor a sanção o Magistrado deve levar em conta sua adequação enquanto instrumento sócio-educativo, valorando seu contributo à reversão ou minimização do potencial criminógeno, à luz da aferição da capacidade do adolescente para cumprir a medida, gravidade e circunstâncias da infração (ECA, art. 112, § 1º).

Por outro lado, deve sopesar que a medida sócio-educativa também serve como instrumento de defesa social. A própria Constituição da República reconheceu a possibilidade do adolescente ser responsabilizado pelo ato infracional através da privação da liberdade (CR, art. 227, § 3º, inciso V), denotando ao instituir consequência tão severa, à semelhança das penas de reclusão, detenção e prisão simples do Código Penal e da Lei das Contravenções Penais, sua intenção de refrear a criminalidade juvenil.

Ao aplicar a medida o Juiz deve também estar atento a essa necessidade, não podendo deixar de considerar direitos sociais e individuais indisponíveis, notadamente a segurança e a vida, não raras vezes ameaçados também por adolescentes. Uma sociedade pacifista deve coibir a violência parta de onde partir, inclusive de jovens, porquanto a afirmação dos bens maiores da humanidade contempla evidente exemplo para quem vivencia situação peculiar de pessoa em processo de desenvolvimento.

Essa afirmação passa também pela severidade da Justiça Especial, de sorte que a sociedade não tenha a impressão que apenas minimiza as conseqüências jurídicas decorrentes dos atos infracionais praticados por adolescentes e que estes não levem para as ruas a falsa idéia do constante desculpar de suas ações violentas.

Posições extremadas, tanto em um como em outro sentido, pecam sempre pela desconsideração de um ou mais elementos informadores da adequação da medida. Conduzem, de um lado, ao constante desculpar de ações violentas praticadas por adolescentes, ante a sistemática colocação de adolescentes em liberdade. De outro, à perseguição indistinta da internação, levando-se em conta somente o requisito formal da gravidade da infração.

Em resumo, estou convicto que a decisão justa é aquela que consegue equilibrar as necessidades de defesa social com aquelas relacionadas ao desenvolvimento e promoção das pontencialidades positivas do adolescente infrator, buscando, em cada caso concreto, resposta virtualmente eficaz como meio de reversão do atuar criminoso.

Sob esta ótica, não obstante a supressão da instrução tenha resumido sensivelmente a prova, impedindo análise mais acurada, verifica-se que a internação era a medida mais adequada ao caso concreto. Com efeito, o jovem M., ao ser ouvido em juízo (fls. 36), confessou ter participado de "assalto em semáforos", em duas oportunidades distintas, mediante concurso de agentes e grave ameaça exercida com emprego de arma de fogo, subjugando as vítimas A.G. e L.S., que foram despojadas de bens e dinheiro.

Cuidam-se pois, de atos infracionais substancialmente graves, perpetrados com ousadia, denotando insensibilidade e ausência de princípios morais, além de colocar as vítimas em real perigo de vida.

Outrossim, em que pese não registrar outros antecedentes, os informes técnicos deixam patente que M. vive em más companhias, não seguindo orientações de seus responsáveis legais, residindo fora de casa, vez que constituiu nova família, bem assim, não exerce qualquer atividade laboral (fls. 34/35).

Ademais, consoante ressaltado pelo dr. Promotor de Justiça, os assaltos praticados em dias diversos, levam a concluir que M. acha-se estruturado na vida infracional (fls. 42).

Assim, a medida de internação, ainda que por curto período, impunha-se, como meio possibilitador de atendimento individualizado, a fim de auxiliá-lo na reversão do potencial criminógeno demonstrado pela prática dos atos infracionais.

Por derradeiro, anoto que o fato do jovem em tela já ter completado 18 anos de idade, não impede que o mesmo receba medida sócio-educativa adequada, nos termos dos artigos 2º, parágrafo único, e 121, § 5º, ambos do ECA. Nesse sentido, confira-se apelação cível 16.055/2, Presidente Prudente, relator Des. Lair Loureiro, apelação cível 14.663.0/2, Botucatu, relator Des. Aniceto Aliende.

Isto posto, o parecer é pela anulação da sentença. Se se chegar ao mérito, opino pelo provimento do recurso.

São Paulo, 9 de setembro de 1994.

Paulo Afonso Garrido de Paula, procurador de justiça.

ACÓRDÃO

Vistos, relatados e discutidos estes autos de apelação cível 21.503-0/0, da Comarca de São Paulo, em que é apelante o Promotor de Justiça da 3ª Vara Especial da Infância e Juventude da Comarca, sendo apelado o menor M.M.S. ou M.M.S.

Acordam, em Câmara Especial do Tribunal de Justiça do Estado de São Paulo, por votação unânime, acolher a preliminar e anular o processo.

Apelação do Ministério Público (fls. 40/43) contra sentença (fls. 36v./37) que impôs liberdade assistida à adolescente, medida que postula substituída pela internação, reportando-se à gravidade dos atos infracionais (roubos qualificados pelo concurso de agentes) e, ainda, ao nível desestruturado de vida sócio-familiar daquele.

Contra-arrazoado o recurso (fls. 45 a 48), e mantido o decisório (fls. 49), posicionou-se a Procuradoria-Geral de Justiça por sua anulação, violado que foi o devido processo legal, pela supressão de fases do procedimento (oportunidade para alegações prévias e instrução), e superada a preliminar, pelo provimento do recurso (fls. 53 a 60).

É o relatório.

Cabe admitir ter ocorrido inobservância do procedimento previsto para apuração de ato infracional. De feito, recebida a representação, citado e interrogado o jovem, realizaram-se os debates, sobrevindo a sentença. Omitiu-se, porém, de conceder prazo para a defesa formular alegações prévias, com supressão, ainda, da oitiva das vítimas e testemunhas.

Esse injustificável atropelo das normas reguladoras desse procedimento caracteriza como nulidade absoluta, decretável a qualquer momento.

Medida sócio-educativa, há de ser aplicada em procedimentos fiéis ao "due process of law" e ao contraditório, como prescreve ditame constitucional.

De anular-se o feito desde a omissão das alegações prévias.

Ante o exposto, provêem o recurso.

Participaram do julgamento os Desembargadores Lair Loureiro (presidente) e Nigro Conceição.

São Paulo, 16 de março de 1995.

Ney Almada, relator.

JURISPRUDÊNCIA

ATO INFRACIONAL — MEDIDA ADEQUADA

Apelação Cível 20.971-0/7; Comarca de Piratininga; Apelante: Promotor de Justiça da Vara da Infância e da Juventude da Comarca; Apelados: E.P. (menor) e outro.

ACÓRDÃO

Vistos, relatados e discutidos estes autos de apelação cível 20.971-0/7, da Comarca de Piratininga, em que é apelante o Promotor de Justiça da Vara da Infância e da Juventude da Comarca de Piratininga, sendo apelados E.P. (menor) e outro.

1. O dr. Promotor de Justiça da Vara da Infância e da Juventude da Comarca de Piratininga ofereceu representação contra os adolescentes E.P. e L.F.S. pela prática de ato infracional que, em tese, configura o delito do art. 155, § 4º, inciso IV, do Código Penal. No dia 19.1.1993, por volta de 2:30 h., esses adolescentes, agindo com unidade de propósitos com o inimputável M.A.S.S., mediante o emprego de chave de fenda furtada de J.E., desaparafusaram a fechadura da barraca de lanches, situada na Praça Virgem Imaculada, na cidade de Piratininga, pertencente a R.D., subtraindo as mercadorias relacionadas na inicial.

A r. sentença de fls. 56/58, cujo relatório fica adotado como parte integrante deste, julgou procedente, em parte, a representação e impôs aos adolescentes a medida sócio-educativa, pelo prazo de um mês, de prestação de serviços à comunidade, no Fórum, em horário a ser determinado na audiência de advertência, a ser realizada após o trânsito em julgado, nos termos do art. 117 do ECA.

Irresignado, apela o dr. Promotor de Justiça, postulando, em síntese, a reforma parcial do julgado, a fim de ser substituída a medida sócio-educativa imposta pela de liberdade assistida, mais adequada em face do ato infracional praticado e da situação familiar dos adolescentes.

Processado o recurso, com as respostas dos defensores dos adolescentes, mantida a r. sentença, subiram os autos a este E. Tribunal.

A douta Procuradoria-Geral da Justiça, pelo r. parecer de fls. 90/94, manifesta-se pelo provimento do recurso.

2. O acolhimento da representação era de rigor, como bem decidiu o digno magistrado.

O adolescente L. (fls. 25) admitiu, em Juízo, a prática do ato infracional em companhia de E. e M.A., o que é confirmado por seu progenitor (fl. 26).

E. (fl. 23), embora não fale em subtração, admite ter estado em companhia de M.A. e L. por ocasião da subtração. Sua progenitora, contudo, de modo bem claro (fl. 24) ressalta a participação do filho na prática do ato infracional.

A prova testemunhal colhida (fls. 41/45), acrescida do auto de apreensão, não deixa dúvida da participação de ambos no ato infracional.

3. No tocante à medida sócio-educativa aplicada — prestação de serviços à comunidade pelo prazo de um mês — não foi acertada a r. decisão de primeiro grau.

E., consoante a certidão de fl. 17, responde a dois outros procedimentos decorrentes de representações oferecidas. A sua mãe, viúva, não tem sobre o adolescente, que já está amasiado e tem um filho, nenhuma ascendência. A família, na realidade, é totalmente desestruturada, valendo ressaltar que, dos nove filhos, quatro estão presos.

L., embora a certidão de fl. 17 faça alusão de que "nada consta", relata ao magistrado ter contra si outras representações (fl. 25). A família, também, apresenta-se desestruturada, em decorrência da enfermidade do pai, portador de osteoporose, que o incapacita para o trabalho.

Verifica-se que esta situação, bem retratada nos estudos sociais realizados (fls. 33/34 e 35/37), não recomenda, no caso, a simples prestação de serviços à comunidade, sugerindo medida sócio-educativa mais adequada à situação familiar, ou seja, a liberdade assistida, pelo prazo mínimo de seis meses, tendo em vista que a situação dos adolescentes está a exigir acompanhamento, orientação e auxílio, mediante a designação de orientador pelo digno Juízo "a quo".

Assim, pois, comporta o provimento o recurso interposto.

Ante o exposto, acordam, em sessão da Câmara Especial do Tribunal de Justiça de São Paulo, por votação unânime, dar provimento à apelação do dr. Promotor de Justiça da Infância e da Juventude da Comarca de Piratininga, a fim de impor aos adolescentes E.P. e L.F.S. a medida sócio-educativa de liberdade assistida, pelo prazo mínimo de seis meses, nos termos do art. 118 do ECA.

O julgamento teve a participação dos Desembargadores Sabino Neto (presidente) e Dirceu de Melo, com votos vencedores.

São Paulo, 2 de fevereiro de 1995.

Nigro Conceição, relator.

JURISPRUDÊNCIA

INFRAÇÃO ADMINISTRATIVA — VENDA DE BEBIDAS ALCOÓLICAS — O ÔNUS DA PROVA

Venda de bebida alcoólica para menor — Estabelecimento autuado — Defesa apresentada, negando a venda e ressaltando que o menor se achava na "praça da alimentação" do Shopping, local comum aos vários estabelecimentos — Recurso visando a reforma da sentença desacolhida.

Autuado o estabelecimento por qualquer infração, o ônus da prova para descaracterizá-la cabe ao infrator — A simples negativa, desacompanhada de prova, implica a subsistência da autuação e a configuração da infração — Precedentes da Câmara Especial — Recurso desprovido.

Apelação cível 21.876.0/0; Comarca de Santos; Apelante: Pastelaria "P.S."; Apelado: MM. Juiz da Infância e da Juventude.

PARECER

Colenda Câmara Especial:

Trata-se de apelo interposto por Pastelaria "P.S.", contra r. sentença de primeira instância que a condenou a pagar multa fixada em 3 (três) salários referência, com base no disposto pelo artigo 258, da Lei 8.069/90.

A recorrente pede a reforma da r. sentença de fls. 25/26, com o decreto de improcedência do Auto de Infração de fls. 2, alegando, em síntese, inexistirem dados seguros no processo confirmatórios de ter o responsável pelo estabelecimento vendido bebida alcoólica a menor de 18 (dezoito) anos, face aos motivos que aduz em suas razões.

O recurso foi bem processado, com resposta do Ministério Público e r. despacho de sustentação.

Penso que o inconformismo do apelante não merece prosperar.

Consta de fls. 2 e verso que, no dia 14 de novembro de 1992, por volta das 21:00 horas, A.R., que na época tinha 17 (dezessete) anos, foi surpreendido ingerindo bebida alcoólica — cerveja — na "praça da alimentação" do Shopping Miramar, em Santos.

Indagado por Comissário de Menores da Comarca, o adolescente informou ter adquirido a bebida na Pastelaria "P.S.", que explora o comércio naquele local.

Em sua defesa, o responsável pelo estabelecimento negou os fatos descritos no auto de fls. 2, mas não requereu a produção de qualquer prova para demonstrar a veracidade de suas alegações — fls. 11/12.

Assim, desnecessária a dilação probatória, como entendeu o ilustre magistrado de primeira instância.

E, com os elementos que se encontravam no processo, nenhum reparo merece o decreto de procedência da peça de fls. 2.

Anota-se, "ad cautelam", que segundo jurisprudência sedimentada dessa Egrégia Câmara, "apurado o fato que configura infração, sua descaracterização passa a ser ônus do infrator" (RR.AA. 7.567.0 de Jaú, julgado em 8 de outubro de 1987, sendo relator o eminente Desembargador Aniceto Aliende; 9.431.0 de São Paulo, julgado em 23 de fevereiro de 1989, sendo relator o eminente Desembargador Aniceto Aliende; 9.164.0 de São Paulo, julgado em 20 de outubro de 1988, sendo relator o eminente desembargador Martiniano de Azevedo, e 10.350.0 de Itapira, julgado em 8 de junho de 1989, sendo relator o eminente Desembargador Marino Falcão, dentre outros).

De outro lado, a inexistência de certidão de nascimento do menor não invalida o processo, pois compete ao infrator demonstrar serem inverídicos os fatos relatados no Auto de Infração — RR. AA. 8.281.0 de São Paulo, julgado em 3 de março de 1988, sendo relator o eminente Desembargador Nóbrega de Salles, e 8.226.0 de São Paulo, julgado em 25 de fevereiro de 988, sendo relator o eminente Desembargador Aniceto Aliende.

Ora, o simples fato de A. estar prestes a completar 18 (dezoito) anos — fls. 2 verso —, e por mais que sua aparência deixasse dúvidas sobre a idade do adolescente, ao responsável pelo estabelecimento cabia tomar as cautelas necessárias para o efetivo cumprimento das normas protetivas dos incapazes, o que não ocorreu, impondo-se o decreto de procedência do auto de fls.

Diante do exposto, penso que nenhum reparo merece a r. sentença em exame, donde o parecer pelo improvimento do recurso, "sub censura".

São Paulo, 20 de maio de 1994.

Isabela Gama de Magalhães Gomes, procuradora de justiça.

ACÓRDÃO

Vistos, relatados e discutidos estes autos de apelação cível 21.876-0/0, da Comarca de Santos, em que é apelante Pastelaria "P.S." (representada por seu sócio R.L.G.), sendo apelado o MM. Juiz de Direito da Vara da Infância e da Juventude da Comarca de Santos.

1. Pastelaria "P.S. Ltda.", representada por seu sócio, R.L.G., interpôs apelação contra a r. decisão do MM. Juiz de Direito da Vara da Infância e Juventude da Comarca de Santos que julgou procedente o auto de infração, lavrado pela venda de bebida alcoólica a menor de idade. Argumenta, em síntese, que o estabelecimento está situado em um Shopping e que não efetuou qualquer venda de bebida ao menor A.R.

Processado o recurso, colheu-se manifestação do dr. Promotor de Justiça e o digno magistrado manteve a sua r. decisão.

A douta Procuradora de Justiça opinou pelo improvimento do apelo.

2. O estabelecimento comercial, consoante se verifica a fl. 3, foi autuado pela venda de bebida alcoólica a menor.

O responsável pelo estabelecimento negou a venda questionada, chegando a oferecer defesa, mas não arrolou testemunhas para demonstrá-la.

Ora, consoante orientação desta E. Câmara, lavrado o auto de infração o ônus da prova é do infrator, a quem cabe a sua descaracterização (Ap. Cíveis 7.567.0 e 9.431.0, ambas relatadas pelo Des. Aniceto Aliende; Ap. Cível 9.164.0, rel. Des. Martiniano de Azevedo; Ap. Cível 10.350.0, rel. Des. Marino Falcão).

No caso, embora tenha o apelante negado a infração, prova alguma ministrou no sentido de demonstrar que não vendeu bebida ao menor, devendo, pois, prevalecer o auto regularmente lavrado.

A ausência de certidão de nascimento do menor, no caso, é irrelevante, em face das considerações anteriormente feitas.

O fato de o menor se encontrar na denominada "praça da alimentação" do Shopping, que é comum aos vários estabelecimentos, no caso, é irrelevante, pois o que importa é que, nesse local, ingeria cerveja, tendo apontado o estabelecimento autuado como o vendedor da bebida.

3. A sanção imposta — três salários-de-referência — foi fixada no mínimo legal e não comporta qualquer modificação.

Ante o exposto, acordam, em sessão da Câmara Especial do Tribunal de Justiça do Estado de São Paulo, por votação unânime, negar provimento à apelação interposta pela Pastelaria "P.S. Ltda.".

O julgamento teve a participação dos Desembargadores Yussef Cahali (presidente, sem voto), Lair Loureiro e Dirceu de Mello, com votos vencedores.

São Paulo, 20 de abril de 1995.

Nigro Conceição, relator.

JURISPRUDÊNCIA

ATO INFRACIONAL — SUBSTITUIÇÃO DE INTERNAÇÃO POR LIBERDADE ASSISTIDA

Medida sócio-educativa — Substituição de internação por liberdade assistida — Caso de não cabimento em face da reiteração de condutas infracionais — Possibilidade de aplicação da medida até os 21 anos — Aplicação do art. 121, § 5º, do ECA.

Agravo de Instrumento 23.833-0/0; Comarca de São Paulo; Agravante: Promotor de Justiça da 1ª Vara Especial da Infância e da Juventude da Comarca; Agravado: M.P.S.

ACÓRDÃO

Vistos, relatados e discutidos estes autos de agravo de instrumento 23.833-0/0, da Comarca de São Paulo, em que é agravante o Promotor de Justiça da 1ª Vara Especial da Infância e da Juventude da Comarca, sendo agravado o menor M.P.S.

Acordam, em Câmara Especial do Tribunal de Justiça do Estado de São Paulo, por votação unânime, dar provimento ao recurso.

O Ministério Público ofereceu representação atribuindo ao adolescente M.P.S. a prática das infrações enumeradas cronologicamente a fls. 5 e verso, tendo o MM. Juiz acolhido representação e aplicado a medida de internação. Tal decisão foi proferida em 7.12.93 (fls. 24), cumprindo-se a medida em 31.12.93 (fls. 28).

Veio para o autos a "manifestação técnica" de fls. 31/32, com sugestão para se conceder ao menor a liberdade assistida.

Nova decisão foi proferida a fls. 36, em 20 de junho de 1994, concedendo-se ao menor em apreço "o regime de liberdade assistida por um ano", ordenada a desinternação.

Contra essa decisão foi interposto o presente agravo de instrumento pelo Ministério Público, que se mostra contrário à nova medida. O dr. Promotor de Justiça pede a internação "até que esteja efetivamente apto (o menor) a progredir para outra medida sócio-educativa".

A liberação do adolescente ocorreu em 13 de julho de 1994.

Formado o instrumento com as numerosas peças indicadas o agravo foi processado com a contraminuta da dra. advogada designada (fls. 189/191).

Ele prestou declarações a fls. 69 relativamente aos fatos ocorridos a partir de março de 1992 admitindo a co-autoria da tentativa de roubo, inclusive. Nessa oportunidade é que o digno Juiz concedeu ao menor a remissão, suspendendo o processo pelo prazo de um ano, aplicando a liberdade assistida conforme se vê a fls. 69 e verso. Ainda nesta ocasião o adolescente foi advertido, textualmente, "de que no caso de descumprimento de qualquer de seus deveres lhe será aplicada a medida de internação, podendo permanecer na Febem até 21 anos de idade."

Pois bem, apesar dessa oportunidade outorgada pelo Magistrado o adolescente reincidiu na prática de novas infrações, daí a representação formulada às fls. 5/6.

Em face dessa representação é que a medida de internação foi aplicada por decisão de 7 de dezembro de 1993, todavia em face da "manifestação técnica" de fls. 31/32 o MM. Juiz alterou novamente sua decisão e converteu a internação em regime de liberdade assistida, apesar de se mostrar infrutífera tal medida, como se constatou acima.

O parecer da Febem que levou o dr. Juiz de Direito a deferir a liberdade assistida fundamenta-se em informativos técnicos calcados somente em aspectos objetivos, tais como as visitas da família, a possibilidade concreta dos pais em auxiliar na recuperação do filho, proposta de trabalho, etc., de acordo com as observações lançadas a fls. 199, pela douta Procuradoria de Justiça.

Não se descartam evidentemente esses dados como elementos orientadores de uma decisão, mas não se pode esquecer que fora da instituição, no meio que o menor comumente freqüenta, sua conduta tem revelado sensível propensão à prática infracional, inclusive furtos qualificados mediante concurso de agentes, isto em oportunidade na qual o menor se achava em regime de liberdade assistida.

Diante desses fatos é de se concordar com a manifestação do recorrente e com as ponderações feitas pela Procuradoria de Justiça no teor de que a progressão da internação para regime de liberdade assistida não atendeu a um período de prova mais adequado, que pudesse comprovar a melhor inclinação do jovem para o convívio social.

Em suma, a decisão agravada deve ser reformada, com o retorno do adolescente M.P.S. à internação.

Por fim, é necessário registrar que ele completou 18 anos de idade no dia 11 de outubro de 1994 (cfr. fls. 145), entretanto tal falto não obsta o cumprimento da medida, conforme já se decidiu nesta Egrégia Câmara em Acórdão deste relator na Apelação 14.053-0, da Comarca de Itararé. Tal decisão teve fundamento no que prevê o parágrafo único do artigo 2º da Lei 8.069/90, que permite, nos casos expressos em lei, a aplicação excepcional do Estatuto "às pessoas entre 18 e 21 anos de idade". A respeito o § 5º do artigo 121 torna compulsória a liberação da internação aos vinte e um anos de idade.

Por todo o exposto dá-se provimento ao agravo para se revogar a decisão impugnada, restabelecendo-se a internação anteriormente aplicada.

O julgamento teve a participação dos Desembargadores Yussef Cahali (presidente) e Dirceu de Mello, com votos vencedores.

São Paulo, 16 de fevereiro de 1995.

Lair Loureiro, relator.

JURISPRUDÊNCIA

REMISSÃO CONCEDIDA PELO MAGISTRADO ANTES DO OFERECIMENTO DA REPRESENTAÇÃO — DESCABIMENTO — RECURSO CABÍVEL

Remissão — Cabe apelação contra decisão que concede ou homologa remissão, independente do momento processual em que é proferida — Conhecimento da correição parcial interposta pelo Ministério Público contra decisão que concedeu remissão antes da instauração da relação processual — Aplicação do princípio da fungibilidade dos recursos — Inexistência de erro grosseiro.

Remissão — Impossibilidade jurídica de ser concedida pelo magistrado antes da instauração da relação processual, com o oferecimento da representação pelo MP e seu recebimento — Necessidade de oitiva do adolescente e fundamentação da decisão que concede remissão.

Correição Parcial 19.289.0/1; Comarca de Capavari; Requerente: Ministério Público do Estado de São Paulo; Requerido: MM. Juiz de Direito da Vara da Infância e da Juventude; Interessado: K.C. (adolescente).

PARECER

Colenda Câmara Especial:

1. O doutor Promotor de Justiça de Capivari, recebendo boletim de ocorrência dando-lhe conta que a adolescente K.C. era apontada como autora de ato infracional (furto de roupas), requereu a autuação das peças pelo cartório judicial, bem como informações sobre antecedentes da jovem, designando data para a oitiva informal a que alude o artigo 179 do Estatuto da Criança e do Adolescente (fls. 8).

2. O MM. Juiz deferiu os requerimentos formulados, determinando a necessária intimação (fls. 8). Contudo, antes da data aprazada, prolatou o seguinte despacho: "Extraiam-se cópias destes autos, remetendo-se-as para os autos 853/92. Com relação aos fatos aqui descritos concedo à menor a remissão nos termos do art. 188 do ECA. Cumpra-se e ao arquivo após apensar o presente procedimento às demais sindicâncias" (fls. 14/14v.)

3. Inconformado, ingressou o dr. Promotor de Justiça com correição parcial, pugnando pela anulação do despacho, entendendo, em síntese, que a conduta do MM. Juiz configura "error in procedendo" (fls. 2/6).

4. Após manisfestação do advogado nomeado para representar a adolescente (fls. 23/25), o MM. Juiz manteve o despacho impugnado, acrescentando que o procedimento jurisdicional já tivera início, razão pela qual poderia decidir daquela forma (fls. 35/36).

* * *

A reclamação procede.

Com efeito, o despacho impugnado, além de nulo ante a ausência de motivação, importa violação às prerrogativas do Ministério Público enquanto titular da ação sócio-educativa pública.

O MM. Juiz arquivou as peças policiais de ofício, olvidando a inexistência de qualquer promoção de arquivamento, implicitamente negando vigência às normas que disciplinam o procedimento de apuração de ato infracional atribuído a adolescente, notadamente a do artigo 180 do ECA, ao prescrever que após a autuação do boletim de ocorrência pelo cartório judicial, certidão sobre antecedentes e oitivas informais pelo Ministério Público, o Promotor de Justiça poderá promover o arquivamento, conceder a remissão ou representar à autoridade judiciária, propondo a instauração de procedimento para a aplicação de medida sócio-educativa (ECA, art. 182).

Nem remissão poderia o MM. Juiz conceder, porquanto o procedimento ainda não havia se instaurado, valendo lembrar que sua concessão pela autoridade judiciária somente é admitida como forma de suspensão ou extinção do processo (ECA, art. 126, parágrafo único). Como forma de exclusão do processo, ou seja, antes de iniciado o procedimento de apuração de ato infracional, constitui prerrogativa exclusiva do Ministério Público (ECA, art. 126, "caput"), "dominus litis" da ação sócio-educativa pública.

Verificando-se a inexistência de processo o despacho deveria ser atacado via correição parcial, porquanto o sistema recursal do Código de Processo Civil, adotado por força do artigo 198 do Estatuto da Criança e do Adolescente, aplica-se, evidentemente, como conjunto de instrumentos para a impugnação de provimentos jurisdicionais exarados por ocasião da relação processual. Se processo não havia, não configurando o despacho sentença ou decisão interlocutória, à falta de recurso adequado, cabível a correição parcial como instrumento de correção de ato ilegal, causador de prejuízo ao reclamante.

Desta forma, opino pelo conhecimento e deferimento da reclamação, anulando-se o despacho de concessão de remissão e arquivamento, com o retorno dos autos ao dr. Promotor de Justiça para que proceda na forma determinada em lei.

É o parecer.

São Paulo, 4 de julho de 1994.

Paulo Afonso Garrido de Paula, procurador de justiça.

ACÓRDÃO

Vistos, relatados e discutidos estes autos de Correição Parcial 19.289-0/1, da Comarca de Capivari, em que é corrigente o Promotor de Justiça da Vara da Infância e da Juventude da Comarca de Capivari, sendo corrigido o MM. Juiz de Direito da Infância e da Juventude da Comarca de Capivari.

1. O dr. Curador da Infância e da Juventude da Comarca de Capivari interpôs correição parcial, visando à anulação do r. despacho de fls. 14 e v., proferido nos autos de sindicância instaurada para apuração de ato infracional, que concedeu remissão à menor K.C.

Argumenta, em síntese, que a r. decisão concessiva da remissão antecedeu a audiência designada para a oitiva da menor e de seus responsáveis, precipitando-se o digno magistrado nesta decisão.

O recurso foi processado e, oferecidas as contra-razões, o digno magistrado manteve a sua r. decisão.

O douto Procurador de Justiça opinou pela anulação do despacho concessivo da remissão, com o retorno dos autos ao dr. Promotor de Justiça para que pleiteie a medida cabível.

2. O ilustre representante do Ministério Público interpôs correição parcial contra a r. decisão do digno magistrado que concedeu remissão à menor K.C., visando à sua anulação.

Observa-se, preliminarmente, que o recurso comporta conhecimento como apelação.

A remissão, concedida antes da instauração do procedimento, consoante dispõe o art. 126 do ECA, implica a exclusão do processo. Aliás, homologada a remissão pela r. decisão de primeiro grau, nenhum outro ato será praticado pelo r. Juízo de primeiro grau, o que revela a sua natureza, que é, verdadeiramente, a de uma sentença.

No caso, aliás, a própria definição dos atos do juiz, constante do art. 162 e seus parágrafos do Código de Processo Civil, bem revela a natureza daquele impugnado pelo digno Promotor de Justiça de primeiro grau por meio da presente correição parcial.

Mas, adotado o sistema recursal do CPC, sempre que a decisão implicar a extinção do processo — a tanto equivalendo o arquivamento, decorrente da homologação da remissão — o recurso cabível é apelação, consoante, aliás, já decidiu esta E. Câmara na Apelação Cível 16.777.0/7, de que foi relator o subscritor deste.

Ademais, não se pode olvidar que a correição parcial só é admissível contra atos ou despachos que não ensejariam recurso, ou seja, que não poderiam ser trazidos ao conhecimento da Superior Instância para possível reexame.

Esta circunstância, no caso, revela o não cabimento de correição parcial contra sentença, mas, apenas, contra despachos que, acertadamente ou não, o legislador incluiu entre aqueles atos do juiz não passíveis de recurso.

Na espécie, assim, extinto o processo, por força da remissão concedida, o recurso cabível é a apelação.

No caso, aplicando-se o princípio da fungibilidade, tendo em vista que não se pode, no caso, falar em erro grosseiro e que os pressupostos da apelação foram observados, conhece-se do recurso como apelação e passa-se ao exame do mérito, tendo em vista que todos os elementos indispensáveis à solução da controvérsia constam dos autos.

3. Foi encaminhado ao Juízo da Infância e da Juventude expediente, relatando a prática de ato infracional atribuído à adolescente K.C. O magistrado determinou o registro, autuação e intimação da menor para comparecimento à presença do Ministério Público, na data por ele designada (fl. 8).

Entretanto, antes da data aprazada (9.2.93 — fl. 8), o digno magistrado, pela r. decisão de 15.12.92, concedeu remissão à menor (fls. 14 e v.).

Alguns obstáculos intransponíveis existem a obstar a subsistência da remissão assim concedida.

Inicialmente, não podia o magistrado conceder remissão, tendo em vista que não havia, ainda, representação oferecida pelo Ministério Público e recebida pelo douto juízo.

Quando o Estatuto da Criança e do Adolescente diz, em seu artigo 188, que a remissão, como forma de extinção ou suspensão do processo, poderá ser aplicada em qualquer fase do procedimento, antes da sentença, pressupõe estar superada a fase do artigo 180, com o oferecimento e recebimento de representação. Efetivamente, dispõe neste sentido o artigo 182, segundo o qual "... o Ministério Público ... oferecerá representação à autoridade judiciária, propondo a instauração de procedimento para aplicação da medida sócio-educativa que se afigurar a mais adequada".

Não poderia, portanto, o magistrado, como fez, conceder remissão de ofício, antes de iniciado o procedimento.

A decisão concessiva de remissão, após a instauração da ação, deve ser precedida da oitiva do menor e, obrigatoriamente, nos termos do art. 186, § 1º, do ECA, do Ministério Público (apelação cível 16.777.0/7, sendo relator o subscritor deste), circunstância não observada.

Além do mais, toda decisão judicial, consoante decorre do art. 93, inciso IX, da Constituição Federal, tem, necessariamente, que ser fundamentada, mesmo na hipótese de remissão em que a aferição do seu cabimento decorre das circunstâncias e conseqüências do fato, do contexto social, da personalidade do adolescente e da sua maior ou menor participação no ato infracional, como decorre do art. 126 do ECA. Embora esta disposição se refira expressamente ao Ministério Público, aplica-se igualmente ao magistrado, em face da obrigatoriedade de fundamentação de todas as decisões judiciais.

Também, no caso, não tendo sido ouvida a adolescente pelo magistrado, inviável se mostra a concessão da remissão, porquanto este ato é imprescindível, a fim de permitir ao digno juiz a aferição da medida sócio-educativa mais adequada, aplicável à espécie, e o momento mais oportuno para este fim.

Concedendo a remissão, antes da data designada para a apresentação da menor, o digno magistrado inviabilizou a atuação do Ministério Público, impedindo-o de agir, conforme lhe faculta o citado artigo 180, para:

I — promover o arquivamento dos autos;

II — conceder remissão;

III — representar à autoridade judiciária para aplicação de medida sócio-educativa.

Ante o exposto, acordam, em sessão da Câmara Especial do Tribunal de Justiça do Estado de São Paulo, por votação unânime, conhecer da correição parcial interposta pelo dr. Curador da Infância e da Juventude da Comarca de Capivari como apelação e dar-lhe provimento, a fim de anular a concessão de remissão, retornando os autos ao Ministério Público para oitiva da adolescente e prática dos ulteriores atos como de direito.

O julgamento teve a participação dos Desembargadores Sabino Neto (presidente) e Dirceu de Mello, com votos vencedores.

São Paulo, 2 de fevereiro de 1995.

Nigro Conceição, relator.

JURISPRUDÊNCIA

PROCEDIMENTO DE APURAÇÃO DE ATO INFRACIONAL — COMPETE AO JUÍZO E SUA SERVENTIA O IMPULSO DO PROCEDIMENTO, A PARTIR DA AUTUAÇÃO DO EXPEDIENTE — APLICAÇÃO DO ART. 179 DA LEI 8.069/90 E DO ASSENTO REGIMENTAL 164 DO TRIBUNAL DE JUSTIÇA DE SÃO PAULO

Agravo de Instrumento 19.229.0/9; Comarca de Atibaia; Agravante: Ministério Público do Estado de São Paulo; Agravado: Juízo de Direito da Infância e da Juventude.

PARECER

Colenda Câmara Especial:

1. Trata-se de agravo de instrumento (fls. 2/5) tirado de despacho (fls. 31) que, na fase ministerial de procedimento de apuração de ato infracional, indeferiu requerimento do dr. Promotor de Justiça, consistente em cobrança de realização de diligências policiais requisitadas anteriormente (fls. 30 v.).

2. A r. decisão impugnada foi mantida, acrescentando o ilustre Magistrado que o Ministério Público poderia, diretamente, requisitar e promover as diligências solicitadas ao juízo (fls. 7/9).

* * *

Muito embora as providências indeferidas pudessem ser requisitadas diretamente pelo Ministério Público, considerando que a autuação das peças policiais (auto de apreensão, boletim de ocorrência, relatório de investigações) é feita pelo cartório judicial (ECA, art. 179), atendendo à necessidade de documentação de todos os atos preparatórios da ação sócio-educativa pública, importante era que fossem formalizadas por ato de juízo.

Não foi por outra razão, a meu ver, que este Egrégio Tribunal publicou o Assento Regimental n. 164, de 21 de novembro de 1990, estabelecendo em seu artigo 1º que a autuação dos documentos policiais e informações de antecedentes constituem providências do cartório, que tem o dever de encaminhar os autos, no mesmo dia, ao representante do Ministério Público, independentemente de despacho, e que, retornando os autos, o escrivão expedirá os mandados e ofícios requeridos pelo representante do Ministério Público e deferidos pelo Juiz (art. 2º).

Considere-se, por fim, que esta Egrégia Câmara Especial já se manifestou em casos semelhantes, ensinando que:

"... desatendeu o MM. Juiz não só o disposto no art. 179 da Lei 8.069/90, como o art. 2º do Assento Regimental n. 164 do Tribunal de Justiça, publicado justamente com o objetivo de regulamentar e garantir a celeridade dos serviços cartorários atinentes ao então recém-editado Estatuto da Criança e do Adolescente.

"Nem se compreenderia, como ressalta evidente do texto do art. 179 e que deixou certo o Assento n. 164, do Tribunal de Justiça, a tramitação de procedimento que permitisse a prática de atos judiciais fora do respectivo cartório e sem a intervenção do magistrado investido da jurisdição menorista. O fato da lei atribuir ao Ministério Público a prévia e informal audiência do menor, com vistas a uma das providências previstas no art. 180 do referido Estatuto, não quer dizer que ao mesmo Ministério Público, também e com exclusividade se imponha o ônus da intimação.

"Não se ignora que o próprio Estatuto da Criança e do Adolescente permite ao Ministério Público a direta expedição de notificação e requisição de informações (art. 201, VI, letras "b" e "c"), como também e igualmente permitem o art. 47 do Código de Processo Penal e a própria Lei Orgânica do Ministério Público, mas na hipótese aqui versada (art. 179), tendo em vista, como dito, a celeridade do procedimento, foi a lei precisa quanto à necessidade de prévia autuação do boletim de ocorrência (e outras peças) pelo cartório judicial, compreendendo-se na inteligência do próprio texto do art. 179 que os atos de instrumentação (notificações e intimações) devam ser expedidos pela respectiva serventia de justiça e não por iniciativa extraprocessual do Ministério Público.

"Esta matéria, aliás, não é nova e já foi objeto de consideração desta Câmara Especial no julgamento do A.I. 15.518-0/9, relator o eminente Desembargador Sabino Neto. Ficou decidido, com efeito e por unanimidade dos seus membros que "desde o momento em que se instaura o procedimento para a apuração de ato infracional praticado por adolescente, mediante a autuação de peças pelo cartório judicial, ao juiz cabe dirigir o processo e preparar os atos que nele se praticam, em obediência ao disposto no art. 200 do Código de Processo Civil. Pouco importa tenha a lei atribuído ao Ministério Público a faculdade de ouvir, informalmente, certas pessoas antes do oferecimento da representação. As determinações para a prática de atos processuais que possibilitam ao Ministério Público o exercício daquela faculdade, dependem de intervenção do Magistrado, pois só a ele compete impulsionar o processo através dos servidores da justiça, já que ao Ministério Público é vedado interferir no cartório judicial em nome próprio. Bem por isso, cabe ao Juiz, na direção de tais processos, ordenar a expedição de mandados e ofícios, para o cumprimento do Estatuto menorista..."

"É justamente a hipótese aqui presente, onde o Ministério Público, após autuação, pelo cartório judicial, de peças em princípio indicativas de ato infracional praticado por adolescente, requereu diligências visando o esclarecimento de sua autoria e com vistas ao cumprimento do art. 180 do Estatuto da Criança e do Adolescente, não sendo dado ao magistrado, como se demonstrou, indeferi-las sob a consideração de que a formalização da instrumentação procedimental é de iniciativa exclusiva e independente do órgão ministerial. Nem a lei e nem o Assento Regimental, em suma, permitem semelhante interpretação" (Agravo de Instrumento 16.966-0/0, relator Desembargador Lair Loureiro — v.u. em 15/4/93).

Desta forma, considerando ainda que o interesse maior é a eficaz distribuição da justiça, o parecer é pelo provimento do agravo, a fim de que, em primeiro grau, tenha o feito normal prosseguimento.

São Paulo, 4 de julho de 1994.

Paulo Afonso Garrido de Paula, procurador de justiça.

ACÓRDÃO

Vistos, relatados e discutidos estes autos de Agravo de Instrumento 19.229-0/9, da Comarca de Atibaia, em que é agravante Promotor de Justiça da Vara da Infância e da Juventude da Comarca de Atibaia, sendo agravado MM. Juiz de Direito da Vara da Infância e da Juventude da Comarca de Atibaia.

Acordam, em Câmara Especial do Tribunal de Justiça do Estado de São Paulo, por votação unânime, dar provimento ao agravo, de conformidade com o relatório e voto do relator, que ficam fazendo parte integrante do presente julgado.

O julgamento teve a participação dos Desembargadores Sabino Neto (presidente, sem voto), Yussef Cahali e Ney Almada, com votos vencedores.

São Paulo, 26 de janeiro de 1995.

Dirceu de Mello, relator.

É agravo tirado em face da r. decisão copiada a fls. 31, que indeferiu requerimentos do agravante, em expediente relativo à apuração de ato infracional atribuído a adolescente.

Mantida a r. decisão impugnada, nesta instância manifestou-se a douta Procuradoria-Geral de Justiça pelo provimento do recurso.

Esse o relatório.

1. A irresignação é procedente.

Se o dr. Juiz de Direito deferiu anterior requerimento do Ministério Público, de expedição de ofício à Polícia Militar, para a condução coercitiva de adolescente e seu responsável (cf. fls. 29v.), por certo que não caberia ao Ministério Público cobrar o atendimento ao ofício.

Com isso não se quer dizer que os requerimento da Curadoria da Infância e da Juventude devem, sempre, ser deferidos. Mas a fundamentação de que se valeu o dr. Juiz de Direito, no caso sob exame, não pode, por óbvio, subsistir.

Não é demais lembrar, à vista dos inúmeros agravos de instrumento vindos da 4ª Vara de Atibaia, que a partir da autuação de expediente relativo à prática de ato infracional por adolescente, compete ao Juízo o seu impulso, na forma do Assento Regimental n. 164, deste Egrégio Tribunal, como de resto demonstrou a ilustrada Procuradoria-Geral de Justiça.

2. Diante do exposto, dá-se provimento ao recurso, para que sejam atendidos os requerimentos copiados a fls. 30v. deste instrumento.

Dirceu de Melo, relator.

JURISPRUDÊNCIA

APELAÇÃO CONTRA DECISÃO QUE APLICA MEDIDA SÓCIO-EDUCATIVA — NECESSIDADE DE A PETIÇÃO DE INTERPOSIÇÃO VIR ACOMPANHADA DAS RAZÕES DE APELO — ADOÇÃO PELA LEI ESPECIAL DA SISTEMÁTICA DO CPC — NÃO CONHECIMENTO DO RECURSO

Apelação 22.138.0/0; Comarca de Caçapava; Apelante: S.A.S. (adolescente); Apelado: Ministério Público do Estado de São Paulo.

PARECER

Colenda Câmara Especial:

1. Defensora de adolescente sancionado com internação ante a prática de ato infracional consistente em latrocínio apela a este Tribunal pugnando pela transformação daquela medida sócio-educativa em liberdade assistida, sob o fundamento de que é primário, tem promessa de emprego e conta com respaldo familiar (fls. 138/139).

2. O dr. Promotor de Justiça pugnou pela manutenção da r. sentença recorrida, aduzindo se tratar de ato infracional gravíssimo (fls. 141/144).

3. A r. sentença recorrida (fls. 114/116) foi mantida pelo seu ilustre prolator pelos seus próprios fundamentos (fls. 147).

* * *

É de se observar, preliminarmente, que o recurso não merece ser conhecido.

Verifica-se que a nobre defensora apresentou recurso de apelação desacompanhado das razões (fls. 127), de modo que não atendeu a um dos requisitos indispensáveis para que o recurso possa ser conhecido, qual seja, o requisito extrínseco ou objetivo da regularidade formal.

Com efeito, o Código de Processo Civil, adotado expressamente no que concerne ao seu sistema recursal pelo Estatuto da Criança e do Adolescente (art. 198), exige que a apelação seja acompanhada das razões do inconformismo (CPC, art. 514), importando a omissão erro indesculpável. O recurso para ser conhecido precisa estar formalmente em ordem, reclamando atendimento às normas legais atinentes ao seu processamento, de modo que a impugnação do recorrente seja veiculada mediante instrumento regular.

A falta, no mínimo, acarretou a intempestividade da apelação, de modo que não deve ser conhecida.

Se se chegar ao mérito, resumindo-se este à adequação da medida, verifica-se que a impugnação não merece acolhimento. O adolescente confessou o ato infracional narrado na preambular, esclarecendo que aderiu à idéia do assalto e que, durante o desenrolar da atividade ilícita, disparou sua arma contra o vigia de uma empresa (cf. fls. 32). Deflui de sua participação criminosa periculosidade que justifica a reprimenda severa, porquanto ao resolver-se por uma ousada empreitada infracional, portando arma de potencialidade letal, fez pouco caso da vida alheia, desconsiderando o semelhante. Desta forma, a privação da liberdade, ainda que num primeiro momento, servirá como forma de reflexão.

Assim, o parecer é pelo improvimento do recurso.

São Paulo, 1 de outubro de 1994.

Paulo Afonso Garrido de Paula, procurador de justiça.

ACÓRDÃO

Vistos, relatados e discutidos estes autos de Apelação Cível 22.138-0/0, da Comarca de Caçapava, em que é apelante o menor S.A.S., sendo apelado Segundo Promotor de Justiça da Vara da Infância e da Juventude da Comarca de Caçapava.

Acordam, em Câmara Especial do Tribunal de Justiça do Estado de São Paulo, por votação unânime, não conhecer do apelo, de conformidade com o relatório e voto do relator, que ficam fazendo parte integrante do presente julgado.

O julgamento teve a participação dos Desembargadores Yussef Cahali (presidente) e Ney Almada, com votos vencedores.

São Paulo, 19 de janeiro de 1995.

Dirceu de Mello, relator.

Trata-se de apelação interposta em face da r. sentença que, acolhendo representação para apuração de ato infracional oferecida em face do apelante e L.S.C., determinou a internação de ambos. O apelo busca a substituição da medida imposta pela liberdade assistida. A r. decisão transitou em julgado em relação ao adolescente L.S.C. (cf. fls. 128).

Processado o apelo e mantida a r. sentença impugnada, nesta instância a ilustrada Procuradoria-Geral de Justiça pugnou pelo não conhecimento do apelo e, no mérito, perseguiu o seu improvimento.

Esse o relatório.

1. A apelação não pode, mesmo, ser reconhecida.

Como sublinhado pelo doutor Procurador de Justiça, adotou a Lei Federal 8.069/90 o sistema recursal do Código de Processo Civil, de modo que a petição de interposição do recurso deve vir acompanhada das razões do pedido de reforma da decisão, sob pena de não poder ser conhecido o inconformismo.

Irrelevante, no caso, o fato de o recorrente haver pedido a abertura de vista para apresentação das razões recursais.

Como já decidiu o C. Superior Tribunal de Justiça, "o protesto por oportuna apresentação de razões não é admissível nos recursos cíveis, segundo a sistemática processual vigente" (4ª Turma, RMS 751-RO, rel. Min. Sálvio de Figueiredo, j. 9.4.91, "apud" Theotonio Negrão, *Código de Processo Civil e legislação processual em vigor*, Malheiros Editores, 25ª ed., nota 9 ao art. 514).

2. Diante do exposto, não se conhece do recurso interposto.

Dirceu de Mello, relator.

JURISPRUDÊNCIA

MAUS-TRATOS CONTRA CRIANÇA — HIPÓTESE DE CARACTERIZAÇÃO

Maus-tratos praticados pelo genitor à filha — Art. 136 do Código Penal — Ação penal julgada procedente — Aplicação de sanção consistente em prestação de serviços à comunidade — Recurso improvido.

Apelação Criminal 815.851/4; 9ª Câmara; Santos/SP; Tribunal de Alçada Criminal de São Paulo; apelante: L.T.M.; apelado: Ministério Público.

ACÓRDÃO

Vistos, relatados e discutidos estes autos de Apelação 815.851/4, da comarca de Santos, em que é apelante L.T.M., sendo apelado o Ministério Público:

Acordam, em 9ª Câmara do Tribunal de Alçada Criminal, por votação unânime, negar provimento, com determinação.

Trata-se de apelação interposta por L.T.M., condenado, como incurso no artigo 136 do Código Penal, a prestação de serviços à comunidade por 2 (dois) meses e 10 (dez) dias.

Pugna o recorrente pela absolvição, alegando insuficiência probatória.

Contra-razões às fls. 69.

A Procuradoria da Justiça manifestou-se pelo improvimento do recurso.

É o relatório.

Sem razão o recorrente.

As provas existentes nos autos, ao contrário do que procura sustentar, estão a demonstrar que efetivamente ultrapassou os limites do direito de corrigir, praticando o delito descrito no artigo 136 do Código Penal.

Na fase policial, fls. 7v., confessou que teria ficado descontrolado com o choro continuado de sua filha C., que tinha à época dos fatos 3 (três) anos de idade, desferindo-lhe algumas chineladas, sendo que uma a atingiu no rosto.

A testemunha S., tia da vítima, afirmou que ele costumava agredir a filha e ressaltou que um ano antes teria, de tanto agredi-la, fraturado o seu fêmur obrigando, inclusive, que a mesma ficasse internada no Hospital São José, por mais de 1 (um) mês (fls. 42).

A genitora da vítima (fls. 13) confirmou que o Apelante costuma agredir os filhos, bem como o fato de que um ano antes teria, em face de agressão desferida, quebrado o fêmur de C.

Tais informações foram também confirmadas por N.M.S.S. (fls. 21).

O laudo de fls. 21, por outro lado, deixa evidenciado que a menor C. sofreu, no dia dos fatos, a agressão descrita na denúncia, mesmo porque apresentava "equimoses arroxeadas na região auricular D e temporal D".

Em juízo, fls. 30v., o Apelante não negou que no dia dos fatos agrediu sua filha, embora tivesse procurado minimizar sua conduta, afirmando que, apenas, teria lhe desferido algumas palmadas.

Porém, como ressaltou N. (fls. 43), o Apelante utilizou-se de um chinelo "rider", sendo irrelevante que a vítima tenha sangrado, em face de um corte anterior na orelha.

Ademais, em juízo, tanto S. como N. informaram que após os fatos que ensejaram esta ação, o Apelante voltou a agredir a vítima, utilizando-se, inclusive, de uma faca.

Não há, portanto, nenhuma dúvida a respeito da autoria e materialidade do crime que lhe é imputado.

Como salienta Adalberto Boletta de Oliveira (in *Crianças Vitimizadas: A Síndrome do Pequeno Poder*, livro organizado por Maria Amélia Azevedo e Viviane Nogueira de Azevedo Guerra, Editora Iglu, 1989, p. 99), "considerada por Ron Horswell como a 'mais perigosa doença da infância', a vitimização de crianças e adolescentes, nas suas várias modalidades (física, sexual e psicológica), vem fazendo novas vítimas a cada ano, assumindo, assim, proporções epidêmicas".

E os elementos existentes nos autos estão a indicar que, realmente, estamos frente a um caso típico de vitimização, que necessita de eficazes providências por parte da Justiça, tendo em vista os riscos que corre, não só a menor C., mas também seus outros irmãos.

A vitimização (cf. obra citada, página 36) pode ser definida como "um comportamento qualquer de um pai (ou mãe) que resulte em dano para a criança".

O Dr. David Gil (in *Violence Against Children – physical abuse in the United States*, lembrado na obra já mencionada, página 37) afirma que "o abuso físico de crianças é o uso de força física intencional, não acidental, ou são os fatos de omissão intencionais, não acidentais, por parte dos pais ou responsável, incumbidos dos cuidados com a criança, com o objetivo de ferir, danificar ou destruir esta mesma criança".

E no caso, como já visto, a agressão foi intencional, com riscos, tendo em vista a tenra idade de C., à sua saúde, não só física, mas também a nível mental.

As características do caso não autorizam a aplicação somente da pena de multa, estando devidamente justificada a sanção imposta, assim como justificada a substituição por restritivas de direitos.

Recomenda-se, apenas, que, com urgência, seja encaminhada cópia destes autos ao Juízo da Infância e da Juventude de Santos, para as providências que se fizerem necessárias, no sentido de resguardar os interesses dos menores, filhos do Apelante.

Nega-se, assim, provimento ao recurso, com recomendação.

Presidiu o julgamento o Sr. Juiz Orlando Bastos, participando os Srs. Juízes Fábio Gouvêa e Lourenço Filho.

São Paulo, 18 de maio de 1994.

Samuel Junior, relator.

JURISPRUDÊNCIA

DIREITO À SAÚDE — OBRIGAÇÃO DOS HOSPITAIS DE FORNECER DECLARAÇÕES SOBRE INTERCORRÊNCIAS DO PARTO E DESENVOLVIMENTO DO NEONATO (ART. 10, IV, ECA) — CONCEITUAÇÃO

Crime previsto no ECA — art. 228, § único, da Lei 8.069/90 — Não fornecimento à genitora de declaração de nascimento de sua filha — Não demonstrada a ocorrência do crime imputado, quer na forma dolosa, quer na culposa.

Apelação 812.615/0; 9ª Câmara; Comarca de Garça; Tribunal de Alçada Criminal de São Paulo; Apelante: L.K.; Apelado: Ministério Público.

ACÓRDÃO

Vistos, relatados e discutidos estes autos de Apelação 812.615/0, da comarca de Garça, em que é apelante L.K., sendo apelado o Ministério Público:

Acordam, em 9ª Câmara do Tribunal de Alçada Criminal, por votação unânime, dar provimento ao recurso para absolver nos termos do artigo 386, III, do Código de Processo Penal.

Trata-se de apelação interposta por L. K., em face de sentença que o condenou, como incurso no artigo 228, parágrafo único, da Lei 8.069/90, a multa, no piso mínimo.

Pugna o recorrente pela absolvição, alegando que não teria cometido o crime que lhe foi atribuído.

Contra-razões às fls. 113.

A Procuradoria da Justiça manifestou-se pelo improvimento do recurso.

É o relatório.

A denúncia imputa ao Apelante a prática do delito do artigo 228 do Estatuto da Criança e do Adolescente, porque teria deixado de fornecer a E.I.S., por ocasião de sua alta médica, a declaração de nascimento de sua filha, "com a descrição das intercorrências do parto e do desenvolvimento do neonato".

E por isso foi ele condenado à pena de multa.

No entanto, com o máximo respeito, a r. sentença não pode prevalecer.

Em primeiro lugar, cumpre ressaltar que a inicial imputava ao Apelante o delito mencionado, na forma dolosa e o ato decisório de primeiro grau, sem apontar qual teria sido a conduta culposa, acabou por condená-lo no parágrafo único do artigo 228.

Porém, tal aspecto torna-se irrelevante, na medida em que não há nos autos demonstração de que tenha ocorrido o crime imputado, quer na forma dolosa, quer na culposa.

Antes de entrar no mérito da questão, cumpre ressaltar que o fato de ter, ou não, havido comunicação imediata ao juízo da Infância e da Juventude, a respeito da existência de criança em situação de abandono, em nada interessa ao presente processo, pois tal circunstância não se insere na figura típica apontada na denúncia.

Por outro lado, mister se faz ressaltar que a declaração a que se refere o artigo 10, inciso IV, do Estatuto da Criança e do Adolescente, deve ser fornecida à parturiente ou seu responsável, em benefício da criança e não da genitora.

Por isso mesmo tal questão está tratada no Estatuto da Criança e do Adolescente e incluída no Capítulo que trata do "direito à vida e à saúde".

O legislador entendeu de inserir tal dispositivo, para permitir que os genitores, por mais simples que possam ser, tenham, por escrito, dados de interesse médico, para os acompanhamentos que se fizerem necessários, no desenvolvimento da criança.

Ora, partindo-se de tal interpretação, verifica-se que, no caso, não havia nenhuma razão de ordem prática para que a mãe recebesse tal documento, na medida em que abandonou o recém-nascido no hospital, sem se preocupar em saber se era do sexo masculino ou feminino, para que fosse colocado em família substituta.

Além disso, uma vez que a criança permaneceu no hospital, não se podia falar em declaração do desenvolvimento do neonato, mesmo porque tal situação estava ainda sendo avaliada.

A declaração a que alude o artigo 10, inciso IV, deve ser entregue quando a criança venha a ter alta e só interessa à genitora, quando esta assumir, como lhe compete, a criação e educação da criança que gerou. Se a entrega, por ordem judicial, for a outra família, será esta que deverá receber tal documento, no interesse da própria criança.

E não há como se falar que tal declaração deveria ser entregue à genitora, para que pudesse efetuar o registro.

A atestação a que alude o artigo 52, inciso 1º, da Lei 6.015/73, que interessa ao Cartório de Registro Civil, não se confunde com a prevista no artigo 10, que tem finalidade totalmente distinta.

E mesmo que assim não fosse, de que adiantaria entregar tal declaração à genitora, que sequer quis conhecer a filha, deixando-a no hospital para ser adotada? Está evidente que não iria ela providenciar o registro.

Na verdade, pelo que se depreende, foram premissas não articuladas que motivaram a instauração do presente processo e não o fato, em si, de não ter o hospital entregue a reclamada declaração.

E prova desta circunstância está no fato de ter sido colocado no pólo passivo da ação apenas o Apelante, mero auxiliar de administração do hospital.

Não se vislumbra, portanto, a ocorrência do crime culposo, reconhecido na sentença, impondo-se, por conseqüência, a absolvição do Apelante.

Dá-se provimento ao recurso, para absolver L.K. das imputações que lhe foram feitas neste processo, com base no que dispõe o artigo 386, III, do Código de Processo Penal.

Participaram do julgamento, além do infra-assinado, os Srs. Juízes Orlando Bastos (presidente) e Lourenço Filho.

São Paulo, 25 de maio de 1994.

Samuel Junior, relator.

JURISPRUDÊNCIA

TORTURA CONTRA CRIANÇA OU ADOLESCENTE — NECESSIDADE DE SUA REPRESSÃO — DELITO IMPUTADO A POLICIAIS MILITARES — INFRAÇÃO PENAL QUE NÃO SE QUALIFICA COMO CRIME MILITAR — PREVISÃO TÍPICA CONSTANTE NO ECA — PEDIDO DEFERIDO EM PARTE

Tortura contra criança ou adolescente. Existência jurídica desse crime no Direito Penal positivo brasileiro. Necessidade de sua repressão. Convenções internacionais subscritas pelo Brasil. Previsão típica constante no Estatuto da Criança e do Adolescente (Lei 8.069/90, art. 233). Confirmação da constitucionalidade dessa norma de tipificação penal. Delito imputado a policiais militares. Infração penal que não se qualifica como crime militar. Competência da justiça comum do Estado-membro.
Pedido deferido em parte.

"Habeas corpus" 70389-5; São Paulo; Relator: Ministro Sidney Sanches; Relator para o Acórdão: Ministro Celso de Mello; Pacientes: H.F.C. e outro; Impetrante: T.L.T. N.; Coator: Superior Tribunal de Justiça.

O crime de tortura, desde que praticado contra criança ou adolescente, constitui entidade delituosa autônoma cuja previsão típica encontra fundamento jurídico no art. 233 da Lei 8.069/90. Trata-se de preceito normativo que encerra tipo penal aberto suscetível de integração pelo magistrado, eis que o delito de tortura — por comportar formas múltiplas de execução — caracteriza-se pela inflição de tormentos e suplícios que exasperam, na dimensão física, moral ou psíquica em que projetam os seus efeitos, o sofrimento da vítima por atos de desnecessária, abusiva e inaceitável crueldade.

A norma inscrita no art. 233 da Lei 8.069/90, ao definir o crime de tortura contra a criança e o adolescente, ajusta-se, com extrema fidelidade, ao princípio constitucional da tipicidade dos delitos (CF, art. 5º, XXXIX).

A simples referência normativa à tortura, constante da descrição típica consubstanciada no art. 233 do Estatuto da Criança e do Adolescente, exterioriza um universo conceitual impregnado de noções com que o senso comum e o sentimento de decência das pessoas identificam as condutas aviltantes que traduzem, na concreção de sua prática, o gesto ominoso de ofensa à dignidade da pessoa humana.

A tortura constitui a negação arbitrária dos direitos humanos, pois reflete — enquanto prática ilegítima, imoral e abusiva — um inaceitável ensaio de atuação estatal tendente a asfixiar e, até mesmo, a suprimir a dignidade, a autonomia e a liberdade com que o indivíduo foi dotado, de maneira indisponível, pelo ordenamento positivo.

O Brasil, ao tipificar o crime de tortura contra crianças ou adolescentes, revelou-se fiel aos compromissos que assumiu na ordem internacional, especialmente àqueles decorrentes da Convenção de Nova York sobre os Direitos da Criança (1990), da Convenção contra a Tortura adotada pela Assembléia-Geral da ONU (1984), da Convenção Interamericana contra a Tortura concluída em Cartagena (1985) e da Convenção Americana sobre Direitos Humanos (Pacto de São José da Costa Rica), formulada no âmbito da OEA (1969). Mais do que isso, o legislador brasileiro, ao conferir expressão típica a essa modalidade de infração delituosa, deu aplicação efetiva ao texto da Constituição Federal que impõe ao Poder Público a obrigação de proteger os menores contra toda a forma de violência, crueldade e opressão (art. 227, "caput", "in fine").

O policial militar que, a pretexto de exercer atividade de repressão criminal em nome do Estado, inflige, mediante desempenho funcional abusivo, danos físicos a menor eventualmente sujeito ao seu poder de coerção, valendo-se desse meio executivo para intimidá-lo e coagi-lo à confissão de determinado delito, pratica, inequivocamente, o crime de tortura, tal como tipificado pelo art. 233 do Estatuto da Criança e do Adolescente, expondo-se, em função desse comportamento arbitrário, a todas as conseqüências jurídicas que decorrem da Lei 8.072/90 (artigo 2º), editada com fundamento no art. 5º, XLIII, da Constituição.

O crime de tortura contra criança ou adolescente, cuja prática absorve o delito de lesões corporais leves, submete-se à competência da Justiça comum do Estado-membro, eis que esse ilícito penal, por não guardar correspondência típica com qualquer dos comportamentos previstos pelo Código Penal Militar, refoge à esfera de atribuições da Justiça Militar estadual.

ACÓRDÃO

Vistos, relatados e discutidos estes autos, acordam os Ministros do Supremo Tribunal Federal, em Sessão Plenária, na conformidade da ata de julgamentos e das notas taquigráficas, por maioria de votos, em deferir, em parte, o pedido de "habeas corpus", para cassar a decisão proferida pelo Superior Tribunal de Justiça; em prosseguir-se no julgamento quanto ao art. 233 do Estatuto da Criança e do Adolescente (Lei 8.069/90), na Justiça Comum estadual; e, em declarar a constitucionalidade do referido dispositivo (art. 233 da Lei 8.069/90). Vencidos os Ministros Relator, Marco Aurélio, Ilmar Galvão, Moreira Alves e o Presidente (Ministro Octávio Gallotti), que também deferiam, em parte, o pedido de "habeas corpus", para trancar a ação penal em curso perante a 4ª Vara Criminal de São José dos Campos — SP, ou seja, quanto à imputação da prática de ato previsto no art. 233 da Lei 8.069/90, devendo o processo por crime previsto no art. 209 do Código Penal Militar prosseguir perante a Justiça Militar, e declaravam, ainda, a inconstitucionalidade do art. 233 da citada Lei (8.069/90).

Brasília, 23 de junho de 1994.

Octávio Gallotti, presidente.

Celso de Mello, relator para o acórdão.

VOTO

O senhor Ministro Celso de Mello

Os ora pacientes insurgem-se contra decisão do Superior Tribunal de Justiça que, ao dirimir conflito positivo de competência instaurado entre o Juízo da 4ª Auditoria Militar do Estado de São Paulo e o Juízo de Direito da 4ª Vara Criminal da Comarca de São José dos Campos/SP, proferiu acórdão assim ementado (fls. 12), "verbis":

"Constitucional e Processual Penal. Crimes de lesão corporal (art. 209 do CPM) e tortura contra adolescentes (art. 233 da Lei 8.069/90), atribuídos a policiais militares, em serviço, no desempenho de policiamento civil.

"Competência da Justiça Militar do Estado para julgamento do crime de lesão corporal cometido por policial militar em serviço (art. 125, § 4º, da Constituição Federal, 9º, II, "c", e 209 do CPM) e da Justiça comum estadual para julgamento do crime de tortura.

"Precedentes Jurisprudenciais."

Os ora impetrantes, que são policiais militares, sustentam que o acórdão ora impugnado viabilizou, de modo absolutamente ilegítimo, a possibilidade de ambos serem processados e julgados perante órgãos de natureza diversa do Poder Judiciário local, pelos mesmos fatos aos quais o Ministério Público atribuiu qualificações jurídica distintas: a) crime militar de lesões corporais (CPM, art. 209, c/c art. 9º, II, "c") e b) delito de tortura (Lei 8.069/90, art. 233).

Inconformados com essa decisão — que traduziria frontal desrespeito ao princípio que veda a dupla punição penal pela prática de um mesmo e só ato delituoso ("non bis in idem") —, os ora impetrantes postulam a concessão do "writ", para que se defina, no caso presente, "... a competência da Justiça Militar ou da Justiça Comum para o julgamento do feito" (fls. 8).

Vê-se, daí, que os impetrantes não questionam a possibilidade de subsunção de seu comportamento típico ao preceito primário inscrito na norma de incriminação contida no art. 233 do Estatuto da Criança e do Adolescente. Buscam, tão-somente, com a utilização da via heróica do "habeas corpus", a definição do órgão judiciário competente para processar e julgar os fatos delituosos que lhes foram imputados.

O Ministério Público Federal, após sustentar a injuridicidade da decisão proferida pelo Superior Tribunal de Justiça — no ponto em que este autorizou, perante órgãos judiciários distintos, a instauração de dupla persecução penal contra os ora pacientes pela suposta prática do mesmo fato material —, manifestou-se pela configuração, no caso, de um único delito: aquele tipificado no art. 233 da Lei 8.069, de 13.7.90, que dispõe sobre o Estatuto da Criança e do Adolescente (fls. 30/33).

O Em. Relator, Ministro Sydney Sanches, ao proferir o seu douto voto, deixou consignado que, "verbis":

"4. Como se vê, pelos mesmos fatos, os pacientes estão sendo processados, perante a Justiça comum estadual, por crime previsto no art. 233 do Estatuto da Criança e do Adolescente (Lei 8.069, de 13.7.1990), e perante a Justiça Militar estadual, por crime previsto no art. 209 do Código Penal Militar.

"(...)

"7. Na hipótese do art. 209 do Código Penal Militar, vítima pode ser qualquer pessoa.

"Na do art. 233 da Lei 8.039, do 13.7.90, vítima é apenas a criança ou adolescente.

"Criança, para os efeitos da lei, é a pessoa até doze anos de idade incompletos, e adolescente aquela entre doze e dezoito anos de idade (art. 2º).

"8. No caso, vítima, ao que consta dos autos, é adolescente (fls. 40 e 41/43).

"Em princípio, pois, prepondera a norma especial do art. 233 da Lei 8.069/90.

"9. Sucede que esta não define a tortura.(...)

"10. Na verdade, há vários projetos de lei, em tramitação no Congresso Nacional, que procuram definir o crime de tortura.(...)

"Mas nenhum deles foi transformado em lei, até agora.

"11. É certo, por outro lado, que o Decreto 40, de 15.2.1991, publicado no *DO* de 18.2.1991, promulgou a Convenção Contra a Tortura e Outros Tratamentos ou Penas Cruéis, Desumanos ou Degradantes (...).

"14. Sucede que a Convenção obriga o Brasil a legislar sobre tortura, com observância do que nela se estabeleceu, o que está procurando fazer, com os projetos de lei, ainda em tramitação no Congresso.

"E a Constituição Federal de 1988 insere no capítulo I, dedicado aos "Direitos e Deveres Individuais e Coletivos", o princípio, segundo o qual 'não há crime sem lei anterior que o defina, nem pena sem prévia cominação legal' (art. 5º, inciso XXXIX). Princípio, aliás, já enunciado no art. 1º do Código Penal (de 1940).

"15. Sendo assim, à falta de definição legal do crime de tortura, os pacientes não podem ser processados pela conduta prevista no art. 233 da Lei 8.069, de 13.6.1990 (Estatuto da Criança e do Adolescente).

"16. Isto posto, defiro o pedido de "habeas corpus" para, quanto aos pacientes, trancar a ação penal em curso perante a 4ª Vara Criminal de São José dos Campos (fls. 41/43), ou seja, quanto à imputação de prática de ato previsto no art. 233 da Lei 8.069/90, devendo prosseguir, porém, perante a Justiça Militar, o processo por crime previsto no art. 209 do Código Penal Militar (fls. 40), em face do que dispõe seu art. 9º, no inc. II, letra c (...).''

Não obstante o douto pronunciamento do Em. Relator, peço vênia para dissentir de Sua Excelência.

Entendo que se acha configurado na espécie, em todos os seus elementos essenciais, o delito de tortura contra criança e adolescente, tipificado no art. 233 da Lei 8.069/90, que assim dispõe:

"Art. 233. Submeter criança ou adolescente sob sua autoridade, guarda ou vigilância a tortura: Pena — reclusão de um a cinco anos. § 1º. Se resultar lesão corporal grave: Pena — reclusão de dois a oito anos. § 2º. Se resultar lesão corporal gravíssima: Pena — reclusão de quatro a doze anos. § 3º. Se resultar morte: Pena — reclusão de quinze a trinta anos."

A análise da peça acusatória permite acentuar que os ora pacientes, quando no exercício da função policial-militar, teriam submetido a tortura um adolescente, que estava — consoante descreve a denúncia — "sob a autoridade, guarda e vigilância de ambos (...), com o fito de dele obter a confissão da prática de um furto, desferindo-lhe pontapés, soco e golpes de cassetete, que lhe provocaram extensas lesões descritas no laudo de exame de corpo de delito de fls. 53, verificadas, também, nas fotografias a fls. 55/56 (...)" (fls. 41).

O Ministério Público estadual, ao oferecer essa denúncia perante a Justiça comum do Estado de São Paulo, fez consignar, também, o seguinte: "Apurou-se, ainda, que os milicianos conduziram o adolescente ao indigitado posto de atendimento da Polícia Militar e, no seu interior, torturaram-no, submetendo-o a espancamento para obter a confissão, bem como informações sobre a localização do biciclo, causando-lhe lesões corporais de natureza leve" (fls. 42).

Esse comportamento brutal, inaceitável e criminoso, que foi imputado pelo Ministério Público aos ora pacientes, além de expor-se ao juízo de reprovabilidade ético-social, revela, no gesto primário e irracional de quem o pratica, uma intolerável afronta aos direitos da pessoa humana e um acintoso desprezo pela ordem jurídica estabelecida.

Trata-se de conduta penal cuja gravidade objetiva torna-se ainda mais intensa, na medida em que a transgressão criminosa do ordenamento positivo decorre do abusivo exercício de função estatal, sob a égide de uma corporação — a Polícia Militar — cuja destinação constitucional reserva-lhe o papel eminente de órgão responsável pelo cumprimento da lei e pela preservação da ordem pública (CF, art. 144, § 5º).

A norma inscrita no art. 233 do Estatuto da Criança e do Adolescente veicula, na objetiva descrição que nela se contém, um tipo penal cujos elementos claramente permitem qualificar a conduta incriminada como reveladora do delito de tortura.

Essa regra típica constitui, notadamente no que se refere ao crime de lesões corporais definido pelo art. 209 do Código Penal Militar, verdadeira "lex specialis", revestindo-se, em conseqüência — até mesmo em função dos requisitos especializantes nela contidos — de caráter preponderante, devendo aplicar-se, por isso mesmo, na medida em que se concretize a sua hipótese de incidência, com prejuízo do preceito tipificador do delito castrense em questão.

Tenho para mim que a Lei 8.069/90 criminalizou, no sistema de direito penal positivo brasileiro, o crime de tortura, atribuindo-lhe, dentro do contexto normativo em que se delinearam os elementos presentes na estrutura do tipo descrito no art. 233 desse Estatuto, o caráter de entidade delituosa autônoma.

Trata-se, na realidade, de delito que requer sujeito passivo especial, eis que apenas a criança (pessoa com até doze anos de idade incompletos) e o adolescente (pessoa que se situa na faixa etária entre doze e dezoito anos de idade) podem qualificar-se como vítimas dessa modalidade criminosa, que supõe, ainda, como requisito essencial de sua configuração típica, o estado de submissão ou de dependência em relação ao autor da prática infracional.

A violência física — ainda que geradora de meras lesões corporais leves — constitui um dos vários meios executivos de realização do delito de tortura, não havendo que exigir, para efeito de sua caracterização, a exaustiva referência, pelo legislador, sob "nomen juris" específico, de todas as formas concretizadoras dessa gravíssima infração penal.

O art. 233 da Lei 8.069/90 contém, em seu preceito primário, norma que descreve, inequivocamente, o crime de tortura. O núcleo do tipo e os demais elementos que lhe compõem a estrutura formal evidenciam que o legislador penal dispensou ao tema da tortura, ainda que em condições especialmente delimitadas pela idade da vítima, tratamento normativo próprio, em ordem a permitir o reconhecimento, em nosso sistema jurídico, dessa espécie delituosa.

A circunstância de o Estatuto da Criança e do Adolescente não haver discriminado, objetivamente, os diversos meios de execução dessa modalidade criminosa não significa que deixou de tipificar adequadamente o delito de tortura, cuja existência jurídica — inclusive em função do princípio constitucional da tipicidade penal (CF, art. 5º, XXXIX) — decorre da previsão normativa de "Submeter criança ou adolescente (...) a tortura".

Impõe-se ressaltar, neste ponto, que o tipo penal em causa é passível de complementação, à semelhança do que ocorre com os tipos penais abertos, bastando, para esse efeito, que o aplicador da norma proceda à integração do preceito primário incriminador mediante utilização dos meios postos à sua disposição.

Cumpre destacar, pois, dentro dessa perspectiva, a existência de diversos atos internacionais que, subscritos pelo Estado brasileiro, já se acham formalmente incorporados ao nosso sistema jurídico.

O Brasil, consciente da necessidade de prevenir e reprimir os atos caracterizadores da tortura, subscreveu, no plano externo, importantes documentos internacionais, de que destaco, por sua inquestionável importância, a Convenção Contra a Tortura e Outros Tratamentos ou Penas Cruéis, Desumanas ou Degradantes, adotada pela Assembléia-Geral das Nações Unidas em 1984; a Convenção Interamericana para Prevenir e Punir a Tortura, concluída em Cartagena em 1985, e a Convenção Americana sobre Direitos Humanos (Pacto de São José da Costa Rica), adotada no âmbito da OEA, em 1969.

Esses atos internacionais já se acham incorporados ao plano do direito positivo interno (Decreto 40/91, Decreto 98.396/89 e Decreto 678/92) e constituem, sob esse aspecto, instrumentos normativos que, podendo e devendo ser considerados pelas autoridades nacionais, fornecem subsídios relevantes para a adequada compreensão da noção típica do crime de tortura, ainda que em aplicação limitada, no que se refere ao objeto de sua incriminação, apenas às crianças e aos adolescentes.

Eis por que Heitor Costa Jr., ao analisar em texto excelente a criminalização da tortura em nosso direito penal positivo, ainda que na restrita perspectiva do Estatuto da Criança e do Adolescente, expõe considerações, cuja extrema propriedade e pertinência justifica a sua transcrição "in extenso":

"A tortura, segundo Pietro Verri, é tão antiga quanto o gênero humano. Legalmente aceita até o século XVIII, foi severamente combatida desde os iluministas (Montesquieu, Beccaria).

"A Declaração dos Direitos do Homem, no art. 5º, determina: 'Ninguém será submetido a tortura nem a tratamento ou castigo cruel, desumano ou degradante.' A Declaração dos Direitos da Criança salienta que esta 'deve ser protegida contra todas as formas de negligência, crueldade e exploração'. Diversas convenções internacionais reiteram seu repúdio à tortura, o que repercutiu em diversas Constituições, como a brasileira de 1988: 'Ninguém será submetido a tortura nem a tratamento desumano ou degradante', pois o valor originário e o fundamento da República é a dignidade da pessoa, sendo inadmissível a violação dos direitos humanos. É evidente que antes da Carta de 1988 a ordem constitucional de nosso País já repelia a tortura.

"Através do Dec. 4, de 24.5.89, o Brasil aprovou o texto da Convenção da ONU contra a tortura, e em 31 de maio do mesmo ano (Dec. Legislativo 5/89) outra Convenção foi aprovada, ou seja, a Interamericana para Prevenir e Punir a Tortura, da XV Assembléia-Geral da OEA. 'Os textos de ambas as Convenções mantêm quase total correspondência e as diferenças estão principalmente nos instrumentos que propiciam: enquanto a Convenção da ONU criou o Comitê contra a Tortura, como órgão de coordenação e supervisão das medidas adotadas pelos Estados partes, bem como instância investigatória de nível internacional, aquela da OEA, ressalvando as competências da Convenção Americana sobre Direitos Humanos (Pacto de San José da Costa Rica), deixou aberto o acesso ao sistema interamericano de tutela de direitos humanos, notadamente a Comissão Interamericana (com sede em Washington) e a Corte Interamericana de Direitos Humanos (com sede em São José)'. (Nilo Batista, "Tortura Nunca Mais — Ou Para Sempre?", in *Punidos e Mal-Pagos*, Rio, Revan, 1990, p. 108. Sobre "Os Direitos do Homem e sua Tutela Jurídica', cf. Heleno Fragoso, *Direito Penal e Direitos Humanos*, Rio, Forense, 1977, pp. 119-142).

As exigências das convenções internacionais contra a tortura começam a repercutir em nosso País. A Carta Magna, no capítulo das garantias individuais, determinou: "A lei considera inafiançável e insuscetível de anistia a prática da tortura". Por sua vez, a Lei 8.072/90 (crimes hediondos), no art. 2º, fixa para tal crime, além das restrições constitucionais, o cumprimento integral da pena em regime fechado, referindo-se, ainda, à possibilidade ou não de se apelar em liberdade e legislando sobre o prazo da prisão temporária e sua prorrogação, para tal delito.

Nesta linha de pensamento vem o Estatuto da Criança, enfático no art. 5º: "Nenhuma criança ou adolescente será objeto de qualquer forma de negligência, discriminação, exploração, violência, crueldade e opressão, punido na forma da lei qualquer atentado, por ação ou omissão, aos seus direitos fundamentais".

A tortura, no sistema jurídico brasileiro, não era punida como tipo autônomo, salvo "algumas figuras ridiculamente sancionadas classificadas em lei incrustada no Código Penal — Lei 4.898/65" (Ana Maria Babette Bajer Fernandes e Paulo Sérgio Leite Fernandes, *Aspectos Jurídico-Penais da Tortura*, São Paulo, Saraiva, 1982, p. 127).

Sobre a matéria já dissemos: "A tortura no Código Penal aparece simplesmente como agravante genérica ou como qualificadora do crime de homicídio. Inclusive no crime de lesões corporais ela só funciona como agravante genérica. É oportuno lembrar que o Código Penal Militar, ao descrever o constrangimento ilegal, prevê o aumento de pena, possibilitando a sua duplicação quando o constrangimento for exercido com a finalidade de se obter confissão de autoria de crime ou de declaração como testemunha" ("O Controle da Violência da Polícia pelo Sistema Penal", in *Temas Atuais de Direito*, Rio, Liber Juris, 1986).(...)

"Há tortura sempre que, com a finalidade de reduzir ou anular a liberdade de vontade do indivíduo para obtenção de informações retidas, a autoridade ou seus agentes utilizam força física que provoque dor ou aviltamento da dignidade do interrogado, ou ainda procedimentos outros adequados à superação da efetiva ou esperada resistência do indivíduo, nisto compreendida a intimidação por ameaças de mal grave ao próprio indivíduo ou a terceiros que com este mantêm relações familiares ou de afeto. Há tortura, igualmente, sempre que, por meio da simples persuasão sugestiva de efeito racional, se obtiver com técnicas psicológicas a cooperação do sujeito passivo, evidenciando as circunstâncias a prática disfarçada de conduta demonstradora de anterior ou concomitante cerceamento abusivo da liberdade de locomoção, seja em razão descumprimento de formalidades exigidas por lei, seja pelo regime prisional imposto em desconformidade com os regulamentos do estabelecimento carcerário"(Ana Maria B.B. Fernandes e Paulo S.L.Fernandes, ob. cit., p. 133).

Com a lucidez e o engajamento político que sempre o caracterizaram, salienta Hélio Pellegrino: "O projeto da tortura implica uma negação total — e totalitária — da pessoa enquanto ser encarnado. O centro da pessoa humana é a liberdade. Esta, por sua vez, é a invenção que o sujeito faz de si mesmo, através da palavra que o exprime. Na tortura, o discurso que o torturador busca extrair do torturado é a negação absoluta de sua condição de sujeito livre. A tortura visa ao acesso da liberdade. A confissão que ela busca, através da intimidação e da violência, é a palavra aviltada de um sujeito que, nas mãos do torturador, se transforma em objeto. Ao quebrar-se frente à tortura, o torturado consuma — e assume — uma cisão que lhe rouba o uso e o gozo pacífico do seu corpo. A ausência de sofrimento corporal, ao preço da confissão que lhe foi extorquida, lhe custa a amargura de sentir-se traidor, traído pelo próprio corpo. Sua carne apaziguada testemunha e denuncia a negação de si mesmo enquanto pessoa. A tortura, quando vitoriosa, opera no sentido de transformar sua vítima numa degradada espectadora de sua própria ruína" ("A Tortura Política", in *Jornal do Brasil* de 18.4.85, Caderno B).

Nem sempre a tortura é usada apenas para que confissões sejam obtidas, mas esta é sua forma mais corriqueira.

As regras de Riad, salientamos, determinam a impossibilidade da aplicação de medidas disciplinares, cruéis, desumanas ou degradantes. A privação da liberdade deverá ser efetuada em circunstâncias que garantam o respeito e a dignidade dos jovens.

A sociedade acorda para o grave problema da violação dos direitos humanos dos menores. (...)

Neste tipo, o objeto da proteção jurídica é a dignidade, a integridade física e físico-psíquica do menor. Protege-se o ataque à liberdade do menor, tenta-se evitar a violação de seus direitos humanos. (...)

Tipo objetivo: a conduta incriminada no tipo fundamental é a de sujeitar menores, sob a autoridade do sujeito ativo, à tortura. "Tortura consiste na imposição de suplícios ou tormentos que obrigam a vítima a sofrer desnecessariamente" (Fragoso, *Lições...*, cit., p. 351) (*Estatuto da Criança e do Adolescente Comentado*, pp. 709/712, 1992, Malheiros).

Na realidade, sr. Presidente, a simples referência normativa à tortura, constante da descrição típica consubstanciada no art. 233 do Estatuto da Criança e do Adolescente, exterioriza um universo conceitual impregnado de noções com que o senso comum e o sentimento de decência das pessoas identificam as condutas aviltantes que traduzem, na concreção de sua prática, as múltiplas formas de execução desse gesto caracterizador de profunda insensibilidade moral daquele que se presta, com ele, a ofender a dignidade da pessoa humana.

O respeito e a observância das liberdades públicas impõem-se ao Estado como obrigação indeclinável, que se justifica pela necessária submissão do Poder Público aos direitos fundamentais da pessoa humana.

O conteúdo dessas liberdades — verdadeiras prerrogativas do indivíduo em face da comunidade estatal — acentua-se pelo caráter ético-jurídico que assumem e pelo valor social que ostentam, na proporção exata em que essas franquias individuais criam, em torno da pessoa, uma área indevassável à ação do Poder.

As liberdades clássicas — cujo processo de afirmação histórica tem seu momento culminante no Século XVIII — projetaram-se, no plano político-jurídico, como direitos de primeira geração, objeto de formulações constitucionais que visavam, precipuamente, à limitação dos poderes do Estado.

Nesse sentido — e no contexto histórico-social em que se formaram —, as Declarações de Direitos representaram, sempre, um poderoso instrumento de tutela e de salvaguarda dos direitos e garantias individuais. Era-lhes subjacente a idéia de conter, mediante limitações jurídicas, a onipotência do próprio Estado.

Essa visão do tema, derivada de uma perspectiva "ex parte populi", consagrou, iniludivelmente, o postulado da liberdade e a primazia da pessoa humana, no campo delicado e complexo das relações estruturalmente desiguais entre o Estado e o indivíduo.

A problematização da liberdade individual na sociedade contemporânea não pode prescindir, em conseqüência, de um dado axiológico essencial: o do valor ético fundamental da pessoa humana.

Por isso mesmo, acentua Celso Lafer (*A Reconstrução dos Direitos Humanos*, p. 118, 1988, Companhia das Letras, S. Paulo), "verbis":

"O valor da pessoa humana, enquanto conquista histórico-axiológica, encontra a sua expressão jurídica nos direitos fundamentais do homem. É por essa razão que a análise da ruptura — o hiato entre o passado e o futuro, produzido pelo esfacelamento dos padrões da tradição ocidental — passa por uma análise da crise dos direitos humanos, que permitiu o estado totalitário de natureza."

Esta é uma verdade que se não pode desconhecer: a emergência das sociedades totalitárias está causalmente vinculada, de modo rígido e inseparável, à desconsideração da pessoa humana, enquanto valor fundante e condicionante, que é, da própria ordem político-jurídica do Estado.

Atenta a esse fenômeno, a Assembléia Nacional Constituinte, ao promulgar a Constituição do Brasil, nela fez inscrever, como princípios fundamentais da nova ordem jurídica:

a) a dignidade da pessoa humana (artigo 1º, III);

b) a prevalência dos direitos humanos (artigo 4º, II);

c) o repúdio à tortura ou a qualquer outro tratamento desumano ou degradante (artigo 5º, III);

d) a punibilidade de qualquer comportamento atentatório aos direitos e liberdades fundamentais (artigo 5º, XLI);

e) a inafiançabilidade e a inagraciabilidade do crime de tortura (artigo 5º, XLIII);

f) a proscrição de penas cruéis (artigo 5º, XLVII, "e");

g) a intangibilidade física e a incolumidade moral de pessoas sujeitas à custódia do Estado (artigo 5º, XLIX);

h) a decretabilidade de intervenção federal, por desrespeito aos direitos da pessoa humana, nos Estados-membros e no Distrito Federal (art. 34, VII, "b");

i) a impossibilidade de revisão constitucional que objetive a supressão do regime formal das liberdades públicas (artigo 60, § 4º, IV).

Paulo Lúcio Nogueira, ao salientar que o crime de tortura foi classificado no Estatuto da Criança e do Adolescente pelo resultado lesivo decorrente de sua prática, inclusive por autoridade e agentes do próprio Estado, observa:

"Mas, o que vem a ser tortura? Tanto o Estatuto como a Lei Especial não a conceituam, mas referem-se a ela como crime, inclusive hediondo, seguindo o preceito constitucional.

Tortura, como ensina De Plácido e Silva, 'é o sofrimento ou a dor provocada por maus tratos físicos ou morais' (*Vocabulário Jurídico*, v. 4, p. 1.571).

O Estatuto foi mais objetivo ao prever a tortura como crime, estabelecendo determinada punição, conforme o resultado, que vai de um a cinco anos de reclusão, se a lesão for leve, e de quinze a trinta anos de reclusão, se resultar morte.

A tortura não deixa de ser, assim, uma norma de definição em aberto a ser completada pelo juiz no caso concreto, pois diversas são as formas de tortura, bem como diversos podem ser os seus resultados.

A tortura na sua forma simplificada, que acarreta lesão leve, foi tratada com benignidade, pois a pena prevista de um a cinco anos de reclusão, principalmente quando o crime é praticado contra criança ou adolescente, é insuficiente, tendo em vista que tal crime foi considerado hediondo e deveria ter tratamento mais severo.

Aliás, mesmo as formas qualificadas ou agravadas pela lesão grave ou gravíssima não foram devidamente punidas, levando-se em conta que elas são produzidas através de atos desumanos e cruéis, que caracterizam justamente a tortura. (...)

"É de salientar que o Estatuto foi mais objetivo que a Lei 8.072/90, que define os crimes hediondos e, como tal, a tortura, sem procurar conceituá-la ou dizer em que consiste. O Estatuto a classifica pelo resultado, ao prever a pena pela gravidade da lesão causada ou pelo resultado morte, em que a pena mínima será de quinze anos de reclusão, maior do que a pena mínima prevista para o homicídio qualificado, que é de doze anos de reclusão (CP, art. 121, § 2º).

"Também as lesões resultantes de tortura são punidas com mais gravidade do que as previstas na lei penal" (*Estatuto da Criança e do Adolescente Comentado*, pp. 303/304, 1991, Saraiva).

Entendo, sr. Presidente, em face de todas estas considerações, que a norma inscrita no art. 233 da Lei 8.069/90 constitui regra especial em relação àquela que emerge do art. 209 do Código Penal Militar, pois busca preservar a incolumidade física, psíquica ou moral da criança ou do adolescente em face das próprias autoridades ou agentes estatais e deve ser entendida na perspectiva delineada pelo preceito consubstanciado no art. 227, "caput", "in fine", da Constituição, que, ao dispensar expressiva tutela jurídica à criança e ao adolescente, determinou que estes fossem colocados "a salvo de toda forma de (...) violência, crueldade e opressão".

Tenho para mim, desse modo, que o policial militar que, a pretexto de exercer atividade de repressão criminal em nome do Estado, inflige, mediante desempenho funcional abusivo, danos físicos a menor momentaneamente sujeito ao seu poder de coerção, valendo-se desse meio executivo para intimidá-lo e coagi-lo à confissão de determinado delito, pratica, inequivocamente, o crime de tortura, tal como tipificado pelo art. 233 do Estatuto da Criança e do Adolescente, expondo-se, em função desse comportamento arbitrário, a todas as conseqüências jurídicas que decorrem da Lei 8.072/90 (art. 2º), editada com fundamento no art. 5º, XLIII, da Constituição.

Por essa razão, e tendo presentes os exatos limites em que foi deduzido este pedido (fls. 8), peço vênia ao em. Relator para deferir o "writ", a fim de que, cassada a decisão proferida pelo Superior Tribunal de Justiça, sejam os ora pacientes unicamente submetidos, e apenas pela prática do delito tipificado no art. 233 do Estatuto da Criança e do Adolescente, à jurisdição penal da Justiça Comum estadual, eis que o ilícito criminal em análise, por não guardar correspondência típica com qualquer dos comportamentos previstos pelo Código Penal Militar, refoge, por isso mesmo, à esfera de competência da Justiça Militar do Estado-membro.

Nesse sentido é o meu voto.

VOTO (CONFIRMAÇÃO)

O senhor Ministro Celso de Mello

Ouvi, atentamente, sr. Presidente, o douto voto proferido pelo Em. Min. Marco Aurélio. Peço vênia a S. Exa., no entanto, para dissentir de seu pronunciamento, confirmando, desse modo, o voto que anteriormente proferi e no qual sustentei a plena validade constitucional da norma consubstanciada no art. 233 da Lei 8.069/90, que define o crime de tortura contra menores de dezoito anos de idade.

O crime de tortura, desde que praticado contra criança ou adolescente, constitui entidade delituosa autônoma cuja previsão típica encontra fundamento jurídico no art. 233 da Lei 8.069/90. Trata-se de preceito normativo que encerra tipo penal aberto suscetível de integração pelo magistrado, eis que o delito de tortura — por comportar formas múltiplas de execução — caracteriza-se pela inflição de tormentos e suplícios que exasperam, na dimensão física, moral ou psíquica em que se projetam os seus efeitos, o sofrimento da vítima por atos de desnecessária, abusiva e inaceitável crueldade.

Devo salitentar, neste ponto, sr. Presidente, que eminentes juristas têm reconhecido a existência jurídica do crime de tortura contra crianças ou adolescentes no sistema de direito penal positivo brasileiro, extraindo as suas conclusões da figura típica formalmente descrita no art. 233 da Lei 8.069/90. Embora esses autores sustentem a atipicidade penal da prática da tortura contra pessoas adultas, vale dizer, contra aquelas que não se qualifiquem, legalmente, como crianças ou adolescentes (Lei 8.069/90, art. 2º, coincidem, no entanto, em seu magistério doutrinário, quando asseveram que o Estatuto da Criança e do Adolescente define, expressamente, em seu art. 233, o crime em questão.

A simples referência normativa à tortura, sr. Presidente, constante da descrição típica consubstanciada no art. 233 do Estatuto da Criança e do Adolescente, exterioriza um universo conceitual impregnado de noções em que o senso comum e o sentimento de decência das pessoas identificam as condutas aviltantes que traduzem, na concreção de seu prática, o gesto inaceitável de ofensa à dignidade da pessoa humana.

Tenho para mim, por isso mesmo, que a norma inscrita no art. 233 da Lei 8.069/90, ao definir o crime de tortura contra a criança e o adolescente, ajusta-se, com extrema fidelidade, ao princípio constitucional da tipicidade dos delitos (CF, art. 5º, XXXIX).

O Brasil, ao tipificar o crime de tortura contra crianças ou adolescentes, revelou-se fiel aos compromissos que assumiu na ordem internacional, especialmente àqueles decorrentes da Convenção de Nova York sobre os Direitos da Criança (1990), da Convenção Contra a Tortura adotada pela Assembléia-Geral da ONU (1984), da Convenção Interamericana Contra a Tortura concluída em Cartagena (1985) e da Convenção Americana sobre Direitos Humanos (Pacto de São José da Costa Rica), formulada no âmbito da OEA (1969). Mais do que isso, o legislador brasileiro, ao conferir expressão típica a essa modalidade de infração delituosa, deu aplicação efetiva ao texto da Constituição Federal que impõe ao Poder Público a obrigação de proteger os menores contra toda a forma de violência, crueldade e opressão (art. 227, "caput", "in fine").

Para Antônio Scarance Fernandes, "O texto constitucional disse expressamente que a 'lei considerará crimes inafiançáveis e insuscetíveis de graça ou anistia a prática da tortura...' (art. 5º, XLIII), exigindo, assim, que a lei tipifique a tortura como crime. (...). O Estatuto da Criança e do Adolescente cria tipo penal em que há referência expressa à tortura (art. 233): 'Submeter criança ou adolescente sob sua autoridade, guarda ou vigilância à tortura: Pena — reclusão de um a cinco anos'. Nos parágrafos, estatui penas mais graves para as hipóteses em que resultem lesão grave (dois a oito anos), gravíssima (quatro a 12 anos) ou morte (15 a 30 anos). Nestas hipóteses, terá aplicação a Lei 8.072. Falta criar um tipo semelhante ao do art. 233 do Estatuto da Criança e do Adolescente para ser punida a prática de tortura contra pessoa com mais de 18 anos" ("Considerações sobre a Lei 8.072, de 25 de julho de 1990 — Crimes Hediondos", in *RT* 660/262-263).

Perfilha igual orientação Júlio Fabbrini Mirabete, para quem "A tortura não foi, ainda, definida como crime autônomo (...), a não ser quando praticada contra criança ou adolescente sob autoridade, guarda ou vigilância do agente, delito definido no art. 233 do Estatuto da Criança e do Adolescente (Lei 8.069, de 13.7.90), pois, nesse ilícito, é a tortura elemento do tipo penal" ("Crimes Hediondos: Aplicação e Imperfeições da Lei", in *RT* 663/270).

Finalmente, Antônio Chaves, em sua obra *Comentários ao Estatuto da Criança e do Adolescente*, pp. 652-653, item n. 324, 1994, LTr, enfatiza que o legislador brasileiro, ao tipificar, no preceito legal em questão, o crime de tortura contra menores de dezoito anos de idade — observando, desse modo, o princípio da legalidade formal estrita —, nada mais fez senão atender "ao que determina a Convenção de Nova York no art. 37, al."a", de que os Estados-Partes zelarão para que nenhuma criança seja submetida a tortura nem a outros tratamentos ou penas cruéis, desumanos ou degradantes".

É preciso enfatizar — e enfatizar com veemência, sr. Presidente — que este Supremo Tribunal Federal tem um compromisso histórico com a preservação dos valores fundamentais que protegem a dignidade da pessoa humana. O Estado não pode prescindir na sua atuação institucional da necessária observância de um dado axiológico cuja essencialidade se revela inafastável e que se exterioriza na preponderância do valor ético fundamental do Homem.

Esse dado axiológico essencial, que encontra a sua expressão jurídica na proclamação formal dos direitos fundamentais da pessoa humana, não pode ser ignorado pelo Estado no desempenho das atribuições político-jurídicas que lhe competem.

A tortura, nesse contexto, constitui a negação arbitrária dos direitos humanos, pois reflete — enquanto prática ilegítima, imoral e abusiva — um inaceitável ensaio de atuação estatal tendente a asfixiar e, até mesmo, a suprimir a dignidade, a autonomia e a liberdade com que o indivíduo foi dotado, de maneira indisponível, pelo ordenamento positivo.

Tal como pude salientar na anterior sessão de julgamento, sr. Presidente, esta é uma verdade que se não pode desconhecer: a emergência das sociedades totalitárias está inteiramente vinculada à desconsideração da pessoa humana, enquanto valor fundante, que é, da própria ordem político-jurídica do Estado.

Desse modo, sr. Presidente, tenho para mim que o policial militar que, a pretexto de exercer atividade de repressão criminal em nome do Estado, inflige, mediante desempenho funcional abusivo, danos físicos a menor eventualmente sujeito ao seu poder de coerção, valendo-se desse meio executivo para intimidá-lo e coagi-lo à confissão de determinado delito, pratica, inequivocamente, o crime de tortura, tal como tipificado pelo art. 233 do Estatuto da Criança e do Adolescente, expondo-se, em função desse comportamento arbitrário, a todas as conseqüências jurídicas que decorrem da Lei 8.072/90 (art. 2º), editada com fundamento no art. 5º, XLIII, da Constituição.

Saliento, finalmente, que o crime de tortura contra criança ou adolescente, cuja prática absorve o delito de lesões corporais leves, submete-se à competência da Justiça comum do Estado-membro, eis que esse ilícito penal, por não guardar correspondência típica com qualquer dos comportamentos previstos pelo Código Penal Militar, refoge à esfera de atribuições da Justiça Militar estadual.

Com estas considerações, sr. Presidente, confirmo inteiramente o meu voto, para reconhecer a existência jurídica do crime de tortura contra crianças ou adolescentes no sistema penal brasileiro, declarando, em conseqüência, a plena validade jurídico-constitucional da norma inscrita no art. 233 do Estatuto da Criança e do Adolescente.

É o meu voto.